U0955446

本书写作组名单

组　长：白景明

协调人：石英华、何平

执　笔：

引　言　白景明

第一章　白景明

第二章　石英华

第三章　何　平

第四章　韩晓明

第五章　万寿琼

第六章　孙忠云

第七章　梁　强　李建平

第八章　白景明　梁　强

第九章　白景明　石英华

总　撰：白景明　石英华

管理学学术前沿书系

XINSHIDAI GONGWU ZHICHU
GUANLI GAIGE YANJIU

新时代公务支出管理改革研究

白景明 等 著

经济日报出版社

图书在版编目（CIP）数据

新时代公务支出管理改革研究／白景明等著．--北京：经济日报出版社，2019.9

ISBN 978-7-5196-0612-1

Ⅰ．①新… Ⅱ．①白… Ⅲ．①财政支出-财政管理-财政改革-研究-中国 Ⅳ．①F812.45

中国版本图书馆 CIP 数据核字（2019）第 216638 号

新时代公务支出管理改革研究

作　　者	白景明 等
责任编辑	宫婷婷
责任校对	杨欣萌
出版发行	经济日报出版社
社　　址	北京市西城区白纸坊东街 2 号 A 座综合楼 710
邮政编码	100054
电　　话	010-63584556（编辑部）
	010-63538621　63567692（发行部）
网　　址	www.edpbook.com.cn
E - mail	edpbook@sina.com
经　　销	全国新华书店
印　　刷	北京九州迅驰传媒文化有限公司
开　　本	710×1000 mm　1/16
印　　张	17
字　　数	253 千字
版　　次	2019 年 11 月第 1 版
印　　次	2019 年 11 月第 1 次印刷
书　　号	ISBN 978-7-5196-0612-1
定　　价	52.00 元

版权所有　盗版必究　印装有误　负责调换

引　言

公务活动泛指国家机构履职过程中发生的公职人员流动和聚集。公务支出是公务活动的资金保障，实质上是公务活动的物质耗费的货币表现形式，主要涉及公务接待、公车使用、差旅、会议费、培训费、公务支出管理信息化等。公务支出是国家财政支出的重要组成部分，是维持机构正常运转所必需的费用。本书研究内容侧重十八大以来公车使用、差旅、培训、会议、因公出国、公务支出管理信息化等项支出的管理制度改革。

2007 年起中国财政预算透明度不断提高，同时力促压缩行政成本。因此，近十年来公务支出占中国一般公共预算支出总额比重持续下降。2012 年中共中央提出“八项规定”，十八届三中全会明确指出全面深化改革的目标是实现国家治理体系和治理能力现代化。这些顶层设计思路要求找寻深化国家预算改革新的突破口。公务支出的特点是资金使用社会关注度极高、支出需求和支出标准弹性强，在财政支出链条中又位居前端且是常规化。把公务支出管理改革选为预算改革突破口具有扩散效应强且快的优势。十八大后，中国很快就启动了公务支出管理改革，并取得了明显成效，事实上成为预算改革新的突破口。近年来，在减税降费背景条件下，各级国家机构持续压缩一般性支出，2018 年中央财政本级支出中，公务支出所占比例已不足千分之一。

公务支出管理改革是一项复杂的系统工程。新时代中国公务支出管理改革关键在于通过创新制度安排建立起约束公务支出随意增长的长效机制，阶段性压减支出只是治标之策，根本在于制度约束。因此，本书将系统梳理新时代公务支出管理改革的过程、成效和经验并提出深化改革建议。

目　录

CONTENTS

第一章　新时代公务支出管理改革的理论依据和功能定位

公务支出是行政成本的组成部分，它不仅是行政管理理论的研究对象，更是万众瞩目的焦点问题。随着公共产品供给规模扩张和社会公共服务需求多元化，公务支出需求不断增加。因此，如何确保公务支出既能支撑行政运转并提升效率，又不违背全心全意为人民服务的根本宗旨和活动准则，避免浪费资金，自然成为重大现实问题。从理论角度看，设计公务支出管理制度出发点应是使公务支出给社会和群众树立良好消费示范，避免过度占用社会有限资源，影响民众生活，有利于共建和谐社会。改革公务支出管理制度首先要解决理论依据问题。因为理论依据是改革理念、改革原则和改革策略的综合表述。

一、公务支出管理改革的理论依据

（一）“廉价政府”理论

“廉价政府”理论是马克思主义理论的一个重要组成部分。马克思和恩格斯通过对巴黎公社经验教训的总结，提出了理想的政府组织形式，包括政府只应该具有“为数不多的重要职能”。马克思主义认为，国家在经济上一个重要的特征，就是向其国民收税。也就是说，没有赋税，政府是不可能生存和活动。由此可见，政府的行政成本与国民税赋成正比，行政成本越少的政府或者说国民赋税越轻的政府，也必然是越廉价的政府，自然也最受国民的拥护。因此，所谓的“廉价政府”，就是使全体国民作为供养政府的纳税人能以较少的税负，廉价得到政府高质量服务。它的实质就是要求政府及其官员在履行公务的过程中尽量压缩其经费开支以减轻国民负担。

完善公务支出管理制度，建设廉价、高效的政府，是世界各国极其重视的问题和追求的目标。我国行政管理体制改革的目标是不仅要建设一个服务、责任、法治、廉洁的政府，而且要建设一个廉价政府。从源头上治理公务支出中的不合理现象，是降低行政成本，提高行政效率，建设廉价政府的重要途径之一。

节约公务支出与马克思主义的“廉价政府”所追求的目标在本质上是一致的。维持经费越少的政府或者说国民赋税越轻的政府，就是越廉价的政府，也必然是耗费公务成本越低、越节约的政府，这样的节约型政府也就是最理想的政府、最受国民拥护的政府。

进一步说，所谓“廉价政府”是指政府应该以最少的行政成本取得最优化的行政效率。行政效率有两方面含义：一是指行政管理过程中工作状态良好；二是指政府的行政管理活动可给社会带来效益增量。所以，在评价政府行政效率的时候不但要看公共产品供给，还要看公众满意度。节约型政府在履行其社会管理职能时，必须通过制定标准、加强管理、完善法制、优化组织体系等方式来提高政府行政管理效率，降低行政成本。

（二）绩效预算理论

20 世纪 30 年代美国经济学家伯力和米恩斯共同提出了委托代理理论。委托代理关系是指一部分拥有权力或钱财的主体以或明或暗的交易方式雇佣另一批主体为其服务，前者以服务的质量为判断标准赋予后者相应的报酬，前者就称为委托人，后者称为代理人，他们之间的关系就是委托代理关系。委托代理理论认为委托代理关系起源于生产力发展以及专业化分工。在委托代理关系中，委托人与代理人的利益目标是不一样的，代理人致力于为自己争取更多的工资和福利保障，而委托人则是追求其个人利益的最大化，由此便导致双方的利益矛盾。在缺乏有效的制度规范下，代理人的活动很容易损害委托人的利益。不管是在经济领域或是社会领域，都普遍存在委托代理关系。根据委托代理理论，公务支出是政府行为，资金来源于国家财政，而国家财政收入主要是公众缴纳的各项税费，所以在公务人员进行公务支出时与公众形成了委托代理关系。公务人员在开展公务活动时希望资金宽松，而公众希望自己缴纳的税费能够得到最大限度的合理利用，这两者之间存在的必然矛盾需要具体制度进行规范调节，公务支出管理改革恰恰可以对公务支出发挥更强的约束作用。20 世纪 70 年代，以委托代理理论为引线，美、欧学术界推出了绩效预算理论，其核心是把财政支出视为公共产品供给的投入并强调建立结果导向型预算。由此，这些国家逐步建立了绩效预算。

21世纪初我国开始探索实行绩效预算的可行性，相关学术讨论不断升温。经过十几年的实践，我国初步建立起了相对完整的项目支出绩效管理制度，并取得了较大成效。但从理论角度看，这是一种半截子革命，必须尽快推出新的预算绩效管理模式。党的十九大报告明确提出要全面实施预算绩效管理。2018年9月《中共中央国务院关于全面实施预算绩效管理意见》印发，全面实施预算绩效管理的顶层设计已经形成，我国进入了预算绩效管理的新时代。我们必须从理论上全面认识新时代的新目标、新要求、新制度和新举措，把思想认识和行动统一到党中央、国务院决策部署上来，增强“四个意识”，坚定“四个自信”，提高政治站位，把全面实施预算绩效管理各项措施落到实处。

1. 全面实施预算绩效管理的新意义

全面实施预算绩效管理是新时代党中央国务院的重大战略部署，是政府治理和预算管理的深刻变革。

首先是治理理念。坚持以人民为中心的发展思想，是习近平新时代中国特色社会主义思想的重要组成部分。中国特色社会主义进入了新时代，适应我国社会主要矛盾变化，必须坚持以人民为中心。以人民为中心就是要始终把实现好、维护好、发展好最广大人民的根本利益作为工作的出发点和落脚点，建设人民满意的服务型政府。全面实施预算绩效管理要求在预算管理中全面融入绩效理念和绩效方法，更加注重结果导向。这一点本质上就是要以人民为中心，把取之于民的财政资金风险控制好，合理配置好、有效管理好、精准使用好，更高质量、更有效率、更加公平、更可持续地提高公共服务质量和水平，不断提升人民的获得感、幸福感、安全感。

其次是治理方式。全面实施预算绩效管理是推进国家治理体系和治理能力现代化的有力举措，是政府治理方式的深刻变革。预算是政府活动和宏观政策的集中反映，也是规范政府行为的有效手段。以全面实施预算绩效管理为关键点和突破口，解决好绩效管理中存在的突出问题，可以弥补我国政府实施绩效管理中的短板，有利于夯实各地区各部门各单位绩效主体责任，推动政府效能提升，加快实现国家治理体系和治理能力现代化。

最后是治理能效。全面实施预算绩效管理突出能力和效率、关注产出和结果。预算绩效是衡量政府绩效的主要指标之一，本质上反映的是各级政府、各部门的工作绩效。全面实施预算绩效管理旨在实现预算和绩效一体化，将“花钱”和“办事”统一起来，通过绩效目标的设定、监控、评价、报告和公开，实现政府责任的计量化、透明化、可视化。可有效反映国家经济社会发展的大政方针和任务部署，体现政府活动的范围和方向，成为提升现代政府治理能效的有效工具。全面实施预算绩效管理也有利于促进各地区、各部门、各单位认真履职尽责，提高管理效率，全面提升政府效能，增强政府公信力和执行力，推动加快实现国家治理体系和治理能力现代化。

2. 全面实施预算绩效管理的新目标

推动高质量发展是当前和今后一个时期确定发展思路、制定经济政策、实施宏观调控的根本要求。推动高质量发展要加快形成推动高质量发展的“指标体系、政策体系、标准体系、统计体系、绩效评价和政绩考核。”上述六大体系都与预算绩效管理紧密相关。全面实施预算绩效管理要按照高质量发展的要求，力争用三到五年时间基本建成全方位、全过程、全覆盖的预算绩效管理体系，实现财政高质量发展，提升预算管理水平和财政政策实施效果，为经济社会发展提供有力保障，打牢高质量发展基础。实现这一目标可从如下三方面入手：

一是有效衔接高质量发展规划与预算目标管理。各地区、各部门编制预算时要贯彻落实党中央、国务院各项决策部署，结合本地区本部门实际情况，全面设置部门和单位整体绩效目标、政策及项目绩效目标。全面设置预算绩效目标和指标时要以高质量发展规划为依据，以高质量发展各项指标值为参数确定指标值。

二是参与高质量发展政策事前评估。高质量发展政策体系是指在政策决策、执行和监督各个环节体现创新、协调、绿色、开放、共享的发展理念。全面实施预算绩效管理要求各部门各单位要在预算评审环节，对新出台的重大政策、项目开展事前绩效评估。事前评估所起作用是把好高质量发展政策决策关口，事中绩效监控和事后绩效评价则是动态推进高质量发展政策落地。

三是配合建立高质量发展的政绩考核与绩效责任制度。树立正确的绩效观是高质量发展的要求，也是全面实施预算绩效管理的根本遵循。建立绩效责任制度包括预算绩效工作推动责任、绩效结果责任两个方面。把预算绩效结果纳入政府绩效和干部政绩考核体系，作为领导干部选拔任用、公务员考核的重要参考，是促进高质量发展的制度保障。

3. 全面实施预算绩效管理的新制度

一是以问题为导向，围绕“全面”和“绩效”两个关键点。《意见》聚焦预算绩效管理中的突出问题，有针对性地做出了战略部署。建设目标是力争用三到五年时间基本建成全方位、全过程、全覆盖的预算绩效管理体系，实现预算和绩效管理一体化，着力提高财政资源配置效率和使用效益，改变预算资金分配的固化格局，提高预算管理水平和政策实施效果，为经济社会发展提供有力保障。基本原则是坚持总体设计、统筹兼顾；全面推进、突出重点；科学规范、公开透明；权责对等、约束有力。

二是形成了全面实施预算绩效管理的“三三一”体系。《意见》从“全方位、全过程、全覆盖”三个维度推动绩效管理，形成了“三三一”体系。

第一个“三”是绩效管理价值取向方面。《意见》指出，全面实施预算绩效管理要“更加注重结果导向、强调成本效益、硬化责任约束”。

第二个“三”是实施体系构成方面。《意见》指出“力争用三到五年时间基本建成全方位、全过程、全覆盖的预算绩效管理体系。”

一个“一”是目标形态方面“实现预算和绩效管理一体化”。实现预算和绩效管理一体化意味着预算管理和绩效管理的主体、对象、过程、权责和信息系统融为一体。

“三三一”体系的形成，意味着全面实施预算绩效管理成为财政在国家治理中发挥基础和重要支柱作用的重要抓手，是政府治理和预算管理的深刻变革，是现代国家治理的共同特征，是我国国家治理体系和能力现代化的内在要求。

4. 创新实施措施。《意见》立足长远，站位高、举措实，在关注财政资金使用效益的同时，着眼健全长效机制，力求从整体上提高财政资源配置效率。主要体现在以下几个方面：

一是拓展预算绩效管理实施对象。即从政策和项目预算为主向部门和单位预算、政府预算拓展，从转移支付为主向地方财政综合运行拓展，逐步提升绩效管理层级，在更高层面统筹和优化资源配置，这也是大部分市场经济国家预算绩效改革的普遍路径。

二是开展事前绩效评估。为从源头上防控财政资源配置的低效、无效，《意见》将绩效管理关口前移，提出建立重大政策和项目事前绩效评估机制。各部门各单位要对新出台重大政策、项目开展事前绩效评估，投资主管部门要加强基建投资绩效评估，评估结果作为申请预算的前置条件。财政部门要加强新增重大政策和项目预算审核，必要时可以组织第三方机构独立开展绩效评估，审核和评估结果作为预算安排的重要参考依据。需要说明的是，事前绩效评估不是另起炉灶，另搞一套，而是结合预算评审、项目审批等现有工作来开展，更加突出绩效导向。

三是实施预算和绩效“双监控”。各级政府、各部门、各单位对绩效目标实现程度和预算执行进度实行“双监控”，发现问题要及时纠正，确保绩效目标如期保质保量实现。通过开展“双监控”，不仅有利于及时调整预算执行过程中的偏差，避免出现资金闲置沉淀和损失浪费，而且有利于及时纠正政策和项目实施中存在的问题，堵塞管理漏洞，确保财政资金使用安全高效。

四是建立多层次绩效评价体系。《意见》明确提出，各部门各单位对预算执行情况以及政策、项目实施效果开展绩效自评，各级财政部门建立重大政策、项目预算绩效评价机制，逐步开展部门整体绩效评价，对下级政府财政运行情况实施综合绩效评价，必要时可以引入第三方机构参与绩效评价。通过建立绩效自评和外部评价相结合的多层次绩效评价体系，不仅能够落实部门和资金使用单位的预算绩效管理主体责任，推动提高预算绩效管理水平，而且能够全方位、多维度反映财政资金使用绩效和政策实施效果，促进提高财政资源配置效率和使用效益，使预算安排和政策更好地贯彻落实党中央、国务院重大方针政策和决策部署。

从上述绩效预算理论出发，可以说公务支出状况是否合理关键在于是否有绩效，改革公务支出管理就是要提升公务支出绩效水平，让人民对公务支出放心，感到有价值。深化公务支出管理改革要以绩效为轴心，把绩效管理贯穿到公务支出预算编制、预算执行和预算监督全过程中。

二、公务支出管理改革的功能定位

由于公务支出属于运行成本性支出，且需求弹性大、刚性弱，公务支出虽然占财政总支出比重较低，但此类支出的治理与制度创新倍受关注。中国在推进预算管理改革过程中，始终追求优化公务支出管理，对不同类公务支出形成了定员定额和物质费用定额两种管理方式，并取得了重大成效。但必须看到，党的十八届三中全会提出了全面深化改革的行动方案，并把财政定位为国家治理体系和治理能力现代化的重要支柱。这对公务支出管理改革提出新的更高要求。落实这一要求，首先必须明确公务支出管理改革功能定位，并以这种定位指导各项公务支出管理改革方案设计。

从公务支出特殊性角度看，公务支出管理改革在国家治理体系和现代财政制度中具有特定功能定位。

（一）公务支出管理改革是国家治理体系现代化的基石之一

国家治理体系包括行政管理制度、社会管理制度、经济管理制度、司法制度等内容。国家治理体系和治理能力现代化就是要使这些制度在适应不同领域的新变化、新特点的基础上发挥好管控功能。低成本运行是国家治理体系现代化的显著标志之一。公务支出是行政运行成本的组成部分。因此，管控好公务支出直接决定国家治理体系能否实现现代化。具体讲，公务支出管理改革对国家治理体系现代化有两点支撑作用：一是加强公务支出预算管理可以卡住随意举行公务活动的脖子。公务支出是公务活动的资金保障，违规举行公务活动势必增加公务支出。现实中存在的一些接待费超支现象，本质上是对违规公务活动的资金保障，加强公务支出管理首先要做到无预算不得支出。这实际上是切断了违规举行公务活动如出国、接待、用车等的资金来源，从而也就规范了政府行为。二是完善公务支出标准体系可以卡住随意提高公务活动成本的脖子。公务支出标准是公务支出水平的基本约束因素。现实中出现的行政运行成本上升，主要原因是支出标准不合理，公务活动的随意性也集中体现在钻支出标准不合理的漏洞，同时也是腐败和懒政的温床。完善公务支出标准能够起到保障公务活动顺利进行并约束腐败行为发生的作用。

（二）公务支出管理改革是建立现代财政制度的突破口

现代预算制度是现代财政制度的基础内容，公务支出制度是预算制度的组成部分。建立现代预算制度必须选准突破口。综合看，公务支出管理改革可作为建立现代财政制度的突破口。首先，现代预算制度是透明的预算。公务支出是公众最为关心的财政支出类别之一。回应社会关切，首先要公开行政运行成本。因此，公务支出必须以专项形式完整向社会公开。只有如此，才能提高政府公信力。其次，现代预算制度是规范的预算，过去一段时间公务支出预算的粗放性比较高，亟须治理。为此，要规范预算，必须从公务支出预算做起。最后，现代预算制度是讲求绩效的预算。总体看，公务支出预算的编制和执行的绩效性较差。因此，推进建立现代预算制度理应首先提高公务支出预算的绩效管理水平。

第二章　新时代党政机关会议费管理改革

会议是国家治理、社会运行的重要方式。会议费是公务支出的重要组成部分。完善会议费管理制度，加强会议费管理，不仅是贯彻落实中共中央“八项规定”中关于“精简会议活动”“厉行勤俭节约”精神的现实需要，也是深化预算管理制度改革，创新公务支出管理制度、实现国家治理能力和治理体系现代化的客观要求。本章围绕党政机关会议费管理制度进行深入研究。在对改革开放以来我国会议费管理制度变迁进行历史考察和梳理分析的基础上，深入分析了在反腐败、全面从严治党的大背景下现行会议费管理制度的主要内容、成效、存在的不足及其成因，进而提出优化和创新党政机关会议费管理制度的对策建议。

一、改革以来我国党政机关会议费管理的制度变迁

改革开放以来，为适应行政管理体制改革和政府职能转变的需要，财政部门会同有关部门拟定出台了会议费管理办法，并历经多次修订完善，不断加强会议费管理。

（一）1993 年出台中央国家机关会议费管理办法

为贯彻《国务院关于严格控制召开全国性会议的通知》(〔88〕国发 47 号)，加强中央国家机关会议费管理，进一步控制和精减会议，节约会议费开支，1993 年，财政部和国务院机关事务管理局曾发布《中央国家机关会议费管理办法》，对中央国家机关召开的会议实行分类管理、分级审批的办法。主要内容如下：

1. 会议的分类。一类会议：以国务院名义召开的，要求省、自治区、直辖市、计划单列市负责同志参加的会议。二类会议：国务院各部委、直属机构以及国务院各直属事业单位召开的，要求省、自治区、直辖市、计

划单列市有关厅（局）或本系统在各地机构的负责同志参加的会议。三类会议：国务院各部委、直属机构以及国务院各直属事业单位或所属司（局）召开的，要求省、自治区、直辖市、计划单列市有关厅（局）或本系统在各地机构的有关人员参加的会议。

2. 会议的规模。（1）规定会期。一类会议不超过 5 天；二类会议不超过 4 天；三类会议不超过 3 天。（2）规定参会人数。一类、二类会议的代表人数，应控制在 180 人以内，工作人员控制在代表人数的 20% 以内；三类会议的代表人数，应控制在 100 人以内，工作人员控制在代表人数的 15% 以内。（3）严格控制召开会议数量。各单位要努力精减会议，可开可不开的会议或能通过发文解决的，就不要开会；能用电话会议形式召开的，不要集中开会。（4）严格控制会议费开支。各单位召开会议尽量使用机关内部的招待所、礼堂、会议室和车辆，不租用高级宾馆、饭店。在旅游旺季，不得到旅游城市开会。

3. 会议的审批。召开一类会议及临时召开的二类会议报国务院审批；召开二类会议及三类会议超过规定人数、天数标准的报国务院办公厅审批；召开三类会议由国务院各部委、各直属机构审批。每年国务院各部委、各直属机构原则上只批一个二类会议。没有经费来源的会议，一律不予审批。凡须报送国务院或国务院办公厅审批的下一年度召开的各类会议，召开单位应于 11 月底前将拟报批的文件（包括会议名称、召开会议的时间、地点、代表及工作人员数、所需经费等）送国务院机关事务管理局（事业单位送财政部）审核会签。凡经国务院或国务院办公厅批准的各类会议，各单位须在召开会议前将审批意见及正式文件报送国务院机关事务管理局财务司（事业单位报财政部）备案。国务院各部委、各直属机构以及国务院各直属事业单位召开的各种物资分配、订货会，产品（科技成果）验收、鉴定、评比、交流会和小型调查研究会等由国务院各部委、各直属机构、各直属事业单位领导办公会议审批。

4. 会议费的开支规定。会议费开支实行综合定额控制、包干使用、结余留用、超支不补的原则，各项费用之间可以调剂使用。会议费包括房租费、伙食补助费和其他费用。其中，房租费包括住宿费和会议室租金。会议伙食标准不得高于伙食补助费和与会人员个人负担的就餐费之和。与会人员每人每天负担的就餐费不得低于2元。其他费用包括交通、文件印刷、夜餐、办公用品、备用药品等。会议的会场租金和会议公杂费等，由主办单位根据节约的原则掌握开支；住宿费、市内交通费和伙食补助费由参加会议的人员按差旅费的开支规定回原单位报销。会议费综合定额标准如表2–1所示。

表2–1　1993年中央国家机关会议费综合定额

（单位：元／人天）

会议类别	房租费	伙食补助费	其他费用	合　计
一类会议	70	30	20	120
二类会议	50	30	20	100
三类会议	35	30	15	80

5.其他规定。会议期间不得组织游览及与会议无关的参观活动，不得招待烟、酒、糖、果等，不得宴请与会人员和发放任何物品、纪念品。召开会议的单位不得以任何方式转嫁或摊派会议费，也不得挤占其他经费。对严重违反本办法的单位，由国务院机关事务管理局或财政部给予停拨经费或扣减当年经费预算的处罚。

（二）2006年调整会议费管理办法

1993年出台的会议费管理办法在规范会议费管理方面发挥了一定的积极作用。但是，在实际运行中，会议费管理存在的问题主要是标准过低、上级机关向下级机关和企事业单位转嫁费用现象比较普遍、会计信息失真等。为贯彻中共中央、国务院关于厉行节约制止奢侈浪费行为和精简会议的有关精神，加强中央国家机关会议费管理，进一步控制和精简会议，节约会议费开支，国务院机关事务管理局、中华人民共和国财政部于2006年修订《中央国家机关会议费管理办法》，并于2007年开始实施。会议费制度改革的内容主要有：

1.控制会议规模。（1）会议天数。二类会议会期一般不得超过3天，三类会议会期一般不得超过2天。（2）会议人数。二类会议与会人员一般不得超过200人，工作人员控制在代表人数的20%以内。三类会议与会人员不得超过150人，工作人员控制在代表人数的15%以内。

2.提高会议费开支标准。会议费开支标准的制定，既考虑当时的实际开支水平，保证会议的基本需要，又考虑国家财力状况，提倡勤俭节约。综合定额提高到原标准的三倍多，每人每天：一类会议400元；二类会议300元；三类会议260元。会议费综合定额标准如表2–2所示。

表2–2 2006年中央国家机关会议费综合定额

（单位：元/人天）

会议类别	房租费	伙食补助	其他费用	合计
一类会议	250	80	70	400
二类会议	170	80	50	300
三类会议	150	80	30	260

3.实行定点管理，与出差人员实行定点住宿一并招标确定定点饭店。各单位召开会议尽量使用内部的宾馆、招待所、会议室和车辆，内部宾馆不具备承接条件的，必须到定点饭店召开，一般应安排在社会上三星级以下的宾馆、饭店，不得租用高级宾馆、饭店召开会议。会议应严格控制在会议费开支标准之内。

4.加强监督管理。为了做好定点饭店招标工作，地方各级财政部门要积极邀请当地的纪检、监察等部门参加监督，确保定点饭店的招标等各项工作公开、公正、透明，招标的各项程序要符合国家的法律和行政法规。财政部会同中纪委、监察部等部门对各地定点饭店的招标工作进行抽查，并适时会同中纪委、监察部等部门对差旅费、会议费执行情况开展检查工作。

（三）2008年调整会议费支出管理办法

为进一步贯彻落实中共中央办公厅、国务院办公厅印发的《党政机关国内公务接待管理规定》（中办发〔2006〕33号），规范和加强中央国家机关会议费管理，杜绝中央单位向下属单位或地方有关单位转嫁会议费负担的行为，根据当时中央单位会议费开支实际情况，综合考虑市场物价变动等因素，自2009年1月1日起调整中央国家机关会议费综合定额标准。

1. 提高会议费综合定额标准。会议费综合定额标准（即会议费开支上限控制标准）调整为：一类会议每人每天600元，二类会议每人每天500元，三类会议每人每天400元。

2. 精简会议，压缩会议规模。各单位要贯彻落实《关于国务院办公厅精简会议文件改进会风文风的意见》的有关精神，按照切实精简会议，改进会风，勤俭办会的要求，严格控制会议规格、规模、数量和会议时间，降低会议成本，减少会议费支出。要充分利用现代科技手段，尽量召开电视电话会议或网络视频会议。由于标准调整而增加的会议费支出，由各单位通过减少会议、压缩会议规模等方式解决，不再增加部门预算。各单位不得向下属单位或地方有关单位转嫁会议费负担。

（四）2013年中央和国家机关会议费管理办法

党的十八大以来，中央层面相继出台了一系列治理会风相关的制度。2012年12月，中央政治局审议通过了关于改进工作作风、密切联系群众的"八项规定"，"精简会议活动，切实改进会风"便是其中之一。2013年6月以来党内开展的群众路线教育实践活动也将会议中存在的各种形式主义、官僚主义、享乐主义和奢靡之风作为重点指向。十八届三中全会提出了"健全改进作风常态化制度"的任务，提出要改革会议公文制度，从中央做起带头减少会议、文件，着力改进会风文风。2013年底中央出台的《党政机关厉行节约反对浪费条例》《党政机关国内公务接待管理规定》等法规中也有不少针对开会问题的规定。

既有的《中央国家机关会议费管理办法》相关制度规定，在规范中央和国家机关会议费管理方面发挥了积极作用。同时，也存在一些问题，如：一些单位会议审批不严，未经批准和计划外召开会议的情况仍有发生；一些单位超规模开会，超范围、超标准列支会议费；一些单位对会议费报销审查不严等。根据审计署2013年发布的《2012年度中央预算执行和其他财政收支的审计报告》，45个中央部门本级2012年共举办会议8698个，实际支出6.98亿元人民币。审计中发现，不少部门存在计划外会议时有召开、会议规模和会议开支超出标准等问题。上述问题，不仅造成了财政资金的损失浪费，而且助长了奢侈浪费之风，影响了党和政府的形象，引起了广大群众的不满。为贯彻落实中共中央“八项规定”中关于“精简会议活动”“厉行勤俭节约”的精神，进一步加强和规范会议费管理，按照中央要求并结合实际，2013 年 9 月，财政部、国家机关事务管理局、中共中央直属机关事务管理局发布了修订后的《中央和国家机关会议费管理办法》（财行〔2013〕286 号），该办法于 2014 年 1 月 1 日起实施。办法对会议费管理的总体原则、会议分类与审批、会议费开支范围、标准和报销支付、会议费公示和年度报告制度、管理职责等内容作出规定。

1. 明确适用范围——无一例外全覆盖

与之前会议费管理办法相比，2013 年会议费管理制度在规范范围上讲求“无一例外”，实现了全覆盖，具体表现在以下两个方面：

一是实现了对适用对象的全覆盖。之前会议费管理办法主要适用于国务院各部门，其他中央国家机关比照执行，对事业单位会议费管理问题未作出明确规定。而 2013 年会议费管理制度明确适用于所有中央和国家机关，即党中央各部门，国务院各部委、各直属机构，全国人大常委会办公厅，全国政协办公厅，最高人民法院，最高人民检察院，各人民团体、各民主党派中央和全国工商联召开的会议都应执行 2013 年会议费管理办法。同时明确规定，中央事业单位会议费管理参照《办法》执行。此外，《党政机关厉行节约反对浪费条例》还规定，国有企业、国有金融企业、不参照公务员法管理的事业单位，参照该条例执行。

二是实现了对各类会议的全覆盖。之前会议管理办法主要针对一类、二类、三类会议，并未对除一类、二类、三类会议以外的其他小型研讨会、座谈会、评审会等其他业务性会议作出明确规定。现行会议费管理制度在原会议分类的基础上，将部门召开的小型研讨会、座谈会、评审会等业务性会议作为“四类会议”纳入规范范围，并对四类会议的数量和规模作出明确规定。中央和国家机关会议分类如下：

一类会议。是以党中央和国务院名义召开的，要求省、自治区、直辖市、计划单列市或中央部门负责同志参加的会议。

二类会议。是党中央和国务院各部委、各直属机构召开的，要求本系统、各直属机构或省、自治区、直辖市、计划单列市有关厅（局）负责同志参加的会议。

三类会议。是党中央和国务院各部委、各直属机构，最高人民法院，最高人民检察院，各人民团体及其所属内设机构召开的，要求省、自治区、直辖市、计划单列市有关厅（局）或本系统机构有关人员参加的会议。

四类会议。是指除上述一类、二类、三类会议以外的其他业务性会议，包括小型研讨会、座谈会、评审会等。

2. 明确会议规模——从严控制会期和人数规模

一是从严规定会期控制上限。一类会议会期按照批准文件，根据工作需要从严控制；二类、三类、四类会议会期均不得超过 2 天；传达、布置类会议会期不得超过 1 天。会议报到和离开时间，一类、二类、三类会议合计不得超过 2 天，四类会议合计不得超过 1 天。

二是严格控制会议规模。一类会议参会人员按照批准文件，根据会议性质和主要内容确定，严格限定会议代表和工作人员数量。二类会议参会人员不得超过 300 人，其中，工作人员控制在会议代表人数的 15% 以内；不请省、自治区、直辖市和中央部门主要负责同志、分管负责同志出席。三类会议参会人员不得超过 150 人，其中，工作人员控制在会议代表人数的 10% 以内。四类会议参会人员视内容而定，一般不得超过 50 人。

3. 明确会议费支出标准——分类定额管理

明确会议费支出内容。会议费开支范围包括会议住宿费、伙食费、会议室租金、交通费、文件印刷费、医药费等。其中，交通费是指用于会议代表接送站，以及会议统一组织的代表考察、调研等发生的交通支出。会议代表参加会议发生的城市间交通费，按照差旅费管理办法的规定回单位报销。

分类规定会议综合定额，即会议费支出的上限。会议费开支实行综合定额控制，各项费用之间可以调剂使用。现行制度明确，一类会议综合定额 660 元，包括住宿费 400 元，伙食费 150 元，其他 110 元；二类会议综合定额 550 元，包括住宿费 300 元，伙食费 150 元，其他 100 元；三类、四类会议综合定额为 450 元，包括住宿费 240 元，伙食费 130 元，其他 80 元。详见表 2–3。《中央和国家机关会议费管理办法》规定，四类的会议数量和费用不得突破本单位前 3 年召开四类会议的平均数量和平均支出。

表 2–3 2013 年中央和国家机关会议费综合定额

（单位：元 / 人天）

会议类别	住宿费	伙食费	其他	合计
一类会议	400	150	110	660
二类会议	300	150	100	550
三类、四类会议	240	130	80	450

继中央出台新的会议费管理办法之后，中央各部门相继制定出台了会议费的具体管理办法。北京、天津、山东、吉林、福建、浙江、山西、湖北、河南、安徽、江西、贵州、广东、湖南、浙江等各省市财政厅、省市委机关事务管理局和省市人民政府机关事务管理局根据中央精神联合下发了《关于印发 <XXX 省省直机关会议费管理办法 > 的通知》，明确规定了省级机关、事业单位应当结合本单位实际，认真贯彻执行。

2013 年底以来，按照中央出台的会议费管理办法精神，各地出台了会议费管理办法。根据本地物价水平，当地财力等实际情况，分别规定会议费综合定额。

如地处中部的山西省出台了《省直机关会议费管理办法》，规定：会议费由会议主办单位承担，不得向参会人员收取，会议费开支范围包括会议住宿费、伙食费、会议室租金、交通费、文件印刷费、医药费等与会议有关的费用。一类会议、二类会议综合定额分别为 500 元 / 人天，（住宿费 280 元、伙食费 130 元、其他 90 元）、400 元 / 人天（住宿费 200 元、伙食费 130 元、其他 70 元），三类会议、四类会议综合定额为 360 元 / 人天（住宿费 180 元、伙食费 120、其他 60 元）。详见表 2–4。

再比如辽宁省出台了《辽宁省省直机关会议费管理办法》，规定会议费实行综合定额管理，各项费用之间可以调剂使用。会议费由会议举办单位承担，不得向参会人员收取，不得以任何方式向下属机构、企事业单位、地方转嫁或摊派。一类会议费综合支出定额上限为600元，包括住宿费380元，伙食费120元，其他100元；二类会议综合定额上限为500元，包括住宿费330元，伙食费100元，其他70元；三类会议综合定额上限为400元，包括住宿费250元，伙食费100元，其他50元；四类会议综合定额为350元，包括住宿费220元，伙食费100元，其他30元。辽宁省省直机关会议费综合定额如表2–5所示。

表2–4　山西省省直机关会议费综合定额

（单位：元／人天）

会议类别	住宿费	伙食费	其他	合计
一类会议	280	130	90	500
二类会议	200	130	70	400
三类、四类会议	180	120	60	360

表2–5　辽宁省省直机关会议费综合定额

（单位：元／人天）

会议类别	住宿费	伙食费	其他	合计
一类会议	380	120	100	600
二类会议	330	100	70	500
三类会议	250	100	50	400
四类会议	220	100	30	350

4.严格会议费管理——全过程强化管理

针对当时计划外会议时有召开，会议规模和会议开支超出标准等突出问题，2013年会议费管理办法重点从以下几方面进一步加强会议费管理：

（1）强化会议年度计划和审批管理制度，规定所有会议必须纳入单位的年度会议计划，进一步明确各类会议的报批程序和审批制度。中央和国家机关会议按以下程序和要求进行审批：

一类会议。应当报经党中央和国务院批准。会议总务、经费预算及费用结算等工作分别由中共中央直属机关事务管理局（以下简称中直管理局）

和国家机关事务管理局（以下简称国管局）负责。

二类会议。各单位应当于每年 11 月底前，将下一年度会议计划（包括：会议名称、召开的理由、主要内容、时间地点、代表人数、工作人员数、所需经费及列支渠道等）送财政部审核会签，按程序经中央办公厅、国务院办公厅审核后报批。各单位召开二类会议原则上每年不超过 1 次。

三类会议。各单位应当建立会议计划编报和审批制度，年度会议计划（包括会议数量、会议名称、召开的理由、主要内容、时间地点、代表人数、工作人员数、所需经费及列支渠道等）经单位领导办公会或党组（党委）会审批后执行。

四类会议。由单位分管领导审核并报主要领导批准后执行，并列入单位年度会议计划。

全国人大常委会办公厅、全国政协办公厅、各民主党派中央和全国工商联的会议分类、审批事项、会期及参会人员等，由上述部门依据法律法规、章程规定，参照办法作出规定，并报财政部备案。

（2）严格会议费预算管理，将会议费纳入部门预算，单独列示，并要求会议费预算细化到具体会议项目，执行中不得突破。

（3）严格会议费报销和支付管理。报销时须附会议审批文件、会议通知及实际参会人员签到单、定点饭店提供的费用原始明细单据、电子结算凭证等，并规定会议费支付采用银行转账或公务卡方式结算，不得以现金方式支付。

（4）建立会议费公示制度和会议年度报告制度。各单位应当将非涉密会议的名称、主要内容、参会人数、经费开支等情况在单位内部公示，具备条件的应向社会公开。

5. 规范会议活动——强化、细化禁止性规定

根据中央“八项规定”及其实施细则的有关要求，2013 年会议费管理办法对会议活动作出相关禁止性规定，主要有：严禁各单位借会议名义组织会餐或安排宴请；严禁套取会议费设立“小金库”；严禁在会议费中列支公务接待费；会议用房不得安排高档套房；会议用餐应严格控制菜品种类、数量和份量，安排自助餐，严禁提供高档菜肴，不安排宴请，不上烟酒；

会议会场一律不摆花草，不制作背景板；不得使用会议费购置电脑、复印机、打印机、传真机等固定资产以及开支与本次会议无关的其他费用；不得组织会议代表旅游及与会议无关的参观；严禁组织高消费娱乐、健身活动；严禁以任何名义发放纪念品，等等。

6. 强化监督检查和违规问责

强化监督和问责是确保会议费管理各项措施全面贯彻落实的重要手段。2013 年会议费管理办法对监督检查的内容和问责形式作出具体规定，对计划外召开会议、以虚报冒领手段骗取会议费、虚报会议人数和天数进行报销、违反规定扩大会议开支范围、擅自提高会议费开支标准等违反《办法》规定的行为，将依法依规追究会议举办单位和相关人员的责任。

（五）2015 年党政机关会议定点管理办法

为加强和规范党政机关会议定点管理、节约会议费支出、降低行政运行成本，财政部出台《党政机关会议定点管理办法》（财行〔2015〕1 号）。党政机关会议定点管理是通过政府采购方式确定一定数量的宾馆饭店或专业会议场所，作为党政机关举办会议场所的相关管理活动。会议定点场所政府采购的内容包括住宿房间价格、会议室租金和伙食费。会议定点场所政府采购应坚持公开、公正、公平的原则，严格按照政府采购制度的有关规定进行。会议定点场所的政府采购控制价格，由具体负责政府采购的财政部门按照不高于本地区会议费管理办法规定的开支标准确定。各级党政机关举办的会议，除采用电视电话、网络视频方式以及在本单位或本系统内部会议室、礼堂、宾馆、招待所、培训（会议）中心等举办的外，应当在会议定点场所召开。确定会议定点场所应当遵循以下原则：数量适当、布局合理、交通便利、档次适中、价格优惠、公开公平。会议定点场所实行动态管理，两年调整一次。

为加强和规范会议定点管理，根据财政部《党政机关会议定点管理办法》（财行〔2015〕1 号），地方出台了《党政机关会议定点管理实施细则》，不少地方按照新规定，对本级党政机关会议定点饭店进行公开招标，价格限制更为严格，更体现出“物有所值”的新理念。

按照《党政机关会议定点管理办法》，各地区确定的会议定点场所在全国范围内实行资源共享，各级党政机关举办会议共同使用，执行统一的会议定点场所目录和相同的协议价格。例如：北京市政府和国家机关事务管理局采购的会议定点场所，全国各地各级党政机关共同使用。查询与北京市政府采购中心签订协议的会议定点场所，通过“北京市政府采购会议定点综合查询系统”查询，网址为：http：//hy.bgpc.gov.cn：82/MEETING_2009/index.htm。查询与国家机关事务管理局财务管理司签订协议的会议定点场所，见国家机关事务管理局《2015 年度北京地区党政机关会议定点饭店协议价格表》。

（六）2016 年中央和国家机关会议费管理办法

为贯彻落实《党政机关厉行节约反对浪费条例》关于加强相关开支标准之间的衔接，建立开支标准调整机制的规定，进一步加强会议费管理，为进一步加强和规范中央和国家机关会议费管理，精简会议，改进会风，提高会议效率和质量，节约会议经费开支，2016 年 6 月 29 日财政部、国家机关事务管理局、中共中央直属机关事务管理局制定出台了《中央和国家机关会议费管理办法》（财行〔2016〕214 号），自 2016 年 7 月 1 日起施行。2016 年会议费管理办法延续了 2013 年会议费管理办法关于会议分类、审批、会期及会议规模管理，部分条款规定更为严格细化。

1. 进一步明确四类会议定义

中央和国家机关会议分类如下：一类会议。是以党中央和国务院名义召开的，要求省、自治区、直辖市、计划单列市或中央部门负责同志参加的会议。二类会议。是党中央和国务院各部委、各直属机构，最高人民法院，最高人民检察院，各人民团体召开的，要求省、自治区、直辖市、计划单列市有关厅（局）或本系统、直属机构负责同志参加的会议。三类会议。是党中央和国务院各部委、各直属机构，最高人民法院，最高人民检察院，各人民团体及其所属内设机构召开的，要求省、自治区、直辖市、计划单列市有关厅（局）或本系统机构有关人员参加的会议。四类会议。是指除上述一类、二类、三类会议以外的其他业务性会议，包括小型研讨会、座谈会、评审会等。

2. 明确会议费综合定额标准

会议费开支范围包括会议住宿费、伙食费、会议场地租金、交通费、文件印刷费、医药费等。其中，交通费是指用于会议代表接送站，以及会议统一组织的代表考察、调研等发生的交通支出。会议费开支实行综合定额控制，各项费用之间可以调剂使用。与2013年综合定额标准相比，2016年会议费综合定额标准适度提高。见表2–6。综合定额标准是会议费开支的上限。各单位应在综合定额标准以内结算报销。

表2–6　2016年中央和国家机关会议费综合定额标准

（单位：元／人天）

会议类别	住宿费	伙食费	其他费用	合　计
一类会议	500	150	110	760
二类会议	400	150	100	650
三类、四类会议	340	130	80	550

3. 严格会议审批、会议费预算及财务管理

严格审批程序和要求。一类会议。应当由主办单位报经党中央和国务院批准。会议总务、经费预算及费用结算等工作分别由中共中央直属机关事务管理局和国家机关事务管理局负责。二类会议。党中央和国务院各部委、各直属机构，各人民团体应当于每年12月底前，将下一年度会议计划（包括会议名称、召开的理由、主要内容、时间地点、代表人数、工作人员数、所需经费及列支渠道等）送财政部审核会签，按程序经中央办公厅、国务院办公厅审核后报批。各单位召开二类会议原则上每年不超过1次。三类会议。各单位应当建立会议计划编报和审批制度，年度会议计划（包括：会议数量、会议名称、召开的理由、主要内容、时间地点、代表人数、工作人员数、所需经费及列支渠道等）经单位领导办公会或党组（党委）会审批后执行。四类会议。由单位分管领导审核后列入单位年度会议计划。年度会议计划一经批准，原则上不得调整。对党中央、国务院交办等确需临时增加的会议，按规定程序报批。

各单位应当严格会议费预算管理，控制会议费预算规模。会议费预算

应当细化到具体的会议项目，执行中不得突破。会议费应当纳入部门预算，并单独列示。一类会议费在部门预算专项经费中列支，二类、三类、四类会议费原则上在部门预算公用经费中列支。会议费由会议召开单位承担，不得向参会人员收取，不得以任何方式向下属机构、企事业单位、地方转嫁或摊派。

各单位在会议结束后应当及时办理报销手续。会议费报销时应当提供会议审批文件、会议通知及实际参会人员签到表、定点会议场所等会议服务单位提供的费用原始明细单据、电子结算单等凭证。财务部门要严格按规定审核会议费开支，对未列入年度会议计划，以及超范围、超标准开支的经费不予报销。各单位会议费支付，应当严格按照国库集中支付制度和公务卡管理制度的有关规定执行，以银行转账或公务卡方式结算，禁止以现金方式结算。具备条件的，会议费应当由单位财务部门直接结算。

4. 明晰部门及单位职责

为强化问责，加强会议费全过程管理，办法明确了财政部、国家机关事务管理局、中共中央直属机关事务管理局等部门以及各单位的主要职责。

财政部的主要职责是：（1）会同国管局、中直管理局等部门制定或修订中央本级会议费管理办法，并对执行情况进行监督检查；（2）按规定对各单位报送的二类会议计划进行审核会签；（3）对会议费支付结算实施动态监控；（4）对各单位报送的会议年度报告进行汇总分析，提出加强管理的措施。

国管局的主要职责是：（1）配合财政部制定或修订中央和国家机关会议费管理办法；（2）负责国务院召开的一类会议的总务工作；（3）配合财政部对国务院各部委、各直属机构会议费执行情况进行监督检查。

中直管理局的主要职责是：（1）配合财政部制定或修订中央和国家机关会议费管理办法；（2）负责党中央召开的一类会议的总务工作；（3）配合财政部对中央各部门会议费执行情况进行监督检查。

各单位的主要职责是：（1）负责制定本单位会议费管理的实施细则；（2）负责单位年度会议计划编制和三类、四类会议的审批管理；（3）负责安排会议预算并按规定管理、使用会议费，做好相应的财务管理和会计核算工作，对内部会议费报销进行审核把关，确保票据来源合法，内容真实、完整、合规；（4）按规定报送会议年度报告，加强对本单位会议费使用的内控管理。

5. 事业单位的会议费管理依据从严从紧原则参照执行

中央和国家机关各部门所属事业单位的会议费管理由各部门依据从严从紧原则参照执行。考虑到事业单位行业类别众多、单位类型复杂、经费来源多样、人员身份不一，分类改革正在逐步推进。（1））高端智库类。为切实加强中国特色新型智库建设，遵循社会科学活动规律，加强创新激励保障机制，国务院发展研究中心等高端智库，按照实事求是、精简高效、厉行节约的原则，自行制定具体管理规定。（2）高校科研院所及按规定设立的科研项目管理专业机构类。按照中央关于科研项目资金管理政策规定，着力改革和创新科研经费使用和管理方式，遵循教学科研业务活动规律，根据教学、科研和管理工作实际需要，按照实事求是、精简高效、厉行节约的原则，自行制定具体管理规定。（3）部门所属其他事业单位。为防止出现上紧下松的情况，各部门应当依据从严从紧原则作出具体管理规定。各高校、科研院所根据科研工作特点，制定出台了适用本单位科研项目特点的会议费管理办法。

（七）创新科研管理体制——规范简化科研项目会议费预算管理

为贯彻落实习近平总书记在两院院士大会上的重要讲话精神和《国务院关于优化科研管理提升科研绩效若干措施的通知》（国发〔2018〕25 号）、《中共中央办公厅、国务院办公厅关于进一步加强科研诚信建设的若干意见》《国务院办公厅关于抓好赋予科研机构和人员更大自主权有关文件贯彻落实工作的通知》（国办发〔2018〕127 号）的要求，充分激发科研人员创新活力，切实减轻科研人员负担，2019 年发布《关于进一步优化国家重点研发计划项目和资金管理的通知》（国科发资〔2019〕45 号）。通知进一步规范简化了会议费的预算管理。

1. 简化预算编制要求。根据科研活动规律和特点，进一步完善预算编制。简化预算测算说明和编报表格，除设备费外，其他开支科目无须单独填列明细表格。会议费 / 差旅费 / 国际合作交流费预算不超过直接费用 10% 的，无需提供预算测算依据；超过 10% 的，按照会议、差旅、国际合作交流分类提供必要的测算依据，无需对每次会议、差旅做单独的测算和说明。对于纳入“绿色通道”改革试点单位的科研项目预算编制要求，按照改革试点相关规定执行。

2. 扩大承担单位预算调剂权限。直接费用实行分类总额控制，其中，劳务费、专家咨询费、会议费 / 差旅费 / 国际合作交流费、其他支出等四个科目在实施中按一类管理。两类之间的预算调剂应履行承担单位内部审批程序；同一类预算额度内，承担单位可结合实际情况进行审批或授权课题负责人自行调剂使用；承担单位应按照国家有关规定完善管理制度，及时为科研人员办理预算调剂手续；相关管理制度由单位主管部门报项目管理部门备案。

（八）2019 基层减负年——注重会议实效

2019 年是“基层减负年”。2019 年中共中央办公厅发出《关于解决形式主义突出问题为基层减负的通知》，明确提出严格控制层层发文、层层开会，着力解决文山会海反弹回潮的问题。要求认真贯彻落实中央“八项规定”及其实施细则精神，从中央层面做起，层层大幅度精简文件和会议，确保发给县级以下的文件、召开的会议减少 30% —50%。少开会、开短会，开管用的会。上级会议原则上只开到下一级，经批准直接开到县级的会议，不再层层开会。严禁随意拔高会议规格、扩大会议规模，未经批准不得要求党委和政府主要负责同志以及部门一把手参会，减少陪会。提倡合并开会、套开会议，多采用电视电话、网络视频会议等形式。提高会议实效，不搞照本宣科，不搞泛泛表态，不刻意搞传达不过夜，坚决防止同一事项议而不决、反复开会。进一步改革会议公文制度，选择一些地方和单位开展治理文山会海工作试点。通知强调开会要注重实效，避免形式主义。进一步呼应了严格规范党政机关会议费管理的要求。

二、党政机关会议费管理现行制度的主要成效

现行会议费管理操作规范为 2016 年出台的中央和国家机关会议费管理办法，该办法就会议年度计划和预算管理、会议分类和审批、会议费开支

范围和报销标准、公示及报告、部门及单位管理职责、监督问责等内容作出了详细规定，进一步加强和规范了会议费管理。修订后的会议费管理制度，规定更为细致明确、标准更为科学合理、衔接配套更为合理、便于监督检查，可操作性强，有力地推动了本部门厉行节约、反对浪费的长效机制的建立；实现了以制度的刚性约束力形成倒逼机制，达到降低行政运行成本，节约差旅费和会议费支出，转变机关作风的目的。有的部门财务人员表示，新修订的差旅费管理制度分市区、分级别、分项目规定了科学合理的差旅住宿费限额标准，能够满足公务出差人员选择的安全、便利，既从严要求，又便于操作，既体现规范管理，又保证公务活动需要。

（一）加强了会议费管理，节约了会议费开支，提升了公务支出的管理效率

2013 年至 2016 年出台的一系列党政机关会议费管理办法在加强会议费管理，厉行节约方面取得了积极成效。

现行会议费管理办法是贯彻落实中央“八项规定”、推进厉行节约反对浪费制度建设和改进会风的重要举措，是加强会议费管理、节约会议经费开支的具体措施。具体而言，一是压缩会期，要求一类会议按照批准文件从严控制会期，各单位召开的二类会议原则上每年不超过 1 次，并将二类会议会期由原来的一般不超过 3 天压缩为不得超过 2 天。三类、四类会议的会期也不得超过 2 天。二是控制参会人员数量。《办法》规定二类、三类和四类会议参会人员总数不得超过 300 人、150 人和 50 人。同时，将二类会议和三类会议工作人员比例分别从原来的 20%和 15%降低至 15%和 10%以内。三是改进会议形式。各单位应充分运用电视电话、网络视频等现代信息技术手段召开会议，降低会议成本，提高会议效率。四是限制会议地点。参会人员以在京单位为主的会议不得到京外召开；不得到党中央、国务院明令禁止的风景名胜区召开会议；不能够采用电视电话、网络视频召开的会议应当到定点饭店召开。未纳入定点范围，价格低于会议综合定额标准的单位内部会议室、礼堂、宾馆、招待所、培训中心，可优先作为本单位或本系统会议场所；无外地代表且会议规模能够在单位内部会议室安

排的会议，原则上在单位内部会议室召开，不安排住宿。新办法在适当提高会议综合定额标准的同时，进一步强化了会议年度计划和审批管理制度，严格会议费预算管理，严格会议费报销和支付管理，建立会议费公示制度和会议年度报告制度等，从严控制会议数量和规模。这些措施有利于加强会议费管理，降低会议费支出，提高会议费支出效率。

近年来，部门预算中严格控制一般性支出。2013 年预算执行中，统一按 5% 的比例压减中央和国家机关各部门一般性支出。各部门深入开展群众路线教育实践活动，主动压缩“三公”经费，“三公”经费财政拨款执行数比年初预算数减少 8.15 亿元，下降 10.2%。2014 年，进一步压缩“三公”经费预算，中央本级“三公”经费财政拨款预算比上年年初预算减少 8.18 亿元，下降 10.3%。会议费支出管理进一步严格，会议费支出也有所降低。2015 年，中央部门“三公”经费支出进一步压缩。中央本级“三公”经费财政拨款预算 63.16 亿元，比 2014 年年初预算减少 8.35 亿元，下降逾 11%。与 2010 年“三公”经费支出 94.7 亿元相比，2015 年的“三公”经费实际支出减少近一半。2016 年，中央本级“三公”经费财政拨款预算 63.1 亿元，比 2015 年年初预算减少 0.06 亿元，下降 0.1%。2017 年，各级政府要坚持过紧日子，中央部门一律按不低于 5% 的幅度压减一般性支出，“三公”经费不增加。2018 年中央本级“三公”经费财政拨款预算限额 58.8 亿元，比 2017 年预算限额减少 2.67 亿元。2019 年的《政府工作报告》明确要求“各级政府要过紧日子”，要求“一般性支出压减 5% 以上、"三公"经费再压减 3% 左右”。

在地方层面，会议费支出亦有明显下降趋势，比如，2014 年广州市部门预算公共财政预算资金安排会议费合计 2.263 亿元，比 2013 年预算压减 6486 万元，同比下降 22.3%。广州市番禺区 2017 年一般公共预算资金安排会议费 849.81 万元，比上年下降 19.46%。据浙江省审计厅 2017 年第 12 号公告：省本级 2016 年公务支出公款消费审计结果，省级公务支出公款消费连续四年下降。对省级国库支付数据分析表明，省级单位 2016 年度“三公”经费较 2015 年度下降 23.17%。

根据 2013 年发布的《2012 年中国会议统计分析报告》，自 2011 年以来，使用公款举办的政府会议和事业单位会议的比例不断减少，企业会议的比例不断增加，政府会议和事业单位会议占比从2010年的50.1%下降到2012年的40.3%。节俭办会体现得越来越明显，我国会议的平均消费逐年递减，住宿、餐饮与会场花费比例从2011年的83：17到2012年的74：26。会议规模逐年减少，规模100人以下的会议从2010年的47.9%增加到2012年的61.4%。100人以上的会议不同程度地减少，特别是千人以上的会议两年同比下降75%。据2014年发布的《中国会议蓝皮书》，中央提倡简洁、务实、高效、节俭的新会风，政府财政支出类会议越来越少，市场化运作的会议越来越多。

根据2016年发布的《中国会议统计分析报告》，在各类会议中，政府机构举办会议占比由2010年的17.1%下降为2015年的7.5%，事业单位举办的会议占比由2010年的19.2%下降为2015年的10.4%。见表2–7。

表2–7　按主办单位分类的会议市场份额六年的统计

单位：%

序号	主办机构	2010	2011	2012	2013	2014	2015
1	企业	49.9	54.1	59.7	68.7	69.6	72.1
2	事业单位	19.2	22.8	16.6	12.3	12.0	10.4
3	社团组织	13.8	9.3	8.1	9.2	10.7	10.0
4	政府机构	17.1	13.8	15.6	9.8	7.7	7.5

数据来源：2016年《中国会议统计分析报告》。

2013年会议管理办法明确规定会议不允许在五星级饭店召开。现行会议管理办法虽然没有强制规定会议饭店的星级，有个别省份也没有强制规定会议饭店的星级，但是从国家旅游局全国星级饭店统计来看，2013年以来，五星级饭店、四星级饭店的平均收入呈下降趋势，餐饮业收入也有所下降，这也从一个侧面折射出会议费支出的下降。

（二）建立了多层次的会议费管理制度体系，初步构建了较为完善的，常态化的会议费支出管理机制

以规范会议费管理为突破口，初步构建了包括会议费在内的公务支出

的常态化管理机制，推进国家治理体系和治理能力现代化。会议费管理规范体系包括：在中央层面已经形成的以党的群众路线教育实践活动各项要求和十八届三中全会精神为核心的指导思想，以“八项规定”和《党政机关厉行节约反对浪费条例》为主的原则性规范，以《中央和国家机关会议费管理办法》为主的具体操作规范，和以《党政机关国内公务接待管理规定》为补充规范的制度体系。详见图 2–1。在具体管理上，从会议的分类、审批，到会议的经费预算，再到开会方式、监管职责，从实体到程序，都有了明确的制度依据。

指导思想	• 以党的群众路线教育实践活动各项要求和十八届三中全会精神为核心
原则性规范	• 以“八项规定”和《党政机关厉行节约反对浪费条例》为主
具体操作规范	• 以《中央和国家机关会议费管理办法》为主 • 部门出台的会议费管理办法 • 地方出台的会议费管理办法
补充规范	• 《党政机关国内公务接待管理规定》等规定

图 2–1 多层次的党政机关会议费管理制度体系

（三）规范了项目支出预算定额，为预算编制的科学化提供了支撑和依据

现代政府预算管理制度讲求预算的科学规范。预算编制是预算执行的基础，预算编制的科学准确是预算执行有效均衡的前提和保障，当前预算执行中存在的预算执行不够规范、年底结余资金多等问题在很大程度上与年度预算编制不够科学准确有关。切实加强预算管理，必须从源头开始控制，在预算收入预测更为科学可靠的基础上，建立合理的预算支出定额标准体系，保证预算编制的科学、严谨和准确。

原中央国家机关会议费综合定额标准是 2008 年制定的。五年来随着经济的高速增长，物价呈现出较快上涨，特别是宾馆饭店等服务业价格涨幅

较高，五年前制定的会议费综合定额标准明显滞后。由于会议费综合标准过低，一方面致使会议费制度的操作性降低，另一方面，在一定程度上导致了一些单位向下级单位、基层部门转嫁会议费负担，各方面对此反映强烈。2013 年修订的党政机关会议费管理办法，考虑了物价上涨等因素，将会议费开支标准提高了 10%左右。2016 年修订的党政机关会议费管理办法适当提高了会议费综合定额，各类会议的综合定额分别提高了 100 元。适当提高会议费综合定额标准后，四类会议的会议费支出定额更加切合当前实际，具有可操作性，有效地改变了原管理制度标准规定脱离实际、约束力和执行力不足等问题。通过会议费支出定额管理，为规范项目支出预算定额及预算编制的科学化提供了支撑。

三、党政机关会议费管理现行制度及管理存在的不足及其成因

如前所述，我国初步构建了多层次的党政机关会议费管理制度体系，在加强会议费管理方面发挥了积极作用。但是，在实际运行中，会议费管理还存在支出内容不清晰、管理不尽规范、会议费信息公开力度不够，会议绩效有待提升等诸多问题，深入分析这些问题及其成因，是探求解决之策的基础。

（一）现行党政机关会议费管理存在的不足

1. 会议费支出内容不清晰

会议费是指因为召开会议所发生的一切合理费用，包括会议住宿费、餐费、会议场所租金、交通费、文件资料费等。在实际工作中，一些单位的支付凭证是饭店、宾馆等开具的一张总发票，货物品名是“会务费”等笼统内容，缺少会议通知、参会人员签到名单、审批文件、费用明细清单等具体资料。会议费支出内容的真实性有待进一步提高。单从票据上无从得知会议的真实性，在会议期间有无列支超支的招待费，有无在会议费中列支“虚假会议”费套取现金，有无在会议费中隐藏“赞助款”，等等，无

法考证会议费支出的有效性、合规性。

2. 会议费管理使用不严格、不规范的问题仍然存在

会议费管理不规范。一些单位在报销会议费过程中，仅通过领导签字的发票作为报销的原始凭证，而对于会议通知、会议预算、参会人员名单、列支的明细项目具体资料不予提供。会议费管理使用不规范，超标准、超规模使用会议费，“三公”经费超支部分挤列在会议费的其他专项中，导致会议费开支较大，又无法说得清。根据国家审计署 2016 年 6 月 29 日发布的第 5 号公告《中央部门单位 2015 年度预算执行等情况审计结果》，被审计的中央部门及其所属单位中，22 个部门及其所属单位存在会议费管理不规范的问题，如多个部门存在无京外代表的情况下，未充分利用内部会议室，违规在所属招待所和外部宾馆召开会议并安排住宿；未按规定编制会议计划；会议参会人数超出规定标准；会议费支出超预算；在会议费中列支与会议无关支出等等问题。

部分单位会议费培训费报销原始明细单据不完整。据浙江省审计厅 2017 年第 12 号公告：省本级 2016 年公务支出公款消费审计结果，检查 10 个省级部门的会议费、培训费报销材料，有关文件明确要求的报销材料如会议通知、会议预算审批、签到单和发票等普遍比较齐全，但报销原始明细单据不完整、不规范的情况比较突出。少数单位的会议参会人数管理不严格，参会人数在预算编制、会议通知和实际签到时严重不相符，或超过规定标准。个别单位仍存在公务接待费报销普遍未附公函和接待清单的情况。

3. 会议费信息公开内容较笼统，公开渠道较隐蔽，支出透明度尚待提高

目前，“三公”经费信息公开内容较笼统，公开途径较为多样，现行的“三公”经费是各部门在各自网站披露，很多部门网站没有在首页设置财政预决算专栏，而是将此类信息隐匿在某栏目下面的子栏中，公众要到每个单位的网站一个个栏目寻找，查询信息和进行部门间横向对比很不方便。至于会议费部分，很多部门并没有单独列示和公开，或公开内容较笼统。公开渠道较隐蔽，会议费支出透明度尚待提高。

4. 会议费绩效有待提升

从各地会议举办看，会议管理日渐规范，但品牌会议的影响力、权威性不显著。一些地方的系列会议、论坛的主题选择不当或者举办形式的延续性不强，导致难以持续举办，更不可能形成会议品牌。曾经标杆型会议因为参会群体放宽、水平降低、形式老套、不出成果等原因，在行业领域内的引领作用逐渐弱化。这些在领域内既不叫好也不叫座的研讨会议，不与时俱进适当改革，快速提升自身水平，建立国内国际影响力，不能给予参会代表丰富有益的营养信息，则很难得以延续和发扬光大。

（二）产生问题的主要成因

1. 预算管理亟须加强。（1）会议费支出的核算口径较为粗略。我国现行的部门预算科目分类，没有直接、完整列出会议费支出，目前的统计数据是各部门把分散在各项支出中的数额叠加而成的一个总数。（2）在一些部门和地方政府，仍然存在会议费支出预算标准低，难以满足会议支出需求的问题。财政部门对基本支出中“三公”经费和项目支出中会议费的开支实行综合定额控制，有些单位会议费、公务接待费一年预算数 4 万元，这只能支付小型会议费用、部分招待费和燃油费，无法满足单位召开必要会议的实际工作需要。（3）会议费支出的预算编制尚未细化。对项目经费支出范围和用途要求不明确，使得执行过程中随意性过大。各预算单位往往将突破基本定额、与项目相关的“三公”经费及会议费转移到“项目支出—其他”这类兜底科目中核算。因为科目本身设置的模糊性，给他们进行这种处理留下弹性空间。

2. 决算管理有待规范。（1）会议费支出决算口径不真实。单位填报的金额多是部门预算经费科目中会议费的部分，不包括实际隐含在其他科目中的相关支出。（2）会议费支出决算口径不完整。目前一些部门统计的会议费支出，只是来自于公共预算财政拨款安排的部分，属于最窄口径的会议费。而在各部门的收入来源中，公共预算财政拨款仅是其中一部分，在事业收入、其他收入等非财政拨款中，往往隐含着更大的会议费支出空间。[①]

---

① 王晴川 . 浅析“三公”经费和会议费管理存在的问题及对策 [J]. 财政监督，2014.17. P67-68.

3. 会议费支出的约束机制不健全。一是大多数地方相关部门未制定明确、规范和细化的会议活动经费管理办法，形成地方行政事业单位会议活动经费管理审批无依据，支出随意性大，超预算、超计划、超范围、超标准等一系列问题依然存在。二是法律法规以及制度规定的条款不细化，对违法经营单位没有制定应承担的处罚法律和条款。部分单位领导法制观念淡薄。对中央三令五申削减会议费支出的精神认识不到位，缺乏长效机制，内控制度不健全，无预算、无会议通知、无审批手续、无论会议是否召开，都可报销会议费支出，造成会议费支出管理不尽规范。

4. 财务人员未严格按《会计法》进行核算。利用会议费弹性空间较大，将一些不能直接入账的其他费用或需要调节的费用支出均列入了会议费中，以至于会议费支出不真实，发票管理不严。

四、优化、创新党政机关会议费管理制度的对策建议

当前，会议费管理的加强在一定程度上与“八项规定”的贯彻落实有关。从长远看，加强会议费管理，强化制度建设是关键。财政部门应完善会议费管理、使用等方面的配套制度，制定详细、切合实际、科学可行的预算定额和标准，明确会议费中每项支出的具体口径，严格界定开支范围，规范条件和程序，加强经费预算绩效评价，确保支出是业务活动所必需，能达到既定目标，产生应有效益。同时，细化项目支出预算编制，杜绝专项经费成为超支会议费的隐藏地。

（一）准确把握不同层级党政机关会议特征，合理分析会议费支出决定因素

中国有五级政府，不同层级党政机关有不同职能。各级党政机关职能特征影响和决定不同层级党政机关的会议特征，包括会议人员规模、会议次数、会议地点分布、会议时间分布等。不同层级会议费受当地物价水平、财力状况、地域范围等因素的影响。不同级次党政机关的职能特点及会议特征详见表 2–8。

表 2–8　不同级次党政机关的职能特点及会议特征

政府级次	职能特点	会议特征
中央级次	中央人民政府，是最高国家权力机关的执行机关，是最高国家行政机关。 中央层级的党政机关是党和国家的核心权力机构，是全国一切工作的领导核心。 职能涉及国家政治、经济、文化、社会多个方面，多个层次，内容十分广泛、复杂。	召集全国性的党政会议，确定党和国家的大政方针、重要人事任免。会议规模大，参与人数多，会期长，会议召开时间、频次、地点相对固定，会议费支出规模大。
省级	是省、自治区、直辖市级地方政府权力机构。是地方经济社会发展的首脑和中枢。是我国政权组织机构中的重要层级。 接受党中央、国务院的统一指挥和领导，有权统一领导辖区的市、县、乡、镇等各级政府的工作，规划、指导本辖区经济社会发展。 负责政令的上传下达，职能涉及地方政府政治、经济、文化、社会多个方面，层次较多，内容较为广泛、复杂。议事协调和临时机构多。	召集省级层面的党政会议，传达落实党和国家的大政方针、确定本级重要事项。会议规模较大，参与人数较多，会期长，会议召开时间、频次、地点相对固定，会议费支出规模较大。具体支出受当地物价水平、辖区地域范围大小、交通条件等因素影响。
市级	是地市级地方政府权力机构。 接受党中央和国务院的统一领导；领导辖区内的经济文化建设和市政工作；领导整个行政区域内的各项行政事务，并领导所属县、县级市政府。 负责政令的上传下达，职能涉及地方政府政治、经济、文化、社会多个方面，地域特征明显，内容较为具体。	召集市级层面的党政会议，传达落实党和国家的大政方针、省级政府的政策、确定本级重要事项。会议规模较大，参与人数较多，会期短，会议召开次数多、地点相对固定，会议费支出规模小。具体支出受当地物价水平、辖区地域范围大小、交通条件等因素影响。
县级	是县级地方政府权力机构，也是基层地方政府权力机构。 接受党中央和国务院的统一领导；领导辖区内的经济文化建设和市政工作；领导整个行政区域内的各项行政事务，并领导所属乡、乡级政府。 负责政令的上传下达和落地实施，职能涉及地方政府政治、经济、文化、社会多个方面，地域特征明显，内容具体。	召集县级层面的党政会议，传达落实党和国家的大政方针、省级、市级政府的政策、确定本级重要事项。会议规模小，参与人数少，会期短，会议召开次数多、地点相对固定，会议费支出规模小。具体支出受当地物价水平、辖区财力水平、地域范围大小、交通条件等因素影响。
乡级	是基层地方政府权力机构。乡、民族乡、镇政府接受党中央和国务院的统一领导；受县、自治县、县级市、区政府的领导。领导辖区内的经济文化建设和市政工作；领导整个行政区域内的各项行政事务，并领导所属村镇。 负责政令具体落实，职能范围窄，地域特征明显，内容具体。	召集乡级层面的党政会议，传达落实党和国家的大政方针、省级、市级、县级政府的政策、确定本级重要事项。会议规模小，参与人数少，会期短，会议召开次数较多、地点相对固定，会议费支出规模小。具体支出受当地物价水平、财力水平影响。

（二）进一步合理划分会议类别，分类管理

合理划分会议类别是会议费管理制度科学、可行的起点。中国具有政府级次多和政府部门多的制度特征，部门多又必然造成会议多。从现实运转看，中国的会议类别划分还需完善。突出问题是现行会议划分是按会议主办主体的行政级别划定会议类别，这与会议内容和主办主体职能特征不尽相称，从而造成了经费保障制度存有一定缺陷。为此，应进一步合理、细化会议类别划分。从党政机关的职能类别角度进行会议类别划分，形成按会议类别细化的支出管理制度。考虑不同会议的特点，分类管理。如区别外事会议、技术性强的会议（含咨询性质）、部门业务会、事业单位会议等不同会议。分析不同类别部门会议费支出占部门支出预算总额比重，分析不同部门会议费支出需求。区别部门特点，如按照垂直管理部门和非垂直管理部门划分，区分不同性质会议，分类管理。结合事业单位改革，建立健全事业单位会议费管理制度。

（三）进一步合理优化会议费综合定额，建立动态调整机制

根据各地实际情况完善会议费管理办法，针对不同类别部门、不同类型的会议，合理设置会议费项目，如考虑场地租用费、餐费、住宿费、人员定额、速记、翻译、同传、录音、录像、印刷费等必要支出项目，制定各类部门、各类会议的细化的支出定额标准。形成分类别、组合式的会议支出定额。

建立会议费支出定额的动态调整机制。如会议住宿费一项，可参考全国差旅费定额标准，结合国家统计局、国家旅游局定期发布的全国各地星级饭店经营情况统计指标的季度数据、年度数据，分析三星级、四星级饭店平均房价变动率，动态调整不同地区的会议住宿费定额。表 2–9 为 2018 年第三季度全国星级饭店经营情况平均指标，根据其平均房价的同比、环比变化数据，可动态调整不同地区会议住宿费的支出定额。

表 2–9　2018 年第三季度全国星级饭店经营情况平均指标统计表（按星级分）

星级 \ 项目	数量（家）	平均房价（元 / 间夜）	平均出租率（%）	每间可供出租客房收入（元 / 间夜）	每间客房平摊营业收入（元 / 间）
合 计	9230	341.76	60.86	208.00	36358.80
一星级	59	152.96	48.26	73.82	9915.36
二星级	1567	180.00	56.10	100.98	15783.64
三星级	4434	234.18	57.91	135.61	23402.54
四星级	2351	328.32	62.66	205.73	36666.95
五星级	819	580.96	64.81	376.52	66569.09

表格数据转引自国家旅游局网站。

（四）科学编制会议费预算，强化会议费预算管理

强化会议费预算管理，是要强化厉行节约的意识，改进会议费支出效率，保障支出"物有所值"，而不是一味追求减少会议费支出预算。会议费也不是越少越好。单纯地减少会议费预算可能导致该开的会没开，该办的事没办，可能导致"不作为""懒政"等问题。

科学编制会议费预算，首先要统一会议费预算列报口径，单列会议费科目。近年的政府收支分类科目中明确列出会议费，作为项级科目。在 2019 年政府收支分类科目中，公共预算支出中会议费相关的项级科目包括：1. 人大会议（科目编码 2010104），反映各级人大召开人民代表大会等专门会议的支出；2. 政协会议（科目编码 2010204），反映各级政协召开政治协商会议等专门会议的支出；3. 专项业务活动（科目编码 2010305），反映各级政府举行各类重大活动，召开重要会议，（如国务院一类会议、国庆招待会、全国劳模大会）的支出，政府机关房地产管理、公务用车管理等方面的支出。

2019 年政府收支科目中，在支出经济分类科目中列出"会议费"，作为"商品和服务支出"的款级科目，会议费（科目编码 30215），反映单位在会议期间按规定开支的住宿费、伙食费、会议场地租金、交通费、文件印刷费、医药费等支出。

其次，强化会议费预算管理，要把会议费纳入基本支出预算和项目支出预算来管理。明确划入基本支出预算和项目支出预算的标准。根据现行党政机关会议费管理办法，一类会议费在部门预算专项经费中列支，二类、三类、四类会议费原则上在部门预算公用经费中列支。大型会议费是目前纳入项目支出预算的公务支出之一，分为年度固定大型会议和临时性大型会议两类。在具体编制预算时，提出划入不同预算的会议费控制原则，核定划入不同预算的会议费支出水平，建立动态调整机制。

再次，顺应深化预算管理制度改革总体思路，按照中期财政规划的编制要求滚动安排大型会议支出。建立部门事业三年滚动计划，科学合理、前瞻性地配置会议费支出预算，逐步形成会议费预算控制的长效约束机制。

最后，在合理编制会议预算的基础上，严格执行会议预算。在执行中严格按照预算批复的项目和数额控制支出，减少会议费支出的随意性和盲目性。

（五）建立健全会议费支出绩效评价机制

对会议费支出绩效进行评价，确保会议的召开能够真正解决问题，保证会议召开起到实效。特别是会议立项和召开前，应以“必须要通过召开会议才能解决”这一标准审核批准同意召开会议，以此彻底解决“大事小事都开会，中层干部天天会”的会多费时费钱无效果的会议泛滥现象。会后要通过问卷调查、政策落实、回访等多种方式评价会议召开是否取得实效，避免出现会而不决，下来商量的拖延推诿现象。

（六）建立公务会议的自动管理信息系统，形成会议定点酒店、财政国库、税务、银行、主管单位之间多方联动的综合信息监管体制

1. 引入财务云，实现财务云与政务云系统的衔接，建立会议费支出实时生成和实时监控机制，实现会议费管理和信息化管理集成。利用大数据分析不同会议的费用开支规律，分析会议费综合定额的合理程度，适时优化并动态调整会议费支出定额。

2. 酒店宾馆与税务联网，消费明细单上直接列出每次消费的税额。税

务部门加强其用票量、税款缴纳情况，实际服务经营情况三者间的比对分析，定期进行全面分析和评估，对发现的问题要及时检查，堵塞漏洞。税务部门要密切和银行之间的协作，积极主动提供涉及发票违法违规自然人的数据信息，作为污点数据将其纳入人民银行诚信系统的信用报告，让发票违法违规人员除受到应有的处罚外，在今后的信贷等各方面也留下污点数据。

（七）强化依法行政、依法理财理念，健全部门、单位内控制度

1. 强化依法行政、依法理财理念。十八届四中全会提出依法治国理念。强化会议费管理，要提高单位领导的法律意识，增强自觉遵守预算法、会计法、票据法、党政机关会议费管理办法等法规制度的自觉性，认真维护公务支出纪律，依法行政，依法理财。以《会计法》《票据法》等法律法规明确违规处罚，提高违法成本。

2. 健全部门、单位内控制度，加强会议费管理，完善会议费报销流程。坚持事前审批、事后审核程序，严格执行政府采购和公务卡结算制度，规范报销手续和账簿核算，真实完整反映会议费使用情况。建立健全会议费规范，完善会议费报销流程。按照手续办事，确保原始凭证齐全，如会议通知及内容、规格、会期、参加人员签到表及经费预算等资料，会议费预算进一步细化，票据要求规范性及真实性。完善深化公务卡结算制度，实现公务卡结算全覆盖，会议费支付应当严格按照国库集中支付制度和公务卡管理制度的有关规定执行，以银行转账或公务卡方式结算，禁止以现金方式结算。

3. 加强监督检查。充分发挥执法机构、纪检监察机关、审计机关和财政、审计等部门的职能作用，加大对会议费支出的监督检查，及时发现和纠正存在的问题，并将这些情况纳入党风廉政建设责任制考核和领导干部作风状况评价体系，作为党政领导干部业绩评定、奖励惩处、选拔任用的重要依据。对违反会议费支出规定的违法违纪行为，严肃查处，依法问责，及时刹住不正之风。

（八）加大会议费信息公开力度

公开透明是国家治理的客观要求。在目前“三公”信息公开日益透明的情况下，公开会议费预算非常有必要。政府部门应制定统一的公开格式，对公开内容进行规范和细化，提供人均数据、占部门总支出的比重等可比较的数据，对会议费使用情况进行详细说明和解释，诚恳回应公众和媒体的质疑，杜绝敷衍应付、蒙混过关的行为。同时，整合信息披露渠道，在政府网站上设置专栏，对各部门会议费支出集中公开，减少公众查询预算信息的困难，通过接受社会广泛监督，进一步压缩腐败的空间，促进会议费使用规范化，提高财政资金的使用效益，提升政府公信力。

参考文献

［1］石英华. 项目支出预算执行研究［M］. 北京：经济科学出版社，2012.

［2］樊晨希. 浅议省级机关公务支出管理存在的问题及对策——以陕西省部分省级机关差旅费和会议费为例［J］. 西部财会，2017（10）:11–12.

［3］石英华. 积极稳妥推行中期财政规划管理［J］. 公共财政研究 ,2015(01):61–73.

［4］王晴川. 浅析“三公经费”和会议费管理中存在的问题与对策［J］. 财政监督，2014（25）:67–68.

［5］白景明，石英华. 财政监督转型助力预算管理改革深化［N］. 中国财经报 ,2014–12–25（011）.

［6］何海锋.“会议腐败”当除，“会议低效”也得治［N］. 检察日报，2014–10–14（007）.

［7］胡亮. 别让会议费成为腐败的“隐身衣”［N］. 中国经济时报，2014–05–13（002）.

［8］前溪. 会议费不是“筐”［N］. 工人日报，2014–05–13（003）.

［9］2019 年政府收支分类科目［EB/OL］. http://www.mof.gov.cn/mofhome/yusuansi/zaixianfuwuyss/xiazaizhongxin/201809/t20180903_3005117.html.

［10］关于印发《中央和国家机关会议费管理办法》的通知［EB/OL］. http://xzzf.mof.gov.cn/zhengwuxinxi/zhengcefabu/201309/t20130923_991764.html.

［11］关于印发《中央和国家机关会议费管理办法》的通知［EB/OL］. http://xzzf.mof.gov.cn/zhengwuxinxi/zhengcefabu/201607/t20160712_2353452. html.

［12］关于印发《党政机关会议定点管理办法》的通知财行〔2015〕1 号［EB/OL］. http://xzzf.mof.gov.cn/zhengwuxinxi/zhengcefabu/201502/t20150206_1189541. html.

［13］关于进一步加强党政机关出差和会议定点管理工作的通知［EB/OL］. http://xzzf.mof.gov.cn/zhengwuxinxi/zhengcefabu/201208/t20120824_677950. html.

[14] 关于中央和国家机关会议费管理有关事项的解读 [EB/OL]. http://xzzf.mof.gov.cn/zhengwuxinxi/zhengcejiedu/201607/t20160727_2369385. html.

[15] 财政部行政政法司有关负责同志就《中央和国家机关会议费管理办法》答记者问 [EB/OL]. http://xzzf.mof.gov.cn/zhengwuxinxi/zhengcejiedu/201309/t20130923_991771. html.

[16] 关于调整中央国家机关会议费开支标准的通知 [EB/OL]. http://xzzf.mof.gov.cn/zhengwuxinxi/zhengcefabu/200902/t20090206_111904. html.

[17] 陕西省财政厅关于印发《党政机关会议定点管理实施细则》的通知 [EB/OL]. http://www.sf.gov.cn/info/1323/25103. htm.

[18] 山西省财政厅关于印发《党政机关会议定点管理实施细则》的通知 [EB/OL]. http://xzzf.mof.gov.cn/zhuantilanmu/jy/zdwj/dfwj/sxs/201607/t20160714_2357379. html.

[19] 北京市财政局关于印发《北京市党政机关会议定点管理实施细则》的通知 [EB/OL]. http://www.beijing.gov.cn/zfxxgk/110011/2016nywdt52/2016-11/11/content_755335. shtml.

[20] 江苏省财政厅关于印发江苏省党政机关会议定点管理实施细则的通知 [EB/OL]. http://czt.jiangsu.gov.cn/art/2016/2/24/art_51179_6689866. html.

[21]《党政机关厉行节约反对浪费条例》[EB/OL]. 中国共产党新闻网. 2013-11-26.

[22] 刘家义，关于2012年度中央预算执行和其他财政收支的审计工作报告——2013年6月27日在第十二届全国人民代表大会常务委员会第三次会议上 [EB/OL]. http://www.audit.gov.cn/n5/n26/c64267/content. html.

[23] 国家审计署，2016年第5号公告：中央部门单位2015年度预算执行等情况审计结果 [EB/OL]. 2016年6月29日。http://www.chinanews.com/gn/2016/06-29/7921912. shtml.

[24] 浙江省审计厅，2017年第12号公告：省本级2016年公务支出公款消费审计结果2017年7月21日公告 [EB/OL]. http://www.zjsjt.gov.cn/art/2017/7/25/art_1320656_9667536. html.

第三章　新时代党政机关差旅费管理改革

差旅费支出是党政机关的一项经常性支出，是指工作人员临时到常住地以外地区公务出差所发生的城市间交通费、住宿费、伙食补助费和市内交通费。为贯彻落实改进工作作风，密切联系群众“八项规定”的要求，2013 年财政部发布了《关于印发 < 中央和国家机关差旅费管理办法 > 的通知》（财行〔2013〕531 号）。新版差旅费管理办法实施以来，党政机关的差旅费管理得到了明显提升，违规现象大幅减少，差旅费支出占财政支出的比例呈现下降趋势。差旅费管理成效显著。但同时，差旅费在制度建设和管理中也存在一些不足。不断完善差旅费管理制度，进一步提高差旅费管理的有效性，保障公务出差的阳光出行，仍是今后差旅费改革中需要继续努力的方向。

一、改革开放以来差旅费管理的制度变迁

建国初期，由于客观条件的限制，国家机关、企业、事业单位的差旅费开支在各地不同、各单位不同，形成了中央与地方之间、各地区之间、各单位之间不同的标准。1958 年 1 月 1 日，由财政部颁布的《关于国家机关、企业、事业单位工作人员差旅费开支的几项规定》开始试行，这是第一部全国统一执行的差旅费管理办法。该办法消除了以往出差人员待遇不一致的现象，制定了统一的差旅费开支规定，明确了出差的范围为“工作人员在外地进行工作，其工作性质为非本身经常性的业务”。

改革开放以来，差旅费相关管理规定又先后于 1980 年、1985 年、1988 年、1992 年、1996 年、2006 年和 2013 年进行了七次大的修订，每次修订都紧密结合当时的社会发展环境、经济发展水平，在规范党政机关出差人员管理方面做出了重要贡献。

（一）历次改革内容

1. 1980 年出台国家机关、企业、事业单位工作人员差旅费开支的规定

1980 年，国务院国发〔1980〕146 号文件批转了财政部制定的《关于国家机关、企业、事业单位工作人员差旅费开支的规定》。该规定在原规定的基础上做了适当修改，改革方向是提高差旅费的各项开支标准。

（1）出差人员分类标准

工作人员出差乘坐车、船席位和居住旅馆房间的等级划分为三档：第一级是中央各部、委副部长、副主任，各省、市、自治区人民政府副省长、副主席，行政级七级以上人员；第二级是男满五十周岁以上、女满四十五周岁以上的中央各部、委正、副司、局长，各省、市、自治区正、副厅、局长，地区行政公署正、副专员，行政级十四级以上人员，以及相当于以上职级的人员；第三级为除以上两个级别以外的人员。各级别乘车船、住宿等级见表 3–1。

表 3–1　1980 年差旅费开支规定中乘坐车、船席位和居住旅馆房间的等级

	火车	轮船	旅馆
第一级别	软席车	一等舱位	套间或单间
第二级别	软席车	二等舱位	单间或两人一间
其余人员	硬席车	三等舱位	普通房间床位

（2）城市间交通费

城市间交通费除按照等级规定执行外，对于乘坐火车从晚八时至次日晨七时之间，在车上过夜六小时以上的，可购同席卧铺票。为了缓解铁路部门卧铺紧张的实际情况，制度还规定，将可以乘坐卧铺车但选择乘坐火车慢车或直快列车的，发给本人实际乘坐的火车硬席座位票价的一部分，即：乘坐挂有卧铺车厢火车慢车和乘坐直快列车的，分别按慢车硬席座位票价的 30% 发给；乘坐特快列车的，按特快硬席座位票价的 25% 发给。体现了制度人性化的一面。另外，还对因工作需要携带的随行人员的交通标准做出了规定。

（3）住宿费

住宿费只明确了所住房间类型（见表3–1），没有关于房价的具体规定。

（4）伙食补助费

伙食补助费分途中伙食补助费和住勤费两类。途中伙食补助费，不分职级、地区以及交通工具种类，统一为每人每天 1.5 元。住勤费标准中，将全国分为四大类地区，根据出差人员出发地区和到达地区的不同，交叉确定补助标准，从 0.6 元 –1.4 元不等。另外，还特别规定了到农村出差在农民家里搭伙，在飞机、舰艇上工作等特殊出差情形的住勤费标准。

（5）市内交通费

在市内，一般不得乘坐出租的机动车辆。因工作需要开支的市内公共车、船费，可凭据报销。

（6）其他规定

差旅费规定还对工作人员趁出差省亲办事、工作调动等情形的报销事宜做出了具体规定。

2.1980 年 –1984 年差旅费管理变化

1980 年 –1984 年，财政部先后颁布了（83）财事字第 493 号《关于修改差旅费、会议费开支规定的通知》、（84）财文字第 62 号《关于调整部分州、县出差类区的通知》、（84）财文字第 457 号《关于职工搬迁家属路费报销问题的函》、（85）财文字第 145 号《关于提高出差伙食补助标准的通知》。与 1980 年的差旅费管理规定相比，变化主要有以下几方面：

一是将人员等级划分中的第一等级由原来规定的“行政级七级以上人员”放宽为“行政级八级以上人员”。二是明确了高教、科研、工程技术人员为第二等级人员，取消和技术职称挂钩的规定，执行该等级的交通工具和住宿标准。三是适当提高了出差补助标准，简化了住勤费的计算方法。原来规定的住勤费标准，按照出发地和到达地的不同，交叉制定了 16 个标准，经过改革后，改为不分出发地点，一律按到达地区标准计算，将住勤费标准减少到 4 个，简化了财务人员的计算手续。四是重新规定了到基层单位锻炼、实习、支援工作以及各种工作队、医疗队、讲师团等人员的伙食补助标准，明确由国务院机关事务管理局和各省、市、自治区具体规定。

五是将出差人员不买卧铺票给予补助的标准提高了 10%。将可以乘坐卧铺车但选择乘坐火车慢车或直快列车的，给予硬席座位票价的 40% 作为补助，乘坐特别快车的，给予硬席座位票价的 35% 作为补助。

3.1985 年差旅费管理变化

1985 年，财政部发布《关于统一修订 <关于国家机关、企业、事业单位工作人员差旅费开支的规定> 的通知》（财文字第 613 号）自 1985 年 12 月 1 日开始执行，新修订的几项内容有：

（1）城市间交通费

一是取消了出差人员乘坐火车软席中的年龄限制，只以职务作为划分的条件。二是进一步提高了出差人员乘坐火车不买卧铺票的补助费。为了进一步缓和火车卧铺运力紧张的状况，鼓励身体较好的出差人员不必等购卧铺票，在原补助标准的基础上又提高了 10%。三是放宽了出差人员乘坐火车卧铺的条件。原规定乘坐火车从晚八时至次日晨七时之间，在车上过夜六小时以上的，可购同席卧铺票，但对夜间乘车不足六小时，而跨入白天乘车时间较长的未作规定。为了照顾这部分出差人员乘车时间较长的实际情况，本次增加了对乘车超过十六小时也可购买卧铺票的规定。

（2）伙食补助费

一是改变了出差补助相关内容。包括提高出差补助标准；将途中伙食费和住勤费合并为一种补助，原来两种补助不仅计算核销复杂，有些界限也难以划清，易引起意见分歧，造成矛盾；调整兼并了出差类区，原来不同出差地区间的伙食差额已经随着各地市场开放变得不再明显，因此，有必要对原有出差类区适当调整兼并，该次改革后，除少数边远地区和深圳、珠海经济特区外，全国大部分地区都划在了一个出差类区，简化了报销手续。二是再次统一了到基层单位锻炼、实习、支援工作以及各种工作队、医疗队、讲师团等人员的伙食补助标准。随着支援工作日益增多，原来各地自行规定的政策导致补助高低不一，造成了互相比较的不好影响。为此，国家对该类补助重新做出统一规定，明确了到达各类地区的具体伙食补助金额。

（3）市内交通费

为杜绝在大、中城市将个人旅游车船票充作因公出差的市内交通费以及利用废旧车票配买高价商品的现象，本次规定对到大、中城市出差的，可试行市内交通费包干办法，具体包干额度和试行办法由省、自治区、直辖市研究确定。

4. 1988 年差旅费管理变化

1988 年《关于国家机关、事业单位工作人员差旅费开支的规定》（财政部（88）财文字第 742 号通知）取消了对企业的限制，将差旅费开支规定限定在国家机关和事业单位。

随着经济活动的日益频繁，出差人次呈现急剧增长，一些不正之风开始抬头。原来差旅费中仅对出差人员是否能住单间做出了规定，对宾馆的价格没有限定，导致各地出现了争相攀比、高标准建造宾馆的现象。另外，公款旅游的现象也时有发生，在群众中造成了恶劣影响。为了贯彻勤俭节约、艰苦奋斗的精神，该次改革的最大变化是，出差人员住宿费、市内交通费、伙食补助费，实行分项计算，总额包干，调剂使用，节约归己，超支不补的新办法。包干使用的目的就是让出差人员自主降低出差住宿费用的标准，从控制需求入手遏制各地为争相吸引出差人员入住高标准建造宾馆的不良风气。

1988 年 –1996 年，差旅费实行包干制，在当时的条件下收到了一些好的效果。一是促使出差人员自觉降低住房等级，合理利用交通工具，减少了住宿、交通等费用的开支，抑制了差旅费的过快增长。二是由于需求发生改变，原来争相攀比、高标准建造宾馆、饭店、招待所，随意提高收费标准的现象得到了控制，对不良风气的抑制起到了一定作用。三是堵塞了利用出差机会用公费游览的漏洞。四是简化了报销手续，节省了人力、物力和时间成本。

总额包干法的适用范围为司（局）长及其以下人员。出差之前，各单位需对出差人员定任务、定人数、定地点、定时间、定包干费用，如实际出差天数超过计划天数的，须经领导批准，否则不予报销。

（1）城市间交通费

增加了乘坐飞机的费用标准，但明确乘坐飞机要从严控制，必须路途遥远或任务紧急时，且需领导批准后方可乘坐。将火车乘坐卧铺的条件由连续超过 16 小时缩短为 12 小时，另外，还提高了符合乘坐火车卧铺而不买卧铺的补助标准。

（2）住宿费

将原来规定中的房型标准转换为价格标准，并将全国分为一般地区和深圳市、珠海市两个标准，以第一级别人员为例，在一般地区的住宿费标准为 40 元 / 天，在深圳和珠海的标准为 60 元 / 天。

（3）市内交通费

出差期间，不分职务，一般每人每天 1 元，包干使用。

5. 1992 年差旅费管理变化

随着经济体制改革的深入和物价调整的影响，原差旅费开支标准已不适应新情况，1992 年《关于中央国家机关、事业单位工作人员差旅费开支的规定》（财政部（92）财文字第 070 号通知）颁布，对差旅费中的各项费用标准进行调整，提高了住宿费、市内交通费和伙食补助费等的报销标准。另外，将原住宿费定额包干办法改为对出差人员实行节约奖励制度，低于规定包干标准的部分，按 50% 发给个人。对不乘坐飞机改乘火车的人员也实行奖励，奖励金额为一般地区住宿费包干标准的 50%。

6.1996 年差旅费管理变化

面对不断提高的物价水平，差旅费开支标准总是很快就不能适应社会的实际情况，因此，必须要通过不断修改差旅费管理办法的方式来解决差旅费开支标准与现实价格水平相脱节的矛盾。1996 年财政部发布了《关于印发 < 中央国家机关、事业单位工作人员差旅费开支的规定 > 的通知》（财文字〔1996〕2 号）。

本次改革的最大变化是废除了实施八年的总额包干制度，对差旅费开支做出了新的规定。具体有：城际交通费据实报销；伙食补助费和市内交通费仍然实行包干办法；住宿费实行限额内据实报销的办法，且取消结余部分 50% 发放给个人的规定。

7. 2006 年差旅费管理变化

2006 年，财政部颁布了《关于印发 < 中央国家机关和事业单位差旅费管理办法 > 的通知》（财行〔2006〕313 号），对公务人员出差等方面进行了重大改革。首先，明确了差旅费开支的具体范围，包括城市间交通费、住宿费、伙食补助费和公杂费（包括市内交通费和通讯费等）。其次，要求中央机关建立健全公务出差审批制度，出差必须按规定报经单位有关领导批准，从严控制出差人数和天数，不得向下级单位或其他单位转嫁差旅费。再次，制定了中央国家机关工作人员出差实行定点住宿的制度，根据各地经济发展水平和物价水平分别确定住宿费开支标准上限。最后，大幅提高住宿费、伙食补助费和公杂费的开支标准。

1996 年以后的较长一段时间里没有根据物价水平及时调整差旅费的开支标准，导致差旅费中的住宿开支标准与各地宾馆、饭店价格水平相差悬殊，出现了上级机关向下级单位转嫁差旅费的现象。上级机关工作人员到基层出差，差旅费开支标准内的部分回本单位报销，超过标准部分往往由下级单位负担，有的甚至全部转嫁给下级单位，增加了下级单位的负担。差旅费存在的这一问题，引起了社会各界的普遍关注。为此，党中央、国务院在完善公务活动接待制度、加强廉政建设、从源头防止腐败的行动中将改革和完善差旅费制度作为了一个重要举措。2001 年党的十五届六中全会通过了《中共中央关于加强和改进党的作风建设的决定》，提出“上级机关不得向下级机关、党政机关不得向企事业单位以各种方式转移费用负担。按照公开、规范的原则，进一步改革完善福利待遇制度和公务活动接待制度”。根据此精神，财政部在调查研究的基础上，于 2006 年提出了差旅费改革的新思路，即在提高差旅费开支标准的同时实行住宿宾馆定点管理的办法。

财政部通过政府采购的方式在全国各地确定一定数量的饭店，作为接待中央国家机关出差和会议的定点饭店。实行定点管理的意义在于：一是通过政府采购方式确定定点饭店，可以降低饭店的收费价格，使出差人员和参加会议人员能在规定的开支标准内享受到良好的服务。二是实行定点管理以后，有关开支按照定点饭店的收费价格报销，解决过去一直存在的开支标准低于实际开支水平的问题，有利于防止向下级单位转嫁差旅费、会议费负担。三是通过协议明确定点饭店的最高收费价格，可以有效地防止开支标准提高后，宾馆、饭店价格“水涨船高”现象。

8. 2013 年中央和国家机关差旅费管理办法

2012 年 12 月 4 日，中共中央政治局召开会议，审议通过了中央政治局关于改进工作作风、密切联系群众的“八项规定”。2013 年 11 月 25 日，国务院印发了《党政机关厉行节约反对浪费条例》，提出要严格控制国内差旅费。在这种大背景下，2013 年，财政部发布了《关于印发 < 中央和国家机关差旅费管理办法 > 的通知》（财行〔2013〕531 号）。2013 年差旅费改革是贯彻落实中央“八项规定”、推进厉行节约反对浪费制度建设的一个重要举措，目的是加强和规范差旅费管理，堵住制度漏洞。

（1）划定了差旅费管理办法的适用范围——中央和国家机关

办法中明确了适用单位为中央和国家机关，包括党中央各部门，最高人民法院，最高人民检察院，各人民团体、各民主党派中央和全国工商联，以及参照公务员法管理的事业单位。适用范围中剔除了事业单位，表明并不要求事业单位强制执行该管理制度。

（2）明确了差旅费支出范围及内容——四项费用

差旅费是指工作人员临时到常驻地以外地区出差所发生的城市间交通费、住宿费、伙食补助费和市内交通费。有了这一限定条件，原来在 2006 版管理办法中的关于“参加会议等的差旅费”以及“调动、搬迁的差旅费”两部分内容在 2013 版中就不再涉及。

（3）要求中央单位建立健全公务出差审批制度——严控出差频次

出差必须按规定报经单位有关领导批准，从严控制出差人数和天数；严格差旅费预算管理，控制差旅费支出规模；严禁无实质内容、无明确公务目的的差旅活动，严禁以任何名义和方式变相旅游，严禁异地部门间无实质内容的学习交流和考察调研。2013 版差旅费办法修订的方向是继续压缩差旅费各项支出。

（4）城市间交通费——按规定等级实报实销

按照部级及相当职务人员、司局级及相当职务人员和其他人员三个等级选择交通工具，采用标准内实报实销的制度。

（5）住宿费——采用房型和价格双重标准

住宿费限额标准由财政部分地区制定。各省、自治区、直辖市和计划单列市财政厅（局）根据当地经济社会发展水平、市场价格、消费水平等因素，提出所在市（省会城市、直辖市、计划单列市，下同）的住宿费限额标准报财政部。在满足限额标准的条件下，各职级准予使用的房型标准也有规定，部级及相当职务人员住普通套间，司局级及以下人员住单间或标准间。

与2006版相比，取消了住宿费实行定点饭店制度的规定，执行限定房型和限定住宿费限额双重标准，明确由财政部分地区制定住宿费限额标准，对于住宿价格季节性变化明显的城市，住宿费限额标准在旺季可适当上浮一定比例。

（6）伙食补助费——按日历天数包干

伙食补助费按出差自然（日历）天数计算，按规定标准包干使用。财政部分地区制定伙食补助费标准。各省、自治区、直辖市和计划单列市财政厅（局）负责根据当地经济社会发展水平、市场价格、消费水平等因素，参照所在市公务接待工作餐、会议用餐等标准提出伙食补助费标准报财政部，经财政部统筹研究提出意见反馈地方审核确认后，由财政部统一发布作为中央单位工作人员到相关地区出差的伙食补助费标准。制度中还规定出差人员应当自行用餐，凡由接待单位统一安排用餐的，应当向接待单位交纳伙食费。

（7）市内交通费——每人每天80元

市内交通费按出差自然（日历）天数计算，每人每天80元包干使用。并且，制度中规定出差人员由接待单位或其他单位提供交通工具的，应向接待单位或其他单位交纳相关费用。

（8）报销管理——住宿费、机票支出用公务卡结算

在2013版办法中，专门增设了“报销管理”和“监督问责”两章，成为本次改革的最大亮点。其中，报销管理章节中明确出差人员应当严格按规定开支差旅费，费用由所在单位承担，不得向下级单位、企业或其他单位转嫁。城市间交通费按乘坐交通工具的等级凭据报销，住宿费在标准限额之内凭发票据实报销，伙食补助费按出差目的地的标准报销，在途期间的伙食补助费按当天最后到达目的地的标准报销，市内交通费按规定标准报销。值得强调的是，2013版办法中强调住宿费、机票支出等按规定用公

务卡结算。实际发生住宿而无住宿费发票的，不得报销住宿费以及城市间交通费、伙食补助费和市内交通费。

（9）监督问责——从严处理

监督问责在2013版办法中所占篇幅最多，地位最重。办法中强调各单位应当加强对本单位工作人员出差活动和经费报销的内控管理。明确财政部将会同有关部门对中央单位差旅费管理和使用情况进行监督检查，并列举了重点督查的5项内容，包括“单位差旅审批制度是否健全，出差活动是否按规定履行审批手续，差旅费开支范围和标准是否符合规定，差旅费报销是否符合规定，是否向下级单位、企业或其他单位转嫁差旅费，差旅费管理和使用的其他情况。”最后，办法中还对违反差旅费管理办法的6种行为进行了列举，包括“单位无出差审批制度或出差审批控制不严的，虚报冒领差旅费的，擅自扩大差旅费开支范围和提高开支标准的，不按规定报销差旅费，转嫁差旅费的，其他违反本办法行为的。”如有上述行为发生，将会由财政部会同有关部门责令改正，违规资金应予追回，并视情况予以通报。对直接责任人和相关负责人，报请其所在单位按规定给予行政处分。涉嫌违法的，移送司法机关处理。

（二）历次差旅费改革变化总结

1. 差旅费制度的适用范围

从差旅费制度的适用范围看，经过七次改革后，差旅费办法规定的范围不断缩小。1980年和1985年的差旅费开支规定中，要求遵照执行的范围为国家机关、企业和事业单位。1988年取消了对企业的限制，范围缩小为国家机关和事业单位。1992年、1996年和2006年的版本中范围进一步缩小为中央国家机关和事业单位，将国家机关和事业单位的范围限定在中央本级，明确由财政部负责制定中央级差旅费开支规定，各省、自治区、直辖市结合本地财力自行制定地方差旅费开支规定。2013版办法中，取消了对事业单位的限制要求，将差旅费管理办法的适用范围调整为中央和国家机关。

2. 人员级次划分

尽管差旅费历经多次改革，但是人员级次的划分基本没有变化，第一级次是部级及相当职务人员，第二级次为司局级及相当职务人员，第三级次为其他人员。从1985年开始，特别明确了高等学校教授、科研机构研究员等知识分子应享受第二级次的待遇标准，体现了对知识分子的重视程度。

3. 差旅费总额

1988年和1992年差旅费管理实行的是总额包干的办法，即出差人员的城市间交通费、住宿费、市内交通费、伙食补助费，实行分项计算，总额包干，调剂使用，节约归己，超支不补的办法。而其他几次改革都是实行的限额标准内实报实销的办法。

4. 城市间交通费

对于城市间交通费的管理，各次管理办法中都是首先对各级别人员限定采取的各类交通工具的等级，然后采取实报实销的方法。所不同的是，2006年及以前，都对符合规定而未购买卧铺票的出差人员给予补助，而2013版的办法中取消了这一规定。

5. 住宿费

在历次颁发的差旅费管理办法中，住宿费的报销标准变化最为明显。

1980年和1985年住宿费的报销办法对各级别人员规定住宿房型，具体为：第一级别人员住旅馆套间或单间；第二级别人员住旅馆单间或两人住一间；第三级别人员住旅馆普通房间床位。

1988年、1992年和1996年住宿费的报销办法中没有对各级人员的住宿房型做出要求，但对住宿费标准分地区规定了上限。例如：1988年各级别人员在一般地区的住宿费报销上限分别为40元、20元和12元；1992年为50元、30元和20元；1996年为100元、60元和40元。

2006年的规定中要求中央国家机关工作人员出差实行定点住宿。住宿标准为副部长级人员入住套间，司局级人员住标准间，处级以下人员两人住一个标准间。

2013年取消了定点住宿的规定，对各级人员实行限定房型和限定住宿费限额双重标准。取消了处级及以下人员两人住一个标准间的硬性要求，规定部级及相当职务人员住普通套间，司局级及以下人员住单间或标准间，住宿费的限额标准由财政部分地区制定，更具人性化。

6. 伙食补助费

伙食补助费始终都是采取定额报销的办法。定额的标准在 1996 年及以前的各次办法中，主要是按照经济发展水平和消费水平将全国划分成不同等级区域，分别制定定额标准。2006 年的改革办法中，鉴于各地物价水平差距悬殊的情况已经不复存在，统一制定了伙食补助费的报销标准为每人每天 50 元。2013 年伙食补助费的报销标准又恢复到不同定额标准的方式，并且进一步细化，对各地区分别制定定额标准。

7. 市内交通费

1985 年开始，市内交通费开始试行包干制度，1988 年进一步明确了市内交通费的包干标准，此后，市内交通费包干的办法一直没有发生改变，只是在定额标准上随着物价水平不断提高。

8. 监督问责

在 2013 版以前的各个版本中，对于违反差旅费有关规定的行为仅是简单提及要按有关规定处理。2006 版办法仅在总则和附则中，各有一条提及建立健全出差审批制度、不得向下级单位或其他单位转嫁差旅费、不准接受违反规定用公款支付请客等内容。而在 2013 版办法中，专门增设了“报销管理”和“监督问责”两章，全文 8 章 33 条内容中有 9 条在强调规范管理、监督问责。具体包括，一是要求各单位要加强差旅费报销的内控管理；二是明确了财政部会同有关部门对中央单位差旅费管理和使用情况进行监督检查的 5 项内容；三是列举了依法依规追究相关单位和人员责任的 6 种行为；四是规定对于涉嫌违法的行为将移送司法机关处理。

二、现行差旅费管理的成效

现行的差旅费管理制度是 2013 年由财政部发布的《关于印发 < 中央和国家机关差旅费管理办法 > 的通知》（财行〔2013〕531 号）。此后，配套发布了关于住宿费标准的规定等，差旅费管理不断完善，在压缩党政机关差旅费开支、保证差旅费报销合规方面取得了积极的效果。

（一）完善差旅费管理制度让公务出行有标准可执行

与以往的差旅费管理相比，2013 年新颁布的差旅费管理办法更加注重差旅费管理的制度建设、并且因地制宜的建立了差旅费控制标准、还在制度中强化了监督问责机制。这一系列改善让公务出行的标准更明确，让公务出行人员对违反规定的后果更清晰，使公务出行更加阳光。

1. 更加注重差旅费管理的制度建设

在制度编制方面，从出差审批管理、差旅费开支标准制定、财务报销和监督问责等多方面进行详细规定。要求中央单位建立健全公务出差审批制度，从严控制出差人数和天数；严格差旅费预算管理，控制差旅费支出规模。还要求各省、自治区、直辖市、计划单列市财政厅（局）参照本办法，结合实际情况，抓紧修订本地党政机关差旅费管理办法，并报财政部备案。在制度执行方面，通过大力宣传让公务出行人员对差旅费管理制度的严肃性有了深刻认识，对触碰红线人员的严厉处罚更是让公务出行人员时刻保持谨慎。在制度修订方面，随着物价水平、社会环境的不断变化，差旅费支出标准也在不断做出调整。现行的差旅费制度是 2013 年颁布并于 2014 年 1 月 1 日起执行的，此后，由于全国各地区宾馆（饭店）住宿费价格发生变动，为了提高差旅住宿费标准的科学性、有效性，财政部于 2015 年颁布了《关于调整中央和国家机关差旅住宿费标准等有关问题的通知》（财行〔2015〕497 号），上调了北京、上海等 11 个城市部级干部住宿费标准、7 个城市司局级干部住宿费标准和 33 个城市处级及以下干部住宿费标准，明确 6 个受地理、气候等自然条件限制和季节性热点影响较大的城市试行差旅住宿费淡旺季标准。随后，在 2016 年，财政部又印发了《中央和国家机关工作人员赴地方差旅住宿费标准明细表》（财行〔2016〕71 号），汇总整理了各地财政部门将差旅住宿费细化到地市的具体标准。

2. 因地制宜建立差旅费控制标准

在 2013 版的差旅费标准制定方面，明显的变化是改变了原先全国统一的差旅费标准，住宿费和伙食补助费明确由各省、自治区、直辖市和计划单列市财政厅（局）按照分地区、分级别、分项目的原则制定，并根据经济社会发展水平、市场价格及消费水平的变动情况适时调整。这种因地制宜的差旅费控制标准更贴近实际情况，有助于真正量化标准，改变以往“原则上”“一般为”等模糊说法，更具有操作性。此前，我国执行的是2006年版的出差标准，以住宿费为例，限额标准为，副部长级人员每人每天600元、司局级人员每人每天300元、处级以下人员每人每天150元。但实际情况是，由于各地物价差异很大，同样的费用标准在不同地区入住的宾馆条件差别悬殊。

3. 强化了监督问责机制

监督问责机制的完善是制度有效落实的根本保证。仅有制度规定，监督机制，尤其是问责机制不到位，制度很难按照预想的效果得到执行。2013版的差旅费管理制度不仅要求各单位加强对经费报销的内控管理，而且相关的审计监督单位也要升级监管，强化对所属预算单位的监督检查。确定了财政部会同有关部门对中央单位差旅费管理和使用情况进行监督检查的五项内容。明确提出对违反差旅费管理办法的六种行为，即“单位无出差审批制度或出差审批控制不严的，虚报冒领差旅费的，擅自扩大差旅费开支范围和提高开支标准的，不按规定报销差旅费的，转嫁差旅费的，以及其他违反本办法行为的，”要依法追究相关单位和人员的责任，涉嫌违法的，移送司法机关处理。

（二）完善配套措施让差旅费管理更加有效

制度建设虽然是完善差旅费管理的重要步骤，但是，如果缺少有效的配套措施保障，差旅费管理制度也无法实现行之有效的结果。

1. 建立配套保障措施

在过去差旅费管理办法的执行过程中，总有一些不法分子通过各种渠道钻制度的空子，例如出差人员联手机票代理商，通过提高机票票面价格的方式，赚取票面价格与实际飞行价格之间的差价。2013版差旅费管理办法颁布后，为了堵住以往差旅费报销中存在的漏洞，采取了一些行之有效的措施。

2014年4月14日，财政部和中国民用航空局联合发布了《关于加强公务机票购买管理有关事项的通知》，要求各级国家机关、事业单位和团体组织工作人员，及使用财政性资金购买公务机票的其他人员，国内出差、因公临时出国购买机票，应当优先购买通过政府采购方式确定的我国航空公司航班优惠机票，原则上不得购买全价机票。并明确表明，国内航空公司要按政府采购合同约定给予公务机票优惠。对于市场折扣机票，各航空公司按国内、国际机票各航班舱位的折扣票价给予 9.5 折优惠；对于市场全价机票，则分别给予全价票价的 8.8 折、8.5 折优惠。

2013 版办法还强调，住宿费、机票支出等按规定用公务卡结算。在强制用公务卡结算的制度下，只有发票不能报销，必须有公务卡支付的项目、金额与发票内容一致才能报销。如此一来，如果出差人员得到了地方接待，由地方负担了差旅费后，本人只是拿着发票回所在单位就不能得到报销了。另外，用公务卡结算后，财政部门、预算单位可以对每一笔公务支出实施动态监控，对违规支付进行快速核查处理，堵住了差旅费报销中的漏洞。

2. 实行双向约束机制

2013 年 12 月，中共中央办公厅、国务院办公厅公布新修订的《党政机关国内公务接待管理规定》，对公务接待进行规范。该规定通过压减、降低接待方公务接待活动数量、规格，间接实现差旅费管理的合规性。对差旅费管理的辅助作用主要表现在以下几个方面：

首先，该规定提出要严控接待范围。要求接待单位严格审批控制，无公函不接待，探亲、旅游、休假等因私活动不接待；不得用公款报销或支付应由个人负担的费用。

其次，建立接待清单制度，实现接待“留痕”。接待单位应当填写反映接待对象的单位、姓名、职务和公务活动项目、时间、场所、费用等内容的接待清单，作为报销凭证之一，留存备查。

再次，限制接待住宿房型，接待对象自负住宿费用。住宿用房以标准间为主，接待省部级干部可以安排普通套间，不得额外配发洗漱用品。

最后，严格接待费报销管理。具备条件的地方应当采用银行转账或公务卡结算，不得以现金方式支付。接待费全部纳入预算管理，合理限定接待费预算总额，单独列示。这些规定与差旅费管理办法逐一衔接，从供给方角度保障了差旅费开支的合规性。

3. 各级政府颁布更明确的实施细则

差旅费管理办法实施以来，地方政府都根据当地的实际情况积极制定了本地区的差旅费管理办法。并且，相关部门还经常通过各种渠道宣传差旅费政策以及违反差旅费管理办法的严重后果，将时刻不能越雷池半步的守法信念植根于广大公务人员的行动中，对公务接待和差旅费管理敲响警钟。2018 年，浙江省和福建省对差旅费管理的某些细则做出了具体规定。浙江省财政厅发布《关于规范差旅伙食费收缴有关事项的通知》中明确，自 2018 年 7 月 1 日起执行，机关工作人员出差用餐一般应当自行解决，在单位内部食堂用餐的，人均配餐标准不得超过早餐 20 元、中餐 40 元、晚餐 40 元。福建省财政厅印发《福建省省直机关差旅费管理办法有关问题的解答（四）》，对福建省直机关差旅伙食费和市内交通费交纳标准予以明确。包括“出差期间，市内交通应由出差人员自行解决。除接待单位按《福建省党政机关国内公务接待管理办法》可安排一次工作餐不用交纳伙食费外，出差人员就餐应自行解决。接待单位协助安排就餐的，出差人员应在规定的标准内向接待单位交纳相应伙食费，原则上快餐每人每餐 15 元，桌餐每人每餐 50 元。”

4. 各单位建立了严格的差旅费内控制度

为了严格执行差旅费管理制度，各单位都建立健全差旅费管理内部控制制度，加强对公务出差活动和经费报销的内部管理。从出差审批开始到出差报销环节，建立全过程的内部控制，还通过内部审计及时查缺补漏，防范差旅费管理漏洞。同时，各单位还从接待入手，严把接待关。对公务接待费用实行会审联签制度，全程进行管理。接待安排先由需接待部门的经办人员向领导请示，然后由办公室统一安排。报销时必须由经办人员、会审联签小组会签，经分管领导审批后，财务处方能执行报销程序。

三、现行差旅费管理存在的问题

尽管现行的差旅费管理制度是经过多次修改后形成的，但在当前条件下，现行的差旅费管理制度仍有一些不足之处。另外，从差旅费管理的角度看，也存在着一些问题。

（一）差旅费管理制度存在的不足

1. 城市间交通费和住宿费的实报实销制不能引导出差人员自主节约经费

2013 版的差旅费管理制度中，差旅费总共包含四项支出，即城市间交通费、住宿费、伙食补助费和市内交通费。其中，城市间交通费和住宿费采取的是在限额标准内实报实销的管理办法，伙食补助费和市内交通费采取的是定额包干的管理办法。但是，实报实销制有着明显的不足之处。

一是实报实销制容易导致出差人员在选择上倾向于就高不就低，造成公款浪费。实报实销制是指出差发生的费用如果没有超过限额标准，则按照实际发生的金额报销；如果超过限额标准，则只能按照限额来报销。因此，在实报实销的差旅费管理模式下，就会出现公务人员出差选择就高不就低的现象。商品经济高速发展，交通方式与住宿条件的选择多种多样。以北京到长春的旅途为例，可以选择乘坐飞机，也可以选择乘坐火车，火车又分为高铁、动车和特快列车。而这些交通工具之间的价格差异较大，乘坐飞机（经济舱）、高铁（二等座）、动车（二等座）、特快列车（硬卧）的价格分别是 960 元、390 元、265 元和 232 元。可以算出，采用最昂贵交通工具飞机的价格比最低廉火车硬卧的价钱高出 700 多元。对于出差人员个人来讲，既然采取什么类型的交通工具都是实报实销，必然愿意选择乘坐飞机这种舒适快捷的方案。而对于国家来讲，这显然是一种浪费。国家本意是希望在公务活动紧急或者出现其他必要的情况下，公务人员采用飞机这种较贵的交通工具。而在现实工作中，由于我们有时很难评价公务活动的轻重缓急，不可能硬性规定哪类情况不能坐飞机，这就给了某些人可乘之机。另外，虽然国家对公务人员提出了厉行节约反对浪费的号召，但是在整个社会出现信任危机的大背景下，期待公务人员的个人自律水平高显然也不可取。

二是在实报实销制下，商家为逐利使用的营销手段容易滋生腐败，腐蚀官员。实报实销制还有一个更大的弊端就是容易滋生腐败。以差旅费管理办法中的城市间交通费开支为例，管理办法中规定只有部级及相当职务人员可以乘坐飞机头等舱，其他人员只能乘坐经济舱。为了绕开这一规定，此前一些航空公司推出了“豪华经济舱”“高等经济舱”等应对办法，以经济舱之名行头等舱之实，让只能报销经济舱机票的出差人员既可以享受到头等舱待遇，又能够在报销时持经济舱的发票实报实销。还有一些可以订机票、宾馆的网站，采用预定返现的手法给出差人员返利，出差人员实报实销后，自己还能获取一定好处。例如：在网站上预定了一间250元钱的宾馆，结账时宾馆会开具250元钱的发票，但是几天后网站就会返回该账户现金50元。这些手段都是在实报实销制度下，商家为了自己多盈利想出的办法，但是，这些办法却会腐蚀我们的公务人员，容易产生腐败。

2. 差旅费管理办法的适用范围不甚明确

不论是新版还是以前的差旅费管理办法都对适用差旅费的出差任务没有明确划定。例如：审计、公安、信访等特殊单位执行特殊任务是否适用差旅费政策没有明确。由此导致各单位处理方式不统一，有的全部按差旅费报销，有的只有来回路途上按差旅费报销，有的只规定给予上限定额补助，造成了同类性质部门间政策不统一的问题。

3. 一些新情况的出现如采用私家车出差的报销问题尚未述及

随着私家车的普及和公务用车制度改革的实施，为方便快捷，工作人员驾驶私家车出差的现象越来越多，因无法取得合理的城市间交通费发票，不能回单位报销相关费用，对解决驾驶私家车出差报销相关费用问题的呼声日益增加。2013版的差旅费管理办法对此类新情况出现的问题尚未涉及到，未来还有待完善。

4. 与公务接待管理规定的相关内容还需更好衔接

《党政机关国内公务接待管理规定》规定了公务活动结束后，在报销时要明确列好被接待人员的单位、姓名、职务等情况，要接待留痕。这一规定让公务人员对公款吃喝的雷池有所忌惮。但是，《党政机关国内公务接待管理规定》与《中央和国家机关差旅费管理办法》并没有完全重合，两者尚有一些错落或需要衔接的地方。比如，一些违规人员在得到了接待单位安排的交通工具和公务用餐后，回原单位仍然报销伙食补助和市内交通费补助。还有，有些公务人员在接受了公务接待后主动向接待单位交纳伙食费和交通费，但接待单位仍将接待发生的相关费用按公务接待规定报销。因此，一定要采取更加有效的保障措施，比如，公务接待完毕后，接待方的报销票据要由被接待人员签字认可后方可报销，同时，被接待人员回单位报销时也要提供接待单位出具的是否安排公务接待的证明函方可报销差旅费。这样就会杜绝一些出差人员上下其手，两边取利，公款进了个别人腰包的现象。

（二）差旅费管理过程中存在的问题

差旅费管理办法实施以来，差旅费管理的规范性得到了极大提高，但是，在个别单位仍然会出现差旅费报销违规现象，主要表现在出差审批程序执行不严，差旅费报销不够规范和差旅费仍存在向下级转嫁等现象。

1. 出差审批程序执行不严

差旅费管理办法颁布以来，各单位都建立了出差审批制度，一般公务人员在出差前，会按照单位的出差审批程序，先填写出差审批单，包括填报出差事由、出差期限、乘坐交通工具以及出差费用等情况，然后报上级主管负责人签字批准，在得到领导审批后方才进入行程准备阶段。但在实际执行过程中，部分单位未严格遵守出差审批程序，出差前没有经过审批，而是出差后补批。还有些单位，虽然严格遵守了出差前的审批程序，但在行程期间，某些出差人员仍会擅自改变出差线路，事后则通过更改出差审批单或补交说明的方式蒙混过关。由于出差审批不严导致差旅费违规的案例十分常见。2016 年 9 月，四川省兴文县粮食局党组书记、局长王某军带队一行 7 人到江西会昌考察米粉加工厂和参加贵州凯里粮油精品展示交易会期间，擅自改变行程，绕道到海南三亚旅游，用公款报销差旅、住宿、餐饮等费用共计 2.349 万元。2017 年 3 月 6 日至 10 日，枣庄市司法局委派贾某、王某、李某前往外省考察人民调解和社区矫正等工作。除正常考察外，贾某在未请示汇报的情况下，擅自与王某、李某商议绕道江西省景德镇市参观，所花费用均公款报销（资料来源：中纪委监察部网站）。

2. 存在差旅费报销不规范的现象

出现差旅费报销不规范的现象一是由于单位领导不把差旅费管理制度当回事儿，利用职务之便滥用公权、挥霍公款。二是单位财会人员对相关差旅费报销制度理解不透，不熟悉会议费和差旅费的报销规定，有的按会议费全程天数多报销差旅费，还有的混用会计科目等。三是单位差旅费管理的内部控制不严，报销流程不规范。财务人员对报销手续不齐全，如外出参加会议差旅费，在无会议通知或其他相关文件的条件下，也给予报销，未严格执行报销制度。

（1）报销不属于差旅费的个人支出

公务人员在外出考察、学习期间，报销旅游费用的现象仍时有发生。中纪委网站上公布了多起违反差旅费管理规定，在出差期间旅游并回单位报销相关费用的违规案例。如 2016 年 11 月 17 日，时任新津县新闻中心党组成员、纪检组长戴某带队组织相关部门 11 人到浙江嘉兴乌镇学习考察。11 月 18 日，戴某一行擅自改变学习考察行程到千岛湖景区游玩，共开支门票、食宿等 5604 元。学习考察结束后，戴某等人将游玩涉及经费按公务出差“住宿费”“公杂费”“伙食补助费”的报销标准进行了公款报销（资料来源：中纪委监察部网站）。又如，2016 年 3 月 10 日至 17 日，平罗县环保局局长谭某与环境监察大队长金某（另案处理）到湖南、安徽等地考察污水治理项目。在安徽考察期间，违规接受安徽蓝盾光宁夏分公司安排，游览了黄山、江村、南京鸡鸣寺等旅游景点。同时，在此期间，谭某两次公款吃喝花费 1320 元，并通过虚开住宿费发票予以报销（资料来源：中纪委监察部网站）。

（2）不按规定报销

多报销差旅费，利用差旅费套现多表现在以下几个方面：差旅费报销的出差日期相互矛盾，同一时间报销不同地点差旅费；没有显示有特殊事项但却报销节假日的差旅费，包括过路过桥费和加油费等；参加培训、会议期间，食宿费由会议、培训单位安排的，仍报销伙食补助等。在审计署对全国各省份 2017 年度省级预算执行和其他财政收支的审计工作报告中（以下简称审计工作报告），山东省提到城镇劳动就业训练中心、山东省食品药品监管局审评认证中心、山东省食品药品监管局稽查局、山东食品药品检验研究院、山东省人民防空办公室，这几个单位违规多报销出差补助1.77万元。

（3）超标准报销

超标准报销主要包括超标准乘车，超标准住宿，差旅费报销时间与会议通知的时间、起止地点不符等，不属于差旅费支出仍在差旅费支出列支等行为。湖南省审计工作报告中提到，省扶贫办2017年12月份有25笔差旅费报销单据未写明住宿天数、单价，也未附宾馆开具的明细清单、消费结算单，涉及金额6.17万元。山东省提到，山东省医疗器械产品质量检验中心制定的差旅费管理办法中，县处级领导干部出差乘坐交通工具的等级，高于国家规定标准。广东省提到，有1家所属单位在差旅费列支因公出国费用3.61万元。2013年至2016年，北京市信访办党组成员、副主任张某在乘飞机赴外地调研课题时，共55次违规乘坐头等舱或公务舱出行，机票均公款报销（资料来源：中纪委监察部网站）。

3. 仍存在差旅费转嫁现象

2013版的差旅费管理制度中强调“出差人员应当严格按规定开支差旅费，费用由所在单位承担，不得向下级单位、企业或其他单位转嫁。”并且，为堵住支出漏洞，制度中还规定住宿费、机票支出等按规定用公务卡结算。尽管制度规定已经很具体了，但是向下属单位转嫁差旅费的情况仍然存在。四川省2017年度省级预算执行和其他财政收支审计报告中提到，2个单位违规向下属单位转嫁培训、差旅费用115万元。

差旅费报销违纪案例一：南京开会却绕道安徽九华山公款旅游

——天津市西青区卫生局顶风违纪案例剖析

本来在江苏南京开会，却借机跑到安徽九华山公款旅游、公款吃喝。

2015年8月，天津市西青区纪委监察局严肃查处了区卫生局党委副书记、局长王某公款旅游、公款吃喝、滥发津贴补贴福利的问题。王某受到党内严重警告处分和行政降级处分。卫生局党委书记张某履行主体责任不力，纪委书记王某柱履行监督责任不力，分别受到党内严重警告处分。

纪委调查带出案中案。2015 年 6 月，西青区纪委在审查天津市西青区中医院案件的过程中，发现该院 2013 年年底有一笔较大支出，金额约 10 余万元，支付给西青区卫生局。经深入调查发现，西青区卫生局存在公款旅游、滥发津贴补贴等问题。

经查，2013 年 9 月 26 至 29 日，西青区卫生局党委副书记、局长王某带领行政办公室主任、6 名下属医院院长等一行 8 人赴南京参加中国农村卫生大会，2013 年 9 月 26 日下午从天津乘坐高铁到达南京，在当地住宿一晚后，9 月 27 日早上 8 点左右由天津中贸国际旅行社安排前往九华山旅游，当天在九华山当地宾馆住宿，第二天早上回到南京参加会议。事后在中贸国际旅行社开具了 6780 元会议费发票，连同九华山风华酒楼 1600 元餐费一并报销。

此外，2013 年至 2015 年期间，区卫生局违规给下属事业单位领导班子成员个人发放年终绩效考核奖励共计 89.89 万元，超范围超标准发放临时工及借调人员工资、绩效奖、补贴和福利共计 36.91 万元。

西青区卫生局发生公款旅游、公款吃喝、滥发津贴补贴福利问题，王某作为党委副书记、局长负有领导责任。依据纪律处分条例，西青区纪委给予王某党内严重警告处分；依据公务员处分条例等，西青区监察局给予王某行政降级处分。

西青区卫生局发生公款旅游、公款吃喝、滥发津贴补贴福利问题，党委书记张某负有主体责任，纪委书记王某柱负有监督责任。依据《中国共产党纪律处分条例》第二十五条、第一百二十六条、第一百二十八条规定，西青区纪委分别给予张某、王某柱党内严重警告处分。

剖析与警示：

在正风肃纪的高压态势下，王某等置中央和市委三令五申于不顾，心存侥幸，顶风违纪，情节严重，影响恶劣，教训十分深刻，令人警醒。究其原因，主要是惯性思维，意识淡薄。公款旅游曾被看作一些地方和部门理所当然的“福利”。当前，仍然有一些党员干部按捺不住躁动的心，总想找机会出去“走一走”“看一看”“游一游”，自认为神不知鬼不觉。弦松之时违纪之始。

“四风”问题，积习甚深，广大党员干部必须克服惯性思维，打破侥幸心理，顶风违纪者，必是咎由自取。同时，各级纪检监察机关必须创新思维，畅通监督举报渠道，对违规违纪行为坚决查处、及时通报，使“变通搭车、隐身变形”等问题难行其道、无处藏身，让党员干部违纪违法行为止于纪律红线，坚决防止“四风”问题反弹。

（资料来源：中纪委监察部官网）

差旅费报销违纪案例二：以差旅费公款报销同学聚餐费用

——山西临汾市安泽县商务局副局长曹某违反中央“八项规定”精神问题的案例剖析

热情张罗同学聚餐，然后以差旅费从公家报销，慷公家之慨的曹某这次没能侥幸。

经查，2014 年 11 月 29 日，山西省安泽县商务局副局长曹某在临汾市参加市商务局工作会议。当晚在临汾一大酒店住宿并聚会宴请同学，共花费 2400 元，其中住宿费 248 元，饭费 2152 元。事后，曹某将 2400 元全部开具了住宿费正式发票，并以“去省厅办理出口贸易资质”的名义在单位公款报销，形成了违规公款吃喝问题。

2015 年 2 月 26 日，安泽县纪委常委会研究决定，给予曹某党内严重警告处分，并收缴其违规报销的餐饮费用 2152 元上缴财政。安泽县商务局局长曹某强对本单位党风廉政建设和财务审核负全面责任，在履职过程中，审核把关不严，致使公共财产受到损失，属失职行为。安泽县纪委对其进行了诫勉谈话。

剖析与警示：

曹某违规公款吃喝，是一起违反中央“八项规定”精神的典型问题。从近两年的工作实践看，“四风”问题确实减少了，但暗地里依然存在，只是穿上了“隐身衣”，钻进了“青纱帐”。比如，变相报销吃喝费用、分批次大办婚丧喜庆事宜、在下属企事业单位报销车辆费用、利用职务影响安排亲友免费旅游等。因此，对于这些隐形变异了的“四风”问题，有关部门必须主动出击。通过到单位检查财务账、固定资产账，到饭店、景点抽查发票开具情况，到食堂、培训中心抽查物料采购、接待纪录等方式，结合现场察看、与当事人逐一核实等方式，努力做到“四风”问题发生在哪里，检查监督跟进到哪里，努力做到检查不留死角，让“四风”无处遁形。对顶风违纪问题，不仅要严肃处理当事人，还要严肃追究相关负责人的失职、渎职责任，切实把党委的主体责任和纪委的监督责任落到实处，形成纠正“四风”的强大合力。

（资料来源：中纪委监察部官网）

四、国外差旅费管理的经验与启示

（一）美国

美国差旅费的内容包括城市间交通费、住宿费、餐费和其他费用四项。

1. 城市间交通费

美国联邦政府相关法规规定，政府雇员在国内出差一般必须乘坐经济舱，只有在特殊情况下才可乘坐商务舱，且需事先申请并得到上级和旅行审核部门的批准。

2. 住宿费

在美国，出差到不同城市住宿费和餐费的标准不同。在每个财政年度，美国联邦总务管理局和国务院都会制定本财年联邦雇员差旅费报销细则。在住宿费标准上，针对不同地区设置了住宿费限额标准。大部分地区执行全国普通标准，一些物价水平高的城市单独制定了地区标准。同时，考虑到季节性变化对各城市宾馆需求产生的影响，美国还将各地区住宿费标准细化到每个财政月度。由于标准众多，美国政府建立了临时公务出差费用标准查询网站，可以随时查询各地的住宿费和餐费标准。另外，在美国，很多州政府雇员之间没有级别区分，即州长和普通政府雇员的报销标准一致。

3. 餐费

美国政府雇员出差的餐费补助也实行包干制度。餐费标准每年调整一次，根据全国 9000 多家餐馆的实际价格进行统计后确定。同时，美国还对餐费补助的天数也进行了规定，考虑到出差的第一天和最后一天不可能三餐都属于出差期间，因此，第一天和最后一天的餐费补助要扣除 25%。还有，如果出差时间不超过 12 小时，则不给予餐费补助。

4. 其他费用

除了报销交通费、餐费、住宿费等费用，美国政府还对政府雇员在出差期间合理发生的费用进行报销。比如行李费用、翻译费、司机费、清洗和熨烫衣服费、能源附加费等。

5. 预算管理

美国有些州对年度差旅费限额进行了规定，明确一年内该州出差的差旅费支出不能超过限定额度，以此来减少差旅费支出。

（二）芬兰

芬兰政府的差旅费包括交通费、按日津贴、膳食津贴、住宿补贴、夜间出差补贴等。具体管理规定每年由财政部和公共部门谈判委员会等部门协商制定。

1. 交通费

对于出差使用的交通工具，芬兰政府没有硬性规定，选择飞机还是火车等的原则是时间最短和花费最低。但是如果选择飞机，大多数情况只能乘坐经济舱，如日程紧张或因身体情况出于安全考虑，可以乘坐公务舱。

选择公共交通出差可以报销的交通费用包括机票、车票，以及座位或泊位的预订费用、用于运输必要的工具和装备的费用等。

对于乘坐出租车、包机、租赁汽车或其他类似的代步工具也可以报销，但是金额应在合理范围内。另外，开私家车出差的情况也有相应的私家车补助标准。

2. 住宿补贴

出差人员在晚上 9 点至第二日 7 点之间在酒店住宿超过 4 个小时，可以凭借酒店开具的票据或其他合理的收据获得住宿补贴。2013 年，在芬兰境内出差每天住宿补贴最高限额标准为：赫尔辛基、埃斯波、万塔、考尼埃宁四个城市 141 欧元，其他城市 100 欧元。

3. 夜间出差补贴

公务员出差时间超过 10 个小时，且在晚上 9 点至第二日 7 点之间不少于 4 小时，可以获得夜间出差补贴，标准为每天 12 欧元。领取夜间出差补贴的前提是出差人员没有领取住宿补贴或夜间出差时没有住在火车或轮船上。

4. 按日津贴

公务员出差可按日领取津贴，对于一日的标准也作出了规定，出差时间超过 10 小时的按一日计算，可以发放一日津贴。如果出差时间不足 10 小时但超过 6 小时的，可以发放部分按日津贴。以 2013 年为例，一日津贴为 38 欧元，部分按日津贴为 17 欧元。

5. 膳食津贴

在芬兰境内出差未领取按日津贴、距离工作地或居住地 10 公里以外且出差时间超过 4 小时的，可以按照按日津贴的 25% 发放膳食津贴。

6. 节假日补贴

公务员在节假日出差，当日出差时间超过 5 小时的，可以按日发放节假日补贴，芬兰境内为每天 55 欧元。

（三）启示

从国外的差旅费管理制度中可以看出，对政府雇员报销的差旅费支出，国外进行着严格管理。

1. 透明的预算体系

对财政预算的公开、透明和详细，有效遏制了公务人员对差旅费用的滥用。以美国为例，美国联邦政府每年向社会公开的预算文件非常细致。其中，在部门预算的附属文件中，预算内容细化到每一个具体的支出项目。

中国香港也同样，每年中国香港政府在制定预算过程中，通过阶段性的向社会、民众咨询，获得反馈意见后对草案进行修改，从而达到预算案符合社会公众利益最大化的原则。

2. 严格的审批制度

一些国家对公务员出差公干费用的管理和审批十分严格。以中国香港为例，部门首长的津贴申请以及任何人的超额支出都必须经公务员事务局局长审批。

3. 精细化的管理

精细化是国外差旅费管理的重要特征。荷兰对出差人员住宿补贴的规定明确到具体时间，要求出差人员在晚上 9 点至第二日 7 点之间在酒店住宿超过 4 个小时的情况下才可以领取住宿补贴。而对于在该时段没有住宿，但连续出差超过 10 小时的情况给予夜间出差补贴。另外，对于每日津贴的发放也做出了严格规定，只有出差时间超过 10 小时的才可以领取一日津贴，对于出差时间不足 10 小时但超过 6 小时的，只能报销部分按日津贴。美国也同样，对餐费补助的天数进行了细致规定，考虑到出差的第一天和最后一天不可能三餐都属于出差期间，对第一天和最后一天的餐费补助要扣除 25%，并且对出差时间不超过 12 小时的不给予餐费补助。

4. 发挥民众的有效监督机制

民众监督是规范公职人员行为的一种有效手段。在媒体监督方面，只要是不泄露外交和国防机密，美国政府允许所有报刊报道政府的有关支出情况。在美国，公众自发设立民间监督组织，如设在芝加哥的“改进政府工作协会”就是其中最有代表性的机构。

5. 严格的惩戒措施

国外一些国家对官员利用出差机会谋取私利的行为有着严格的惩戒措施。例如在法国，依据情节的严重性，受到的惩戒措施有降职、降薪、罚款、开除公职、减少退休金等。

五、完善差旅费管理的建议

2013 版差旅费管理办法在制度上已经做出了很大改进，并且，最近几年差旅费管理的力度也在不断加大。但是，面对不断变化的新形势，差旅费管理改革的步伐仍然要继续。

（一）采用实报实销制与包干制相结合的费用报销办法

1988 年 –1996 年，差旅费实行过包干制，在当时的条件下收到了一些好的效果。在 1996 年的差旅费管理改革中，包干制的政策被彻底取消，取而代之的是实报实销制。2013 版差旅费管理办法中，对城市间交通费和住宿费依旧沿用了实报实销制的政策，主要原因有两点。一是，包干制是给定一个费用标准，超支不补、节余归己，会让出差人员感觉这笔支出是自己收入的一部分，如果多支出差旅费那么自己个人的收入就减少，基于节省花费增加收入的角度考虑，出差人员会降低交通工具标准，甚至有可能会出现选择更经济但速度相对较低的交通工具，影响公务出差效率的行为。同样，出差人员也会倾向选择低标准宾馆，不但会影响公务人员形象，甚至可能会影响公务出行的安全。二是如果采用包干制，有些公务人员会把公务出差当作增加收入的手段，就有可能出现竞相要求出差，导致公务活动派出并不适合的出差人员的现象发生；还会有人为多得补助拖延晚归，找票套利；或者使出差成为一件美事，增加公务出差频次。

实报实销制的不足之处在前文已经述及，同样，费用包干制也有非常显著的缺点。既然两种费用报销标准都有各自的不足之处，为了规避这两者的缺陷，需要将二者结合起来，取长补短，方能够发挥更好的效力。

1. 城市间交通费

城市间交通费报销的总体思路是，首先确定一个出差距离标准（就是各单位设定的各类人员可以乘坐飞机的距离标准），超过这一距离的，出差人员的城市间交通费可以任意选择实报实销或者费用包干；低于这一距离的，出差人员只能实报实销。

具体来说，假定某单位规定两地距离 1000 公里以上就可以乘坐飞机。

以北京到长春为例，距离是1100公里，达到了乘坐飞机的距离标准。在实报实销制度下，大多数公务人员会因为更舒适而选择乘坐飞机。但实际上，在火车不断提速的现实情况下，乘坐飞机并不比火车节省很多时间。但是，飞机票价即使在打折的情况下也要比火车票价高出许多。北京到长春的飞机票即使打五折也要接近600元，而动车二等座的票价仅为265元。因此，可以假定以动车票价的130%作为包干定额，即345元。出差人员自行选择费用包干还是实报实销。这种情况下，如果出差人员乘坐的是飞机，就会选择实报实销；如果出差人员乘坐的是火车，就会选择费用包干。这样一来，本来从北京到长春出差，实报实销制下单位报销的基本上都是飞机票（600元），现在就有可能有很多人选择坐火车，费用包干（345元），单人单次就可以为单位节省开支255元。

采用这种报销方式后，长途和短途出差基本不受影响，主要会引导大量中等距离长度的出差人员选择经济的交通工具。在这里需要注意的是，费用包干的定额标准要适当，既要能使出差人员得到一定实惠放弃昂贵交通工具，又不能让出差人员获利过多导致竞相出差。

2. 住宿费

现行的住宿费报销办法是在限额标准内实报实销，因此，只要不超过限额标准，出差人员一般不会刻意寻找价格更低廉的宾馆。例如：公务人员去某地机关办事，该单位附近宾馆由于优越的地理位置，其定价要高于其他同等住宿条件的宾馆，一般该类宾馆针对机关单位的协议价格刚好为本地区的住宿费标准上限。由于住宿费实行实报实销制，公务人员在选择上肯定倾向于这个定价高但距离近的宾馆。如果是费用包干，那么一部分公务人员就可能选择距离稍远但定价低的宾馆。

对于住宿费的报销方式，可以采用在限额以下实报实销的基础上，对于未超限额的部分实行奖励的方法。例如：假设住宿费的上限标准设定为400元，出差人员实际发生的住宿金额为300元，那么出差归来后，对于这300元实报实销，对于实际报销金额未超过上限的部分，也就是节省下来的100元，可以给予50%的奖励。这样，单位节约了50元的差旅费开支，个人也多获得了50元的补助，勤俭节约的行为得到了鼓励。这种方式最关键的就是住宿费限额标准的制定一定要合理，不能高也不能低，防止地方为使出差人员获得更多奖励设立高标准。要确保包干定额的科学，最简单的办法就是上网公示。对于一个地方的市场情况、物价水平，当地群众的眼睛是雪亮的，让大家参与标准的制定与监督，就可以确定出一个相对合理的数额。

随着经济活跃度提升，经济活动愈加频繁，与过去相比，公务出差住宿占社会总住宿的比例已经只占据市场中的很小一部分。但是，限额内据实报销，不达标部分发放补助的形式会有效引导出差人员自行选择性价比最高的宾馆，不但会让公务人员自觉养成勤俭节约的生活作风，还会在一定程度上影响宾馆价格，有效促进住宿业的良性竞争。

（二）进一步完善差旅费管理实施细则

1. 明确界定公务出差的含义和范围

对适用差旅费的出差任务要明确划定，统一各单位的处理方式。另外，对出差的天数也可以适当界定，以此来有效切断长期在异地进行公务活动套取差旅费补贴的不当行为。

2. 加入采用私家车出差的报销办法

从保障出差人员安全角度来说，不能鼓励驾驶私家车出差。从节约支出角度来说，在不“拼车”的情况下，多人出差时，每人驾驶一辆私家车出差的费用会高于乘坐公共交通工具的费用。建议在完善差旅费管理办法中增加驾驶私家车出差的规定，建立审批制度，由单位从严审批。对自愿驾驶私家车出差的，可以探索城市间交通费按公共客运汽车票价的一定比例给予补助的方法，但过路过桥费不得再单独报销，人身安全问题由出差人员自行负责。

（三）明确各项费用标准的制定方法

本次差旅费管理改革的一个重要目标是要实现差旅费开支标准属地化，解决过去开支标准单一、不切合出差地实际开支水平等问题。按照最初的设计思路，公务人员出差到某个市，应当执行该市的差旅费开支标准。目前，差旅费开支属地化管理已迈出了第一步，中央制定了分省的开支标准，一些省份制定了分市的开支标准。

对于差旅费中各项费用限额标准的确定，我们可以借鉴国外政府的一些做法。如美国《联邦差旅条例》中住宿费标准设定过程为：首先，在综合考虑了公务需要、经济适用和安全保障等方面因素后确定宾馆住宿的限额标准是中档防火型宾馆（美国联邦总务署对各地宾馆的设施、环境、服务、价格进行统计分析，将其划分为超豪华、豪华、高档、中档、经济五个等次，并通过政府采购确定出差定点宾馆）。然后，住宿费的金额标准以中档宾馆的每月平均价格为依据，在平衡公务需求、出差人需要和纳税人利益的基础上制订。每月平均价格为上年 4 月至当年 3 月宾馆客房月销售收入之和除以售出客房总数，标准地区统计范围为全国所有标准地区的中档宾馆，非标准地区统计范围为该地区的中档宾馆。如果连续两个以上月份的平均价格与邻月相差超过 15%，或者相差 10% ~14% 但入住率保持在 70% 以上，则这几个月被确定为一个消费季，不同消费季的差旅费标准有所差异。最后，联邦政府定期对差旅费标准进行统一调整。标准地区的物价指数受经济震荡影响小，差旅费标准比较稳定。非标准地区经济活跃，差旅费标准差异性大，调整周期相对较短。此外，联邦政府每年还组织一次特殊评估，对个别地区的差旅费标准进行调整。如果有联邦机构认为某地区差旅费标准偏低，可以申请联邦总务署上调。对于到各地出差的餐费标准，每个地区的标准不一样，由联邦总务署根据对该地区餐食价格调查的结果来确定。

美国联邦差旅费标准市场关联度高，但比较繁复琐碎，这是与其国家结构、经济制度、行政区划相适应的。并且，较好地实现了节约财政资金、提高差旅效率的目标。结合我国差旅费标准的管理实际，可以从中得到一些有益的启示。其实，有关差旅费限额标准的确定，可以有一个相对简单的办法，就是通过建立差旅费管理信息系统，根据系统中的历史相关数据，经过数据统计分析，制定出未来差旅费的调整目标。这种办法不但简单而且更准确，更贴近实际。

（四）建立各项费用支出标准动态调整机制

差旅费作为行政开支中的必要成本，不能单纯从数字上倾向“越少越好”，而应该匹配具体的行政作为。以往的经验表明，过低的差旅费标准是导致诸如差旅费转嫁等管理乱象发生的原因之一。因此，如果期待差旅费管理规定能够执行到位，只是给出一个标准后“一限了之”是不够的，还必须要不断根据经济社会的发展及时调整差旅费的报销标准，只有“符合时宜”才能让标准更具有可操作性，更能进行严格管理、节约资金。美国政府就对公务人员的差旅费标准实行动态调整，国内差旅费标准每年调整一次，国外差旅费标准每月调整一次。

建立各项费用支出标准的动态调整机制，具体做法可以是：首先确定差旅费标准的动态调整周期，比如一个月还是一年、两年。调整过于频繁则费时费力，因此，一般情况下，我们建议以一年为周期。然后，确定动态调整的参照物，例如参照居民消费价格指数，建立费用标准与 CPI 的联动机制，将费用支出标准与 CPI 相挂钩，每年 CPI 公布后，根据 CPI 的数值作为支出标准的增减幅度。实行动态调整后，每年对支出标准进行一次调整，这比每隔几年调整一次更科学，也更便捷。

（五）完善监督问责机制

1. 处罚要严格

在严控标准的前提下，应该确保每一分差旅支出都要花在刀刃上，经得起程序正义的考量。这就需要一套完善、有效的监督问责机制。2013 版的差旅费管理制度增加了报销管理和监督问责两个章节，与以前版本相比，已经有了很大的突破。但是，很多内容仍然没有明确、细化。例如：办法中规定“对未经批准擅自出差、不按规定开支和报销差旅费的人员进行严肃处理。”对于“严肃处理”，究竟是怎样处理没有明确。《中国共产党纪律处分条例》（2018 版本）第一百〇五条提到：有下列行为之一“公款旅游或者以学习培训、考察调研、职工疗养等为名变相公款旅游的；改变公务行程，借机旅游的；参加所管理企业、下属单位组织的考察活动，借机旅游的。”那么，“对直接责任者和领导责任者，情节较轻的，给予警告或者严重警告处分；情节较重的，给予撤销党内职务或者留党察看处分；情节严重的，给予开除党籍处分。”

从中纪委监察部官网公布的违纪案例看，目前，基本上所有违反差旅费规定的情况，涉案当事人最高受到党内严重警告处分。例如：2016 年 4 月，北京市朝阳区小红门乡组织村干部和包村干部共计 270 余人，分批前往广西、浙江、陕西等地考察。期间，游览当地旅游景点、历史遗迹、纪念馆等。参观考察共计支出 109 万余元。乡党委书记李某受到党内警告处分，乡人大副主席、牌坊村党总支书记刘某受到党内严重警告处分。

制度不仅要严格，问责更需要严厉，公务人员才能严肃对待差旅费报销规定。国外一些国家对于官员的贪污受贿行为（包括利用出差机会谋取私利的行为）有一系列严格的惩戒措施，例如法国，依据情节的严重性，公职人员违反规定将受到的惩处类型有降职、降薪、罚款、开除公职、减少退休金等；在瑞士，惩处类型有降职、降薪、罚款甚至开除公职的处罚；在美国，处罚类型有降职降薪、减少或停止退休金、强制退休和开除公职、判处徒刑。另外，将公务人员的腐败行为与其自身福利挂钩同样是一种控制腐败现象的有效手段。新加坡公务人员的养老金很高，但是一旦发现其有腐败行为（比方说借出差机会谋求个人利益等），养老金就会被全部或部分取消，新加坡利用这样的手段很好地约束了公务人员的行为。发达国家利用严格的惩戒措施确实有效地解决了公务人员滥用差旅费的腐败问题。

因此，我国在问责机制上要更加严格。同时，在实施监督问责机制过程中还需要对待所有问题一视同仁，不能因人、因事而异搞变通。否则，尽管制度很严格、处罚很严重，但如果党政机关干部认为事到临头可以搞例外、搞豁免，就会心存侥幸，那么，再严格的制度也会形同虚设。

2. 处罚条例要细化

监督问责机制要严格细化，使其更具备可操作性。要明确违反哪一条规定、根据违反程度情况要受到哪些具体处罚。细致的处罚措施，能让执法人员在发现违规行为时有法可依，才能不让规定形同虚设。否则，没有明确的处罚细则，不同单位对待不同人的处理结果大相径庭，无法起到警示作用。未来，需要进一步做好差旅费监督问责内容与公务员法、刑法的衔接工作。对于涉案人员，在综合考虑涉案金额大小、社会影响轻重等因素的基础上，给予相应的党纪政纪处分，直至诉诸刑法惩罚。美国对公务员违反差旅费管理规定的处罚明确而细致，《联邦公务旅行条例》规定，如果公务员报销差旅费有欺诈行为，则对所有费用不予报销，情节严重的，会被处以 10000 美元的罚款或同时判处 5 年的监禁。

（六）加强单位差旅费管理内部控制

当前，部分单位的差旅费管理存在一些漏洞，如未严格执行公务出差审批制度，出差归来后补交出差审批单，出差途中未经批准擅自改变出差线路；差旅费报销时所附单据不全面，包括未附出差审批单、会议通知等；部分单位还有混用会计科目记账的情况，将差旅费列支培训费，或将按会议费、因公出国费用列做差旅费等。出现这些问题都是单位差旅费管理内部控制薄弱造成的，因此，对于内控的加强势在必行。

1. 建立完善的出差管理内控制度

（1）建立健全公务出差审批、报销管理制度

制定适合单位管理的公务出差审批、报销管理制度。明确支出的内容构成、确定归口部门；明确开支范围、开支标准及所涉及的表单和票据；明确支出事前申请、审核审批程序及借款和报销业务流程；明确事后的监督检查和责任。

（2）加强差旅费支出事前申请审批控制

在出差审批环节，要明确差旅费管理的归口部门，由该部门负责审核差旅费预算，审批内容包括：各级人员出差可以乘坐的交通工具等级以及住宿房型标准，拟选择的目的地宾馆房价是否符合规定标准。同时，管理部门还应告知出差人员领取伙食补助和市内交通补助后应遵循的各项规则等。另外，统筹规划本单位差旅费活动，控制出差人数和天数，控制差旅费支出的总规模，也是该部门的重要工作。公务人员出差活动结束后，归口部门还要对出差过程中实际发生的报销情况进行审核，由其审核无误后方可进入财务报销程序。经过这样严格的出差审批环节，能够让出差人员

在外出时心中有数，不会盲目增加费用。

（3）加强差旅费支出审核控制

在出差报销环节，要明确差旅费报销单据包括会议通知书、出差审批单、支出票据等内容。会计核算人员在审核差旅费报销单时，要根据会议通知书和出差审批单核对机票、火车票和住宿费发票信息，确保外出时间与实际出差需求相符。坚决杜绝夹报与出差目的不相符的票据。

（4）加强与审计等部门的协调配合

财务处要会同审计部门对单位差旅费管理和使用情况进行监督检查。重点检查差旅审批制度是否健全；差旅费开支范围和标准是否符合规定；差旅费报销是否符合规定等等。加强对内控制度执行情况的跟踪评估，对制度设计、执行过程中存在的问题，适时修订完善。

2. 加强对会计人员的培训

要加强对财会人员的培训教育，组织财会人员认真、系统的学习财务制度和差旅费各项规章制度。在实际工作中，财务人员必须要有自己的职业判断能力，对需报销的差旅费发票进行全面的审核，同时对发票的真实性和合法性进行把关。最重要的是，要建立相关制度，对于财务人员明知报销票据不合规定但由于不敢违抗上级、人情等原因给予足额报销的行为进行惩处，改变财务人员不合规报销只是报销人自身问题的错误想法，让财会人员担当起自己应有的责任和义务。

（七）建立公示机制

政府部门的财政支出都来自于纳税人，包括公职人员的工资收入、差旅费等。因此，政府部门的开支必须透明化，政府有义务向社会和公众公示、公布每一笔与纳税人有关的开支细节。纳税人有权利知道差旅费支出都流向了何方，是否被合理合法地利用。这也是《政府信息公开条例》的应有之义。所以，差旅费管理制度应该增加公开差旅费支出的条款，满足民众的监督渴望。其实，在其他许多国家的差旅费制度中，都有要求差旅费支出公开的条例。例如：根据《英国大臣守则》规定，政府部长们的海外旅行细节，至少要每季度对外公布一次。美国政府有个临时公务出差费用标准查询网站（美国国务院网站下属的津贴办公室网页），各地的住宿和餐费标准公开透明，一查便知。舆论、民众监督是规范公职人员行为的一种有效手段，可以有效遏制公职人员利用差旅费所进行的腐败行为。

（八）建立差旅费管理信息系统

“智能差旅管理”对于世界 500 强的跨国公司并不陌生，大部分发达国家的企业已经将智能差旅管理平台作为企业发展到一定阶段的必备管理工具。党政机关也可以考虑引入差旅费管理信息系统，为差旅费精细化管理创造有利条件。通过信息技术、办公自动化以及网络技术的应用，把一定区域乃至全国政府机关连接在一起，使有关差旅费管理的规章制度、自然信息、动态要闻等各种资源真正地实现共享，提高信息资源的利用率。

建立差旅费管理信息系统，可以有效地提升差旅费的管理层次。通过信息系统，出差人员可以完成出差前的差旅审批，购买城际间飞机票、火车票，预订宾馆，出差结束后完成相关报销工作等。通过信息系统，单位主管人员可以随时掌握差旅费预算的执行情况，了解相关人员的出差信息记录，对本单位的差旅费数据进行分析。

参考文献

[1]《关于国家机关、企业、事业单位工作人员差旅费开支的规定》[Z]. 国发〔1980〕146 号.

[2]《关于修改差旅费、会议费开支规定的通知》[Z].（83）财事字第 493 号.

[3]《关于调整部分州、县出差类区的通知》[Z].（84）财文字第 62 号.

[4]《关于职工搬迁家属路费报销问题的函》[Z].（84）财文字第 457 号.

[5]《关于提高出差伙食补助标准的通知》[Z].（85）财文字第 145 号.

[6]《关于统一修订 < 关于国家机关、企业、事业单位工作人员差旅费开支的规定 > 的通知》[Z].1985（财文字第 613 号）.

[7]《关于国家机关、事业单位工作人员差旅费开支的规定》[Z].（财政部（88）财文字第 742 号通知）.

[8]《关于中央国家机关、事业单位工作人员差旅费开支的规定》[Z].（财政部（92）财文字第 070 号通知）.

[9]《关于印发 < 中央国家机关、事业单位工作人员差旅费开支的规定 > 的通知》[Z].

（财文字〔1996〕2 号）.
[10]《关于印发 < 中央国家机关和事业单位差旅费管理办法 > 的通知》[Z].（财行〔2006〕313 号）.
[11]《关于印发 < 中央和国家机关差旅费管理办法 > 的通知》[Z].（财行〔2013〕531 号）.
[12]《关于调整中央和国家机关差旅住宿费标准等有关问题的通知》（财行〔2015〕497 号）[Z].
[13]《中央和国家机关工作人员赴地方差旅住宿费标准明细表》[Z].（财行〔2016〕71 号）.
[14]《关于加强公务机票购买管理有关事项的通知》[Z]. 2014 年 4 月 14 日.
[15]《党政机关国内公务接待管理规定》[Z]. 2013 年 12 月.
[16] 浙江省财政厅《关于规范差旅伙食费收缴有关事项的通知》[Z]. 2018.
[17] 财政部行政政法司. 厉行节约 反对铺张浪费专辑 [J]. 预算管理与会计. 2013.
[18] 刘植荣. 美国的公务接待管理 [J]. 四川党的建设（城市版）. 2013.
[19] 杨苑. 我国公务支出治理的问题及对策——以美国公务支出为例 [J]. 发展研究. 2016-4.

第四章　新时代党政机关公务用车管理改革

一、基本概念

（一）公务用车

公务用车是指国家政府机关和事业单位为了执行国家公务而专门配备的车辆，根据职能不同，分为一般公务用车、领导干部用车、执法执勤用车和其他用车。领导干部用车指按照规定固定用于省部级以上领导干部公务活动的机动车辆；一般公务用车是指用于办理公务、机要通信等公务活动的机动车辆；执法执勤用车包括一般执法执勤用车和特种专业技术用车，一般执法执勤用车是指用于办案、监察、稽查、税务征管等执法执勤公务的专用机动车辆，特种专业技术用车是指加装特殊专业设备，用于通讯指挥、技术侦查、刑事勘查、抢险救灾、检验检疫、环境监测、救护、工程技术等的机动车辆；其他用车是指上述三种用车之外的机动车辆，如大中型载客车辆、载货车辆等。公务用车根据车型分为汽柴油轿车、多功能乘用车、越野车、新能源车等①。

（二）公务用车支出

公务用车支出指公务用车配置和运行费用的金额。当前，公务用车支出实际包括三种口径：预算拨款口径（编制内公务用车支出）、单位实际支出口径（含上级机构下拨和单位自购的车辆，运行费自筹）以及全部支出口径（含其他来源的车辆②）。

（三）公务用车管理制度

公务用车管理制度是指政府对公务用车的购置、使用、处置以及监管、

① 源于2012年2月24日我国工信部发布的《2012年度党政机关公务用车选用车型目录》。

② 有些部门，相关企事业单位可能会借车给他们用，而且费用“全包”，如办好保险，送加油卡。

信息披露的全过程进行管理的规范性文件。

本文所研究的公务用车涵盖上述公务用车范围，用车单位主要包括国家党政机关单位和参公管理的事业单位[①]。公务用车支出为预算拨款口径。

二、中国公务用车管理改革的演进

（一）公务用车管理演进历史

中国现行公务用车管理制度，一直沿用计划经济时代的编制管理、标准控制、按需配给、单位所有的模式。随着经济社会的快速发展，公务用车出现了诸如超标准配车普遍存在、公车数量严重超标、公车私用现象泛滥、公车支出费用惊人等问题，不仅成为各级财政的沉重负担，也严重影响到政府公信力的提升和改善。在这样的背景下，政府对公务用车管理制度的改革一直在不断推进之中。

1988 年 10 月，国务院机关事务管理局发布《中央国家机关汽车配备标准的规定》，对公务员配车标准规定为：正部级干部配专车，副部级干部不配专车但保证工作用车。1994 年，中共中央办公厅、国务院办公厅又联合颁发《关于党政机关汽车配备和使用管理的规定》，明确界定："部长级和省长级干部按一人一辆配备专车，现职副部长级和副省级干部，保证工作用车和相对固定用车。副部长级和副省长级及其以下工作人员，包括离退休后享受部长级和省长级待遇的干部都不允许配备专车。"2004 年，印发《中央国家机关公务用车编制和配备标准的规定》的通知，再次明确公务用车配备标准。

自 1994 年中共中央办公厅、国务院办公厅发布正式文件开始，全国先后有十几个省份的部分县市实行了公车改革试点，主要包括：1997 年，广东省公车改革试点；1998 年，国家启动部分中央机关的车改试点，并同时在浙江、江苏、北京、湖南、重庆等地试点；2003 年，全国政协委员关于

① 在我国，非参公管理的事业单位和国有企业也保有数量巨大的公务用车，随着事业单位分类改革的深入，公益类事业单位的公务用车应当参照行政单位公务用车管理制度加以规范，严格控制，企业化事业单位和国有企业则应当基本取消公务用车。

公车改革的提案引发热议，由此出现了2004年前后的全国性公车改革高峰，北京、广东等地试点公车货币化改革；2009年，浙江杭州正式启动市级机关公车改革，市局（副厅）级以下干部一律取消专车，并向公务员发放公车改革补贴，补贴根据级别分9档，最低每月300元，局级干部每月2600元；2010年初，昆明在市内四个辖区试点公车改革，实行党政机关公务用车专用卡定额包干管理。经过十几年的公务用车试点改革，整体上看结果并不理想，公车数量和购置费用仍呈增长态势，特别是近十年来，中国财政收入平均每年增长约20%，大大增强了公车的消费能力，一些原先财政困难的地方政府，随着地价高涨和土地收入的增长，确保了公车消费能力的增长。因此，公务用车存在的各种弊病依然存在，财政负担日益加大，社会关注度越来越高。

2010年3月，针对公车改革遭遇的难题，民革中央提交了《如何破解公车改革之困局》的提案，建议厅级以下官员全部取消专车，再次引发热议。2011年11月19日，工业和信息化部等部门联合发文，进一步降低党政机关公务用车的采购价格，明确要求排气量不超过1.8升，价格不超过18万元，这比此前的标准降了2万元。同年11月21日，国务院法制办公布《机关事务管理条例（征求意见稿）》，管理条例规定“县级以上人民政府应当推进公务用车社会化改革”。2012年11月23日，财政部、监察部和审计署三部门联合印发《中央金融企业负责人职务消费管理暂行办法》，进一步明确中央金融企业负责人职务消费的12项禁止性规定，包括：超标准购买公务车辆等。2011年，中共中央办公厅、国务院办公厅再次发布《党政机关公务用车配备使用管理办法》，推动节能减排，降低行政成本，推进公务用车配备使用制度改革。2011年，财政部印发《党政机关公务用车预算决算管理办法》，首次明确了公车的购置和运转费用都将单独设立预算科目，以规范和加强党政机关公务用车预算决算管理，提高资金使用效益，降低行政成本。2013年10月，中纪委明确表示，将督促各地严格公车编制和配备标准，严格购置和运行经费预算管理，实行公车经费单独列项和单车定额核算等制度。要求条件成熟的地区和部门积极推行公务用车统一标识、GPS定位等制度。

2013年11月，中共中央、国务院印发《党政机关厉行节约反对浪费条例》，并发出通知，要求各地区各部门认真贯彻执行。《党政机关厉行节约反对浪费条例》指出，坚持社会化、市场化方向改革公务用车制度，改革公务用车实物配给方式。2014年7月，中办和国办印发《关于全面推进公务用车制度改革的指导意见》和《中央和国家机关公务用车制度改革方案》，方案主要规定包括：中央和国家机关在编在岗司局级及以下工作人员和地方厅级及以下工作人员原则上参加车改。取消一般公务用车，保留必要的执法执勤、机要通信、应急、特种专业技术用车和按规定配备的其他车辆。中央和国家机关每个单位可保留5辆以内机要通信、应急用车。改革后行政区域内普通公务出行方式由公务人员自行选择，实行社会化提供，适度发放公务交通补贴。中央和国家机关补贴标准为司局级每人每月1300元，处级每人每月800元，科级及以下每人每月500元。边疆少数民族地区和其他边远地区补贴标准不得高于中央和国家机关标准的150%，一般地区不高于130%，同一省（自治区、直辖市）内不同地区补贴标准差距不得超过20%。

至此，我国公务用车制度改革终于有了顶层设计框架，历时20余年的公务用车制度改革进入了全面、统一、彻底规范的新阶段。在中央政府层面，2014年年底前，中央国家机关公车改革基本完成，中央层面的公车已按规定封存，补贴发放工作在2014年12月或2015年1月已经开始。在地方政府层面，《云南省机关事务管理办法》于2014年11月7日省政府第51次常务会议通过并向社会公布，该《办法》于2015年3月1日起施行。《工作方案》要求，力争2015年二到三季度完成省、州（市）级车改，四季度基本完成县乡车改，确保2015年12月底前完成全省党政机关公务用车制度改革。2016年，继续推进企事业单位改革，争取两到三年内全面完成公车制度改革工作。

（二）过去公务用车管理存在的问题

过去的公车管理体制是实物供给制（配给制），弊端甚多且日益严重。

1. 公务用车费用居高不下，财政负担沉重

据财政部、发改委和国家统计局调研数据显示，2005年以来，中国财

政行政事业公用经费支出每年增加 1000 多亿元，2007 年以来，该项经费支出已接近 9000 亿元，其中公务用车消费占比较高。2010 年，党政机关及行政事业单位公务用车总量为 200 多万辆，每年公务用车消费支出 1500 亿元 ~ 2000 亿元（不包括医院、学校、国企、军队以及超编配车）。每年公务用车购置费支出增长率为 20% 以上。另外，也有数据表明，当时公务车共 522 万多辆，一年消耗上千亿元。

在“三公”经费方面，公车支出一直是占最大的比例项目。2011 年中央单位当年财政拨款开支的“三公”经费支出合计 93.64 亿元，其中车辆购置及运行费（不含司机经费）59.15 亿元，占“三公”经费总数的六成以上，个别部门的“三公”经费中车辆购置及运行费的比重甚至高达 80% 以上（见表 4–1）；2013 年中央本级“三公”经费财政拨款执行数为 71.54 亿元，其中，公务用车购置及运行费（不含司机经费）42.53 亿元，占 59.45%；2014 年中央本级“三公”经费财政拨款预算数为 71.51 亿元，其中，公务用车购置及运行费（不含司机经费）42.27 亿元，占 59.11%。总体上，近几年公务用车购置及运行费基本保持稳定水平，虽略有下降，但降幅有限。

表 4–1　2011 年 ~ 2013 年部分中央部委公务用车购置及运行费支出比重表

单位：万元，%

部委	公务用车购置及运行费	公务用车购置及运行费占三公经费比重	公务用车购置及运行费占财政拨款比重	公务用车购置及运行费占预算支出比重
2011 年				
发展改革委	682.39	19.96	0.84	0.59
教育部	195.49	7.93	0	0
科技部	202.30	5.49	0.01	0.01
工业和信息化部	2,319.99	37.01	0.13	0.08
公安部	9,310.74	71.28	1.22	0.86
民政部	625.26	52.93	0.95	0.68
财政部	1,680.02	36.36	0.85	0.67
人力资源和社会保障部	610.10	31.97	0.28	0.23
国土资源部	1,177.45	33.30	0.17	0.14
住房城乡建设部	246.37	35.22	0.47	0.15

续表

部委	公务用车购置及运行费	公务用车购置及运行费占三公经费比重	公务用车购置及运行费占财政拨款比重	公务用车购置及运行费占预算支出比重
农业部	11,400.73	63.79	0.52	0.30
商务部	92.74	1.52	0.01	0
文化部	1,808.43	39.61	0.49	0.36
税务总局	137,078.69	67.25	2.88	1.88
质检总局	26,837.19	66.33	2.78	1.82
体育总局	922.60	4.45	0.52	0.29
中科院	5,610.92	24.85	0.28	0.15
银监会	22,387.92	81.03	4.60	4.53
证监会	1,696.07	52.99	1.74	1.76
保监会	1,269.63	46.99	1.40	1.42
民航局	4,837.00	58.03	1.69	0.33
社保基金会	83.31	12.29	0.87	0.74
2012 年				
发展改革委	714.55	15.11	0.82	0.50
教育部	192.84	7.97	0	0
科技部	231.63	6.83	0.01	0.01
工业和信息化部	2,332.30	34.99	0.12	0.07
公安部	9,310.74	71.28	1.49	0.93
民政部	562.42	45.21	0.70	0.60
财政部	1,702.49	37.58	0.54	0.45
人力资源和社会保障部	619.69	35.88	0.25	0.22
国土资源部	920.60	30.13	0.12	0.10
住房城乡建设部	244.60	36.05	0.36	0.14
农业部	10,705.11	61.09	0.42	0.28
商务部	104.90	1.99	0.01	0.00
文化部	1,085.50	32.28	0.31	0.22
税务总局	139,519.57	67.78	2.57	1.71
质检总局	26,896.52	66.46	2.21	1.57
体育总局	853.18	3.80	0.44	0.25
中科院	5,217.03	23.11	0.22	0.13

续表

部委	公务用车购置及运行费	公务用车购置及运行费占三公经费比重	公务用车购置及运行费占财政拨款比重	公务用车购置及运行费占预算支出比重
银监会	22,565.84	81.47	4.59	4.49
证监会	1,342.78	47.63	1.38	1.43
保监会	1,345.34	48.05	1.50	1.42
民航局	4,460.00	56.71	1.59	0.29
社保基金会	49.00	8.59	0.40	0.40
2013 年				
发展改革委	631.63	19.40	0.69	0.47
教育部	188.46	9.31	0	0
科技部	304.35	8.14	0.01	0.01
工业和信息化部	2,531.84	34.82	0.12	0.07
公安部	9,705.13	74.95	1.24	0.86
民政部	581.99	40.71	0.51	0.60
财政部	1,810.34	36.64	0.38	0.34
人力资源和社会保障部	649.09	29.65	0.25	0.23
国土资源部	960.69	31.44	0.11	0.09
住房城乡建设部	241.05	35.34	0.27	0.11
农业部	15,108.84	64.08	0.60	0.42
商务部	201.82	3.60	0.01	0.01
文化部	1,357.41	34.29	0.31	0.26
税务总局	142,142.14	71.93	2.67	1.74
质检总局	26,856.74	67.86	2.39	1.62
体育总局	966.93	4.72	0.47	0.29
中科院	5,798.00	28.06	0.23	0.13
银监会	22,126.39	81.77	4.62	4.46
证监会	1,683.60	52.11	1.65	1.64
保监会	1,350.63	49.98	1.77	1.54
民航局	4,357.33	59.44	1.63	0.29
社保基金会	49.00	10.11	0.41	0.40

注：表中 0 表示小于 0.01。

据一些地方调查，每年一辆公务用车的运行成本（含司机工资、福利）至少在5万元以上，有的甚至超过10万元。例如：广东省44个厅局公开的数据显示，2013年各部门每辆公车的维护费用，最低的是1.81万元/辆，最高的是7.91万元/辆，有4个厅局都过了7万元，9个部门的每辆公车维护费用在5万－6万元之间。

2. 公务用车配置与使用中的违规现象严重

2012年，审计署对全国36个县关于机构运转支出情况的审计调查结果表明，几乎所有的县级机构（含乡镇）普遍存在着公务用车超编制、超标准、账外运行、违规购买、违规向下级部门摊派（购买、租借）等问题（见表4-2）。

表4-2　36个县2012年机构运转支出情况的审计调查结果一览表

地区	行政机关和事业单位数（包括县、乡）	行政单位数	实际使用公车数量	公车核定数量	超编数
北京市密云县	665	106	2180	—	105
山西省清徐县	419	75	761	344	417
山西省文水县	345	59	629	—	158
辽宁省法库县	472	65	410	367	43
辽宁省灯塔市	229	66	—	—	150
吉林省农安县	595	72	893	516	377
吉林省敦化市	333	76	—	—	97
黑龙江省木兰县	325	82	324	196	128
黑龙江省兰西县	338	102	377	222	155
江苏省东海县	585	73	912	718	194
江苏省泰兴市	595	78	859	722	137
浙江省桐庐县	309	82	—	—	356
福建省闽侯县	306	89	747	471	276
福建省霞浦县	191	76	327	289	38
江西省安义县	348	64	—	—	123
江西省都昌县	673	75	—	—	89
山东省平阴县	331	50	675	648	27
山东省荣成市	690	125	1750	1537	213

续表

地区	行政机关和事业单位数（包括县、乡）	行政单位数	实际使用公车数量	公车核定数量	超编数
河南省中牟县	585	68	935	850	85
河南省息县	539	68	487	418	69
湖南省长沙县	721	74	—	—	64
湖南省衡南县	725	85	469	404	65
广东省增城市	285	65	—	—	43
广东省五华县	552	64	502		502
重庆市璧山县	259	71	—	—	40
重庆市垫江县	477	79	—	—	47
四川省双流县	422	109	2941	2185	756
四川省安县	399	66	642	562	80
四川省蓬安县	527	89	377	263	114
贵州玉屏侗族县	368	59	384	306	78
云南省嵩明县	236	46	514	458	56
云南省富民县	227	59	180	209	36
陕西省高陵县	374	58	—	—	9
陕西省旬阳县	400	73	404	—	15
甘肃省榆中县	356	75	—	—	100
甘肃省泾川县	398	62	—	—	100

主要违规问题说明：

1. 山西省文水县借（租）用单位员工、亲属和朋友车辆 151 辆，7 家政府机关借用下属单位、监管单位和项目单位车辆 7 辆。
2. 甘肃省榆中县向下属单位或企业摊派购买公务用车。
3. 甘肃省泾川县司法局的 14 辆执法执勤用车未纳入公务用车编制管理、未申领牌照即投入使用。
4. 陕西省高陵县榆楚镇等 5 个乡镇（街道办）实有车辆 24 辆，超编制 9 辆。
5. 四川省双流县超编制 756 辆。此外，该县各单位还累计租借车辆 199 辆。
6. 重庆市垫江县 10 家单位在无购车资金预算安排的情况下挤占各类资金 230.72 万元购买公务用车。
7. 广东省五华县以个人名义购买 2 辆。
8. 湖南省长沙县账外购置 8 辆。
9. 河南省息县在全县实有公务用车数量的基础上，压缩 10% 作为编制数。
10. 江西省都昌县 8 个部门的 10 辆公务用车未在账面反映。
11. 江西省安义县 5 个部门 14 辆公务用车未在账面反映。
12. 福建省霞浦县上级政府根据工作需要，将该县一般公务用车和执法车编制数重新核定为 505 辆。
13. 浙江省桐庐县 51 个部门实际配备和使用车辆超编 163 辆，另 65 家无核定车辆编制的预算单位实际使用车辆 193 辆。
14. 黑龙江省兰西县长期借用、租用和未经省级车辆编制部门审批购置公务用车等编制外车辆 155 辆。

3. 公车的广泛配给严重助长了领导干部阶层的官僚习气

虽然中央对公务用车的配备及使用已有明确规定，但一些干部将配备使用小汽车看成是权力和地位的象征，视为一种待遇。许多地方和部门不是从公务需要出发，而是根据干部的职级待遇配备车辆，竞相配车，配好车，不严格执行有关规定。不仅副部级官员拥有专车，相对一部分县处级领导干部也拥有专车、许多地方甚至连副科级以上的官员都已拥有专车或享用专车。中国的公务车配置日益成为从乡镇官员起就拥有的一种特权，严重浪费社会资源，影响政府公信力。

4. 公车使用效率低下，浪费惊人

与社会其他运营车辆相比，公务用车的使用效率十分低下。有关资料表明，社会其他运营车辆每万公里运行成本为 8215 元，机关公务轿车则高达 3 万元以上，每辆出租车的使用效率为公车的 5 倍，而运营成本仅为公车的 13.5%。而且，公务用车的资源利用不充分，党政机关的公车，使用效率仅为社会运营车辆的 1/5 至 1/6，相当一部分领导的专用车，除了接送领导上下班、参加必要的公务活动或出差外，大部分时间闲置。另外，由于公车管理方面存在的漏洞，公车在使用以及维修保养等方面浪费严重。

总体上，中国的公务用车存在购买时超编、超标配置，使用时公车私用，维修保养费用偏高等弊病。这些弊端是由我国当时的公车管理体制造成的，只有彻底改革这种体制，才有可能从根本上解决这些问题。

（三）2013 年以前公务用车管理改革试点经验

2013 年以前各地积极探索公务用车改革，积累了一些公务用车管理的经验，探索出了一些行之有效的办法。

1. 货币化车改：杭州模式

货币化公车改革，即取消一般公务用车（执勤执法车辆除外），按照公务员行政级别、岗位发放适当交通费用补贴。这是我国采用较多的公车改革模式，也是与国际惯例接轨、较为彻底的一种模式。补贴发放的标准一般是与公务员的行政级别挂钩，级别越高，发放越多。补贴发放的形式主要有两种：一是发放现金，自由支配；二是把补贴发放到交通卡、IC 卡中，仅用于公务交通支出。

货币化公车改革最典型也较为成功的是2009年的杭州市公车改革。杭州对市级机关实行以取消所有公车的“单轨制、货币化、市场化”等为核心的车改，3年分3批进行。“杭州模式”的核心是，市局（副厅）级以下一律取消专车，大部分公车都向社会公开拍卖，让公车回归“工作车”的本色；实行货币补贴，按职务层级将车补分为9档，最高2600元，最低300元，钱直接打入个人市民卡，只做交通费用，不能提现；单位设立公共交通经费，解决突发事件处理等公务用车，全市成立公车服务中心，统一用车。为了防止车改后出现公职人员向社会“借车”或转嫁费用等不正之风，杭州市配套出台了“市级机关公务用车制度改革纪律规定”，对可能发生的不正之风进行提前廉政预警，并对车改单位和人员的公务用车、车贴发放、财务结算及廉洁要求做出具体规定。

杭州市车贴标准是怎么计算出来的呢？资料表明，此次车贴的制定标准以工作职能、责任、公务活动所需交通开支为依据，通过养车法、打的法等多种方法测算，同时以国内南京、哈尔滨等地的车贴标准为参考，最终确定了一套车贴标准。例如：一辆1.8L排量的公务用车，车价在15万左右，月固定成本约为2150元。按单位出60%的标准计算，加上每月变动成本中汽油费540元、停车费150元，最高一级的补贴在每月2000元左右，局级人员在最高补贴标准上提升600元。

杭州取得了明显的效果，据杭州相关部门统计，第一批车改单位公车开支比车改前下降32%，第二批车改单位公车开支也下降了30%，两年节约公务交通费用总计3442万元。

“货币化”改革模式比较彻底地克服现行公务用车制度在执行过程中产生的种种弊端，其优点在于：资源配置社会化、市场化，能够有效减轻公务用车带来的沉重财政负担，有利于从根本上防止公车管理上的疏漏，符合公务员职务消费货币化的社会发展趋势。缺点主要是岗位补贴标准难以确认，按级别的发放货币化补贴有“变相加薪”之嫌，而且车贴标准高低与行政职务挂钩，不能客观反映机关工作的需要，会加深了人数最多、工作量最大的基层公务员的不公平感。

2. 公车租用改革：昆明模式

公车租用改革也叫半货币化改革，就是取消各部门公车，由政府行政后勤部门组建新的机关车辆管理机构或出租车租赁公司，实行统一集中管理和调度，有偿使用，定期结算，超支自负，节余接转下年使用或以现金形式予以奖励。

昆明模式是实行非货币化公车改革的典型做法。2010 年，昆明实行非货币化公车改革：由参改各区财政局统一制作单位实名制公车专用卡，由区财政按季度将定额包干经费核发到卡上，各单位根据实有人数核至各科室，而不会发放到个人手上。公车专用卡定额包干标准为每月人均 400 元，主要用于私车公用时在指定地点维修、加油，购买公交 IC 卡，租用区机关公务交通车和其他社会车辆的费用支出。超支不补。

昆明 400 元的公务交通费是怎么测算出来的呢？主要是根据参与改革的 4 个区近 3 年的公车购置、运行费用计算出每年的平均值来看，有的区每人每月达到 580 元，有的是 380 元，取了中间值就是 400 元。

昆明车改也取得了明显成效，车改后节约了大量的财政资金，4 个区每年可以减少支出 2051.2 万元，相对 4 个区改革前 3 年的平均支出降低了 35%。

除了昆明的做法，公车租用改革还可以实行“核定年度费用、总额包干”的办法，如大庆市、深圳市盐田区等采取这种形式，以及按职级核定补贴限额，个人凭车辆燃油费、维护费、保险费等有效票据在个人补贴限额内报销的办法，佛山市县级部门采取了这种形式。

公车租用改革的优势在于：通过取消公务用车，组建新的机关车辆管理中心或出租车租赁公司，施行集约化管理，有效地提高公务用车使用效率，并且杜绝了“公车私用”现象，缺点则是监管成本较高、操作麻烦等等。

3. 严格管理：湖南－广州模式

湖南－广州模式又称规范化模式，这种模式在不改变现行公车制度的基础上加强公车管理，基本做法是，从公车购置开始，规范公车使用的每一个环节，通过建章立制来加强对公车的监督和管理，如什么级别配车、配什么车，都按规定来；公车什么时候用、用来干什么等都受规章制约。

湖南的方法属于典型的规范化模式，其实行公车“三定”，即定点维修、定点保险、定点加油，严控支出。将省、市（州）、县（市、区）三级国家机关和纳入预算管理的事业单位、团体组织在内的15000多台公车全部纳入“定点加油”之列，实行IC卡加油，每单位一主卡，一车一副卡，对号对卡加油。每个单位在定点供应商那里拿到IC卡主卡便可实时查询本单位所有车辆加油副卡的加油明细。同时，湖南省采取严格的“多出少进”办法，规定申请更新一辆新车，必须现行处置两辆以上符合更新条件的旧车。方法实施后成效明显，据统计，实行“三定”仅保险一项每年就能节约财政资金1000多万元。

2011年，广州市启动以“GPS定位系统+用车人身份识别系统”为中心内容的公车管理改造，并建立起公务用车使用信息管理系统。实现了对公车使用人以及车辆实时轨迹跟踪、历史轨迹查询、行驶里程统计，对超规模、无卡行驶等进行提示等，尽力做到每台公务车辆或每位用车职员使用情况数字化、历史记载清单化、违规用车提醒自动化。为加强公车使用管理，2013年4月起广州配套建立违规用车每月通报制度，在市纪委监察局每月的新闻发布会上，定期公布全市违规使用公车情况及上月违规使用公车单位的整改情况。

严格管理模式的优势在于：对低效浪费和公车私用现象有一定的遏制作用，起到了节约行政成本和提高车辆使用率的目的，而且，这种渐进式车改阻力小，不会引起社会的震荡。该模式的缺陷也非常明显，它仍局限于现有的公车管理模式，未能从根本上解决问题，也不能完全解决公车私用、维修加油等环节上存在的问题。

三、中国公务用车改革进展情况及改革成果

（一）中央机关公务用车改革

2014年7月，中共中央办公厅、国务院办公厅正式发布《关于全面推

进公务用车制度改革的指导意见》和《中央和国家机关公务用车制度改革方案》，按照新方案，我国取消副部级以下领导干部用车，取消一般公务用车，普通公务出行社会化，适度发放公务交通补贴。

1.《关于全面推进公务用车制度改革的指导意见》（2014 年）

《关于全面推进公务用车制度改革的指导意见》明确阐述了公务用车制度改革的重要意义、指导思想、基本原则、总体目标、主要任务和制度安排。

根据《指导意见》，中央机关的公务用车改革总体目标为：力争在 2014 年年底前基本完成中央和国家机关及其所属参照公务员法管理的事业单位公务用车制度改革，2015 年年底前基本完成地方党政机关公务用车制度改革，用 2 至 3 年时间全面完成公务用车制度改革。通过改革，切实实现公务出行便捷合理、交通费用节约可控、车辆管理规范透明、监管问责科学有效，基本形成符合国情的新型公务用车制度。

本次改革遵循三个基本原则：

一是创新制度、分类保障。改革公务用车实物供给方式，取消一般公务用车，普通公务出行实行社会化提供并适度补贴交通费用，从严配备定向化保障的公务用车。

二是统筹协调、政策配套。妥善处理公务用车制度改革涉及的各种利益关系，科学制定改革方案和配套政策，确保新旧制度平稳过渡、有机衔接。

三是统一部署、分步实施。各地区各部门按照中央确定的改革方向和原则制定改革实施方案，中央和国家机关先行示范，地方党政机关加快实行，事业单位、国有企业和国有金融企业有序推进。

本次改革的主要任务包括改革公务交通保障方式、合理确定党政机关公务交通补贴标准、妥善安置司勤人员以及公开规范处置公务用车等四项工作。

2.《中央和国家机关公务用车制度改革方案》（2014 年）

根据《关于全面推进公务用车制度改革的指导意见》，中共中央办公厅、国务院办公厅研究制定《中央和国家机关公务用车制度改革方案》（中办发〔2014〕41号），进一步明确了改革的具体内容。

从参改范围看，机构范围包括中央纪委机关和中央各部门，全国人大机关，国务院各部门，全国政协机关，最高人民法院，最高人民检察院，各人民团体、群众团体，各民主党派中央、全国工商联，中央和国家机关所属参公事业单位；人员范围包括在编在岗的司局级及以下工作人员；车辆范围则是取消一般公务用车，保留必要的机要通信、应急、特种专业技术用车和符合规定的一线执法执勤岗位车辆及其他车辆。

从改革方式看，具体包括：（1）对参改的司局级及以下工作人员适度发放公务交通补贴，自行选择公务出行方式，在北京市行政区域（城区）内公务出行不再报销公务交通费用。（2）按照节约成本、保证公务、便于操作、简化档次的要求，合理确定各职级工作人员公务交通补贴标准。具体为：司局级每人每月1300元，处级每人每月800元，科级及以下每人每月500元。各单位可根据实际情况，从公务交通补贴中划出一定比例作为单位统筹部分，集中用于解决不同岗位之间公务出行不均衡等问题，比例原则上不超过补贴总额的10%。统筹资金使用要公开透明，具体管理办法由各单位自行制定。（3）公务交通补贴属于改革性补贴，列入财政预算，在交通费中列支、按月发放，用于保障公务人员普通公务出行。适时适度调整公务交通补贴标准。（4）执法执勤部门统一参加公务用车制度改革，按规定保留的执法执勤用车要严格配备在一线执法执勤岗位，执法执勤部门的其他一般公务用车一律纳入改革范围。（5）对未参改单位和人员，不得发放公务交通补贴。

车辆处置则遵循以下要求：（1）对取消的公务用车，由公务用车主管部门统一规范处置。对取消的公务用车，委托中介机构进行资产评估，以评估价作为处置基准价，采取公开拍卖等方式进行公开处置，处置结果向社会公开。（2）处置公务用车所得收入，扣除有关税费后全部上缴中央国库。（3）取消车辆处置要防止甩卖和贱卖现象，避免国有资产流失。

司勤人员的具体安置内容包括：（1）根据保留公务用车的实际需要，合理设置司勤人员岗位，按照公开、平等、竞争、择优的原则，在现有在册正式司勤人员中，采用竞聘上岗、综合择优等方式确定上岗人员。（2）对其他司勤人员，按照以人为本、积极稳妥、因地制宜的原则，坚持内部消化为主，通过内部转岗、开辟新的就业岗位、提前离岗等多种方式妥善安置，不得将其简单推向社会。（3）做好相关人员聘用合同或劳动合同的终止、解除工作，妥善处理该类用工形式司勤人员与单位的劳动关系，维护好相关人员合法权益。（4）人员安置工作由人力资源和社会保障部统筹协调，所需支出由财政安排专项经费予以保障。

从组织实施要求看，组建中央公务用车制度改革领导小组，负责组织实施中央和国家机关公务用车制度改革工作。各部门各单位要成立公务用车制度改革工作组，负责制定本部门本单位实施方案，报中央公务用车制度改革领导小组批准后组织实施。已先行改革的单位要按照本方案规范执行。各地区、各部门要健全工作机制，周密制定改革方案，明确改革时限。同时，要加强监督检查，及时有效解决改革中遇到的新情况、新问题，确保各项方针政策都能落到实处。各级纪检监察机关要加强监督检查，严肃查处违反车改规定的行为，及时公布处理结果。各级审计机关对保留的一般公务用车和执法执勤用车配备使用、运行维护费用、取消的公务用车处置和交通补贴发放情况等纳入日常和专项审计监督，并依法公开审计结果。

（二）中央事业单位公务用车改革

2015 年，中国的公车改革再向纵深推进。12 月 29 日，中央公务用车制度改革领导小组正式发布《中央事业单位公务用车制度改革实施意见》，这也标志着中央事业单位的公车改革正式启动，并有了明确的改革时间表和路线图。

由于事业单位行业类别众多，单位类型复杂，经费来源多样，人员身份不一，车辆规模庞大，事业单位分类改革和工资制度改革也尚在推进中，要充分认识中央事业单位公务用车制度改革复杂性，确保改革工作有序推进。

1. 改革范围

中央事业单位改革范围具体包括：党中央、国务院直属非参照公务员法管理的事业单位，以及中央和国家机关各部门各单位（以下简称各部门）

所属非参照公务员法管理的各级各类事业单位；人员范围为所有原符合公务用车配备条件的岗位和人员，目前按照报销公务交通费用保障公务出行的岗位和人员原则上维持现有方式。其中，执行企业会计制度的中央事业单位、中央企业所属事业单位可按照本意见要求实施改革，也可参照中央企业公务用车制度改革有关规定实施改革。

2. 工作目标

按照中央厉行节约反对浪费的总要求，坚持社会化、市场化方向，创新公务交通保障机制，取消一般公务用车，公务活动出行实行社会化，采取报销公务交通费用、适度发放公务交通补贴或其他符合规定的社会化方式保障公务出行，从严配备定向化保障的公务用车，实现中央事业单位公务交通保障高效、费用节约、成本下降和管理规范。党中央、国务院直属事业单位机关本级公务用车制度改革2016年上半年完成；各部门所属在京事业单位公务用车制度改革2016年底前完成；京外中央事业单位公务用车制度改革，按属地化原则，与地方同步完成。

3. 基本原则

主要包括四个方面：

一是坚持厉行节约，保障高效。科学制定改革方案，各参改事业单位要对本单位公车改革节支情况进行详细测算，确保改革后公务交通费用支出低于改革前支出，不能因此增加财政预算支出；积极探索和创新符合中央事业单位公务出行特点的市场化交通保障机制，确保中央事业单位社会服务和公益事业工作不受影响。

二是坚持从严从紧，应改尽改。将应改单位和符合参改条件人员全部纳入改革范围，从严核定保留车辆，从紧确定公务交通费用报销额度或公务交通补贴标准，不开口子，不留后门，坚决避免违规配备使用公务用车现象。

三是坚持统筹兼顾，分类指导。从实际出发，妥善处理各种利益关系，根据中央事业单位行业特点和工作实际，区分不同单位性质、岗位类别和人员身份，采取不同的改革措施，不搞一刀切。完善各项配套政策，切实搞好与事业单位工资及财务管理制度等相关方面的统筹与衔接，确保新旧制度平稳过渡。

四是坚持统一部署，分级负责。中央公务用车制度改革领导小组审核批复党中央、国务院直属事业单位机关本级公务用车制度改革实施方案。各部门按照本意见，切实落实领导责任，强化主管部门主体责任，审核批复所属事业单位公务用车制度改革实施方案，确保事业单位公务用车制度改革任务按期完成。

4. 主要任务

（1）分类推进中央事业单位公务用车制度改革

党中央、国务院直属事业单位机关本级，按照《中央和国家机关公务用车制度改革方案》有关规定实施改革，取消一般公务用车，保留必要的机要通信、应急、特种专业技术用车和离退休干部服务用车等车辆，在确保节支的前提下，对参改人员适度发放公务交通补贴，通过社会化方式保障其公务活动出行。中央和国务院直属新闻媒体单位本级管理的新闻记者可根据情况由单位确定选择领取补贴或实报实销公务交通费用。

各部门所属事业单位，取消一般公务用车，保留必要的特种专业技术用车和必要的业务用车等车辆，在确保本单位节支的前提下，对参改人员采取报销公务交通费用、发放公务交通补贴或其他符合规定的社会化方式等保障其公务活动出行。

已经试行公务用车制度改革的中央事业单位，按照本意见进行规范。

（2）合理确定公务交通补贴或费用报销的范围、标准或额度

党中央、国务院直属事业单位机关本级，公务交通补贴的标准、发放范围和方式及管理使用，按照《中央和国家机关公务用车制度改革方案》有关规定执行。

各部门所属事业单位，对参改人员实行以按规定报销公务交通费用为主的办法，个别特定岗位确需发放公务交通补贴的应从严从紧核定并报本单位所属的主管部门批准。公务交通费用报销额度及公务交通补贴标准，由主管部门根据取消车辆数量、运行成本和改革前交通费支出情况，在节支的前提下，按照不高于同地区、同级别机关相应层级公务员交通补贴标准的原则从严确定。不得既发放公务交通补贴又报销公务交通费用。严格

按规定控制报销或发放人员范围，避免普遍发放交通补贴或允许限额报销的福利化改革倾向。建立公务交通费用报销总额度和公务交通补贴总数与所在单位规模增长相匹配的动态调整机制。

（3）从严核定保留车辆

党中央、国务院直属事业单位机关本级保留车辆，按照《关于做好中央和国家机关公务用车制度改革中车辆保留和处置工作的通知》（中车改办〔2014〕3号）有关规定核定。

各部门所属事业单位车改保留车辆，由主管部门核定并报财政部备案，同时按职责权限分系统分别抄送国管局、中直管理局备案。各部门机关本级的机关服务部门可保留1至2辆后勤服务用车。各部门所属其他事业单位可根据业务保障、专业技术活动和工作实际情况，保留必要的医疗救护、新闻转播、科学考察、技术勘察、检疫检测、环卫清洁等特定功能的特种专业技术用车和必要的业务用车，保留的车辆要有预算，其中特种专业技术用车必须长期搭载固定设备并进行标识化管理，不得在公车改革过程中新增车辆。与主管部门机关同城异地办公的可根据需要保留1辆工作用车，用于机要通信、应急等公务，但不得借车改名义新增车辆。

各部门所属事业单位的中央管理领导干部，由各部门自行选择确定参加公务用车制度改革或维持原有公务交通保障方式。

各部门所属事业单位主要负责人应当纳入改革范围，改革后原则上不再配备工作用车。原配有符合规定标准工作用车，确因工作需要保留，应当经本单位职代会或党委会同意，报主管部门批准，其本人不得再领取公务交通补贴或报销公务交通费用等。

（4）妥善安置司勤人员

中央事业单位可按照《关于中央和国家机关公务用车制度改革中妥善安置司勤人员的指导意见》有关政策，根据以人为本、积极稳妥、因地制宜的原则，认真做好司勤人员安置工作，不能简单推向社会，要立足内部消化，保障其合法权益，确保公务用车制度改革顺利实施。

（5）规范处置取消车辆

党中央、国务院直属事业单位机关本级取消的车辆分别移交国管局、中直管理局，按照《中央和国家机关公务用车制度改革涉及的车辆处置办法》规定程序进行统一规范处置。

各部门所属事业单位取消的车辆，由主管部门按照中央行政事业单位国有资产管理有关规定，严格履行资产处置审批手续后，委托国管局、中直管理局公开招标确定的评估、拍卖和解体机构，通过公开拍卖等方式进行处置。处置收入按事业单位有关财务管理制度进行管理和核算。

（三）中央企业公务用车制度改革

2015 年 12 月 29 日，在《中央事业单位公务用车制度改革实施意见》发布的同时，中央公务用车制度改革领导小组正式发布《中央企业公务用车制度改革实施意见》，提出中央企业公务用车的改革方案、改革时间表和路线图。

1. 适用范围

该方案适用于党的机关、人大机关、行政机关、政协机关、审判机关、检察机关，以及中央和国家机关各部委、各人民团体（以下简称有关部门）所属的中央企业（不含境外中央企业，下同）。

适用的人员和岗位主要指符合公务用车配备条件的中央企业负责人（指上述中央企业领导班子成员），以及按照国家及有关部门的有关政策规定符合公务用车配备条件的其他人员和岗位（以下简称其他符合条件的人员）。

2. 基本原则

主要包括三个方面：

一是坚持创新制度、分类保障。改革公务交通保障方式，完善差异化公务交通保障制度，推进公务用车货币化改革，实现普通公务出行社会化，取消与经营和业务保障无关的车辆，从严配备并集中管理经营和业务保障用车。

二是坚持厉行节约、提高效率。以公务交通成本节支情况作为公务用车制度改革的评价标准，合理确定中央企业公务用车配备标准及公务交通补贴标准，并严格规范管理，切实保障履职和企业生产经营活动的实际需要。

三是坚持分级负责、稳妥推进。中央企业要充分结合本企业实际，周密制订改革实施方案，对子企业逐级落实责任，先易后难、分类分步、层层推进改革。

3. 改革任务

（1）根据保障岗位履职和公务活动需要，分类分级推进公务用车制度改革

一是积极稳妥改革中央企业负责人公务交通保障方式。改革中央企业负责人公务用车实物供给方式，实行配备公务用车或者发放公务交通补贴。中央企业主要负责人原则上通过配备公务用车保障履职需要；中央企业副职负责人可由企业根据实际情况确定公务交通保障方式。采取配备公务用车方式的，要严格执行中央以及有关部门关于公务用车配备的规定，不得发放任何形式的公务交通补贴。采取发放公务交通补贴方式的，要取消为企业负责人配备的公务用车，每月按标准发放公务交通补贴或者按年度计算的补贴标准内据实报销公务交通费用。公务交通补贴标准上限由有关部门综合考虑所属中央企业负责人履职需要、所在地党政机关公务交通补贴标准、公务用车改革成本节支及薪酬制度改革情况等因素合理确定，报中央公务用车制度改革领导小组备案后执行。

二是全面推动其他符合条件的人员实行公务用车货币化改革。其他符合条件的人员（如总经理助理等岗位）公务出行全部实行社会化保障，取消配备公务用车方式。中央企业根据岗位特点和生产经营实际，在有关部门核定的公务交通补贴标准上限内，分档确定公务交通补贴标准，每月按标准发放公务交通补贴或者按年度计算的补贴标准内据实报销公务交通费用。

三是有序实施中央企业经营和业务保障等其他公务用车改革。中央企业应当取消与经营和业务保障无关的车辆，可根据生产经营特点和机要通信、应急、特种专业技术服务（生产）、商务接待、执纪等实际需要保留适当的经营和业务保障用车。经营和业务保障用车车型应根据实际用途按照实用节俭的原则合理确定，并严格控制数量。公务用车制度改革过程中，

要优先淘汰使用效率低、运行维护成本高、配置标准明显偏高的公务用车。

取消为退休、离任或者调离本企业的人员配备的公务用车，不得为中央企业集团总部部门负责人及部门其他员工、非本企业人员等配备公务用车。

四是分级推进中央企业各级子企业（含分支机构，下同）公务用车制度改革。中央企业要统筹协调推进各级子企业公务用车制度改革。根据子企业生产经营实际、所处自然环境等客观因素以及规模、效益等情况合理确定公务交通保障方式，具备公务出行社会化保障条件的子企业负责人及其他符合公务用车配备条件的岗位和人员原则上要以社会化、市场化为方向进行改革，确需配备公务用车的可予以保障。中央企业要从严确定子企业的公务交通补贴标准和参改人员范围，合理控制其经营和业务保障用车的数量和配备标准。

（2）合理高效配置公务用车资源，加强公务用车管理

一是实行企业公务用车（含企业负责人公务用车，下同）集中统一管理。中央企业应对公务用车的购置（租赁）、更新、保养、维修以及日常使用等实行集中管理，统一调配。新购置的公务用车应优先选用新能源汽车。完善公务用车使用管理程序，健全公务用车使用明细登记制度，确保每辆公务用车每次公务出行的详细信息有据可查。不得擅自增加公务用车数量，不得向子企业调换、借用公务用车及转嫁公务用车购置、租赁资金和运行费用。

二是合理控制经营和业务保障用车配置标准。中央企业公务用车制度改革后保留的轿车型经营和业务保障用车配置标准原则上不高于中央企业副职负责人公务用车配置标准，新购置的轿车型经营和业务保障用车配置标准原则上要控制在购车价格 18 万元（不含车辆购置税，下同）以内、排气量 1.8 升（含）以下。商务车型经营和业务保障用车要控制在购车价格 38 万元以内、排气量 3.0 升（含）以下。确因生产经营需要等原因必须配备较高标准经营和业务保障用车的，企业应严格履行内部决策程序，并严格控制数量，集团总部原则上不超过 2 辆。

三是严格规范企业租赁公务用车管理。通过租赁公务用车保障中央企业负责人履职需要和企业日常经营业务的，视同配备公务用车进行管理。要

严格按照本意见关于配备公务用车的规定控制租赁公务用车数量和标准，参照本地区同车型的市场租赁平均价格合理确定单车租赁价格，降低租赁费用。

四是加强企业公务用车费用预算管理。中央企业要将公务用车购置（含租赁）、运行维护等费用以及公务交通补贴纳入年度预算管理，明确预算编制、审核、调整、动态监测以及执行等规定和程序，严格控制公务用车开支范围和标准，每年编制公务用车专项预算方案并严格执行。

（3）统筹兼顾，完善公务用车相关配套改革制度

一是公开规范处置公务用车。中央企业要根据国家有关国有资产转让规定制定统一规范的公务用车处置办法，公开处置公务用车，防范国有资产流失。

二是妥善安置司勤人员。中央企业要根据配备、使用公务用车的实际需要，合理设置司勤人员岗位，按照公开、平等、竞争、择优原则确定留岗人员。要依照有关法律法规妥善处理好与相关司勤人员的劳动关系，保障其合法权益。

三是完善企业公务交通保障制度。中央企业要按照本意见精神制订本企业公务出行保障制度，明确公务出行的保障方式、操作程序、管理办法以及公务交通补贴标准等，做好与企业国内差旅制度的有效衔接，不得为参改人员既发放公务交通补贴又提供公务用车保障。

四是健全责任追究制度。要将公务用车制度改革管理情况、公务用车专项预算方案及执行情况、公务用车总量及使用明细等纳入政务公开范围、本企业内部审计内容、外派监事会监督检查工作内容、巡视组巡视工作内容以及企业负责人经济责任纳入审计范围。要建立健全责任追究制度，对违反本意见要求及有关部门关于公务用车管理规定的责任人追究相关责任，予以严肃处理。

（四）完善配套政策持续巩固公车改革成果

2016年，中央公车改革领导小组办公室和国家发展改革委办公厅联合发布《关于完善配套政策持续巩固公车改革成果的通知》，对改革中出现的一些新问题进行了统一规定：

1. 明确细化保留车辆使用办法

各省（区、市）要认真研究保留车辆的使用办法，制定使用细则，以保障工作需要，有利于工作开展为原则，切实提高保留车辆使用效率，避免车辆闲置浪费。相关政策在《党政机关公务用车配备使用管理办法》修订出台后，应及时调整和完善。在平台化、信息化、标识化工作到位的前提下，可以适度扩大机要应急等相关车辆的使用范围，切实做到公车公用、规范合理用车，特别是保障好重要公务、下基层调研、跨区域出差和突发情况下公务出行用车需要。

2. 妥善处理好县乡基层工作人员公务出行

根据机构设置和编制的法规、政策，地方各级人民政府行政机构应当使用行政编制，事业单位应当使用事业编制，不得混用、挤占、挪用或者自行设定其他类别的编制。充分考虑到基层现实情况，鼓励地方探索采取多种方式保障基层工作人员公务出行。一是支持地方提高县乡公务交通补贴统筹比例。县乡在党政机关车改核定的公务交通补贴总额内，提高统筹比例，集中部分重点保障好出行任务重的岗位和人员，有利于工作，这本身也是车改要把握的重要原则，地方车改补贴统筹比例不设上限。二是鼓励按岗位核定补贴标准。允许县乡在党政机关车改核定的交通补贴总额内，按照实际承担工作岗位来核定县乡基层工作人员补贴标准。三是鼓励向基层倾斜配备车辆。在保证节支率的前提下，全省统筹从现有保留车辆中向基层县乡调剂配备使用，纳入平台管理；通过引入新能源车辆分时租赁等办法保障基层县乡公务出行。四是允许县乡保障范围之外的、公共交通不便地区的公务出行，在制定管理办法、严格审批程序和限定费用标准、信息公开透明的条件下，采取按距离远近包干交通费的办法。交通费应按次发放，不应采取定期定额的形式脱离工作实际需要变相发放给个人，切实保证基层工作人员出行需要。

3. 统筹差旅费和车改补贴相关政策，解决好中短途出差和去偏远地区下乡的公务出行需要

针对车补保障范围之外的紧急公务、公共交通极不便利等情况下的公务出行，在制定管理办法、严格审批程序和限定费用标准，确保公开透明

的条件下，允许采取按距离远近按次包干交通费的办法予以保障和解决。各省（区、市）应结合实际情况制定相关办法，细化落实措施，有序衔接公务交通补贴、差旅费等相关政策，指导市、县两级同步制定相关办法。

4. 执法执勤用车严格配备到一线

保留的执法执勤车辆必须严格用于一线执法执勤岗位，车辆配备要向基层倾斜，不得搞“层层截留”，不得影响一线执法执勤工作。除人员编制增加允许适度增加配备外，其他确需增配车辆的，按照“留车扣钱”的原则严格执行。

5. 从实际出发及时解决各种新情况新问题

各地应及时了解车改后的新情况、新问题，切实解决好其他相关问题。如：挂职、选派、异地任职干部回家探亲交通等问题，鼓励各地在不违背相关干部管理政策和财务管理规定的前提下多方式探索。已出台办法的地区，可根据执行过程中反映出来的新情况新问题，及时调整优化。

（五）地方政府公务用车改革

自《关于全面推进公务用车制度改革的指导意见》和《中央和国家机关公务用车制度改革方案》发布以来，各级政府、各地区积极推进了公务用车改革，地方政府机关公务用车制度改革基本完成，事业单位公务用车制度改革也在深入、持续推进过程中。

1. 补贴标准

根据《指导意见》和《改革方案》规定，对于各个级别的车补标准，司局级每人每月 1300 元，处级每人每月 800 元，科级及以下每人每月 500 元；地方公务交通补贴标准不得高于中央和国家机关补贴标准的 130%，边疆民族地区和其他边远地区标准不得高于中央和国家机关补贴标准的 150%，不同地市最高补贴标准差距不得超过 20%。由此来看，地方厅局级、处级和科级及以下每月车补标准上限分别为 1950 元、1040 元和 650 元。

公车改革各地制定的补贴标准不同。大多数省份采取了细分档次的做法，分为 4 至 8 档不等。同一地市实行统一的补贴标准，从而避免了改革性补贴福利化。目前，已公布的省市车改（月）补贴标准如下：

重庆市：厅局级1690元、处级1040元、科级及以下650元。

陕西省：正厅局级1690元、副厅局级1500元、正处级1040元、副处级950元、正科级650元、副科级600元、科级以下550元。

广东省：正厅级1690元、副厅级1500元、正处级1000元、副处级800元、正科级600元、副科级450元、科员300元、科员以下250元。

湖北省：厅局级1690元、县处级1040元、乡科级650元、科员及以下450元。

安徽省：正厅级1690元、副厅级1600元、正处级1000元、副处级900元、科级及以下550元。

山东省：厅局级正职1690元、厅局级副职1560元，县处级正职1040元、县处级副职960元，乡科级正职650元、乡科级副职600元、科员办事员和机关工勤编制人员500元。

广西：厅级1950元、处级1200元、科级750元、科员及以下650元。

贵州省：厅级1950元、处级1200元、科级750元、科员及以下500元。

四川省：厅局级1690元，县团级1040元、科级650元、科员500元、工勤人员300元。

内蒙古：正厅级1950元，副厅级1800元、正处级1200元、副处级1050元、正科级750元、副科级600元、科员及以下450元。

云南省：厅局级1950元、处级1200元、科级及以下750元，机关工勤人员650元。

湖南省：厅级1690元、处级1040元、科级650元、科员及以下550元。

江西省：厅局级1690元、处级1040元、科级650元、科员及以下500元。

2. 事业单位公务用车制度改革进展

根据公车改革领导小组印发的《中央事业单位公务用车制度改革实施意见》，计划用2至3年的时间，完成事业单位公务用车改革。事业单位行业类别众多，单位类型复杂，经费来源多样，人员身份不一，车辆规模庞大，因此，公车改革需要逐步进行。各部门所属事业单位，取消一般公务用车，保留必要的特种专业技术用车和必要的业务用车等车辆，在确保本单位节支的前提下，对参改人员采取报销公务交通费用、发放公务交通补贴或其他符合规定的社会化方式等保障其公务活动出行。

随着事业单位整体机构相对应地改革，很多的省市已经基本确立了相对应的准则出台，并且有很多已经打算在2019年底基本上全年完成。公车补贴对于事业编制员工来说，不再是遥不可及的福利，公车改革实施到位后，事业编制员工就可以按月领取一定的补贴，提高公务出行的便捷性和高效性。

需要注意的是，不是所有的事业编制人员都参与改革，而是符合公务用车配备条件的岗位和人员参改。改革后的公务出行保障，也不是发放公务交通补贴一种方式，而是采取报销公务交通费用、适度发放公务交通补贴或其他符合规定的社会化方式保障公务出行，从严配备定向化保障公务用车。

在已经启动事业单位公务用车改革的省份中，以下六个省份的情况具有一定代表性：

江苏省

江苏省已经发布了相关文件，将分类进行事业单位的整体车改，参改范围包括全省各级党委、直属非参公事业单位；参改人员为所有在编在岗的事业单位人员。

广西省

广西已经下发《关于推进全市事业单位和国有企业公务用车制度改革工作的通知》。

陕西省

陕西省召开了一系列的会议，会议表示：其他事业单位会在尽早的时间里完成车改，教育和卫生系统事业单位要稍微晚一些才能整体完成。

另外，副厅级及以上事业单位，编制人数200人以上的，可保留1辆机要通信用车和1辆应急保障用车，其他单位保留数量由单位根据工作需要自定。

山西省

目前没有全面推广，部分单位试行状态。

湖北省

湖北全省事业单位公车改革启动，省直事业单位率先进行车改，目前按照报销公务交通费用及采用其他方式保障公务出行的人员。

青海省

第一类是党委政府直属事业单位，这类事业单位车改方式参照执行党政机关车改政策；

第二类是部门所属事业单位，按照近日印发的《青海省事业单位公务用车制度改革实施意见》执行。

虽然各地已经陆续发布了相关的公车改革，而且具体工作也在完成当中，但是车补具体怎样发放，车补的整体发放标准并没有相对应地明确。但可以明确的是，以下4类人员不能够享受正常的车补：一是已经退休的事业单位人员；二是没有编制的合同工、临时工；三是超编人员、非在岗人员；四是身份不符合的人员，如公务员单位中的未过渡人员，违规调入人员等。

3. 改革效果

按照中央关于公务用车制度改革的总体部署，各地各级政府认真做好贯彻落实工作，取得了阶段性成果，具体包括：公务用车制度不断完善，公务用车数量大幅度下降；公务用车预算支出明显减少；公务用车管理效率提升；公务车使用行为不断规范、机关作风明显转变等。

以下通过上海市、湖北省的具体情况对地方政府的改革及成效加以反映。

上海市

2018年，随着改革的不断深化，上海市机关事务管理局在大力挖掘内部资源的基础上，通过完善车辆管理制度、创新车辆保障方式、强化车辆监督管理，充分利用外部资源，全力做好公务出行保障。

上海市采取的主要做法包括：

（1）完善车辆管理制度，科学配备公务用车健全完善公务用车配备保障制度，实施标准化管理。

一是强化党政机关公务用车编制管理，根据人员编制、定向保障的岗位数量和专业工作需要等因素，重新统一核定各单位车辆编制，严格党政机关公务用车配备管理。按照厉行节约、标准统一、流程简化等规范化要求，印发《关于本市市级机关一般公务用车统一实行实物保障方式的通知》，对市级党政机关及所属局级参照公务员法管理的事业单位统一实行实物保障方式，即各单位用车统一由市机关事务管理局购置、配备，所配备的公务用车在颜色、排量、型号、价格上实行统一标准。通过实施标准化管理，有效避免超编制、超标准配备公务用车等违规现象发生。

二是强化公务用车集中管理，实现科学统一调度。市区两级机关事务管理部门按照要求推进本级公务用车集中管理、统一调度，各级党政机关明确相应机构统一管理调度本部门留用公务用车，提高使用效率，避免浪费，保障好公务出行。建立公务用车使用登记和公示制度，严格登记和公示用车时间、事由、地点、里程、油耗、费用等信息。严格执行公务用车必须返回单位（或指定地点）停放的规定，节假日期间除特殊工作需要外，公务用车一律封存停驶。实行公务用车定点保险、定点维修、定点加油制度，强化公务用车油耗、运行费用单车核算，规范运维费用支出，降低公务用车运行成本。

三是落实公务用车制度改革，严肃车辆使用纪律。认真抓好中央车改精神的贯彻落实，严格落实公务用车使用纪律要求。各单位主要负责同志是“第一责任人”，对本单位公务用车制度改革工作负总责，加强组织领导，推动任务落实。强化车改后留用车辆管理，一般公务出行由公务人员自主选择，实行社会化提供，单位不再派遣车辆。各级纪检监察机关加强对改革执行情况的监督检查，对“既拿钱又违规坐车”等踩红线、踏雷区的行为，坚持零容忍，保障公车改革顺利进行。

（2）创新车辆保障方式，多元化保障公务出行

一是组建专业化服务机构，推广市场化租赁服务。在留用车辆少的情况下，为满足各单位集体活动、重要公务接待等公务活动用车需求，建立汽车租赁有偿服务平台，按照市场化运作方式为本市党政机关提供公务出行服务保障。制定一套与机关公务用车管理相适应的车辆及人员管理制度，作为公务用车外的重要补充，为机关公务出行提供支撑和保障。同时，还根据公务需要，通过选择临时租用社会车辆等方式，解决集体活动的公务

出行问题。

二是推广共享车辆分时租赁，丰富公务出行方式。2015年，市级机关集中办公区域试行新能源汽车分时租赁，方便机关干部短途公务出行。目前，市级机关集中办公区域和大部分区政府都设置了新能源汽车分时租赁点，在市区两级机关内部实现“内循环”，可租赁车辆达到70余辆，车辆综合利用率达90%以上，现已成为机关公务出行的有力补充。此外，联系相关企业在市级机关集中办公区域周边设立共享单车网点，作为短途公务出行补充。

（3）强化车辆监督管理，夯实出行保障基础

一是加强公务用车信息化管理平台建设。2008年，上海就探索推行“互联网+车辆管理”模式，建立了公务用车网络综合管理平台。随着公车制度改革的不断推进，平台不断完善，涵盖公务用车预算编制管理、车辆编制管理、在用信息管理、注册登记管理、国资管理等模块。改革后，随着车辆数量、类型的减少及管理方式的转变，网络管理综合平台开始增加公车采购、实时监控、远程控制等模块功能，进一步加强公务用车的日常管理。各管理部门之间明确分工与责任，机关事务管理、财政、公安、纪检监察等部门实现数据共享，切实规范公务用车的使用。

二是严格实行公务用车标识化管理。印发《上海市党政机关公务用车标识设计和使用方案》，对实施标识化管理的车辆范围、标识要求、方法步骤、后续管理等提出明确标准，对部分区和市级机关的300余辆留用车辆进行抽查，督促落实公务用车标识张贴工作，自觉接受社会监督。目前，市区两级党政机关留用车辆均张贴了公务用车标识，行政执法车与执法执勤用车按照相关规定在车身明显位置喷涂专用标识。

三是规范公务用车有关审批流程。依托市机关事务行政服务中心受理窗口，进一步优化完善审批流程，推行标准化管理，网上逐级审批，实现规范化操作，形成“一口受理、多头分办、网上审批、统一反馈、全程监控”的公务用车审批工作新机制。进一步健全完善公务用车使用监督体系，充分运用监管平台系统，对每项审批的各个环节进行监控监管，对任何违规、拖延等现象倒查追责，车辆编制、型号、价格、排量等得到有效管理。

同时，与市公安局交警总队车管所上牌注册系统实现实时信息交互，避免未经批准购车上牌或违反规定购车上牌的情况发生。

湖北省

湖北省公车改革工作在中央车改办的重视和支持下，在省委省政府的正确领导下，科学谋划、统筹推进，取得了阶段性成效，不仅得到了中央车改办的肯定，也在全省乃至全国范围内产生了积极的影响。

湖北省的公务用车改革效果包括以下几方面：

一是改革进度走在全国前列。湖北省公车改革方案于 2015 年 6 月 29 日正式获批，是继陕西、广东之后全国第 3 个获中央车改办批复的省份，为全省的公车改革抢占了先机。7 月 24 日全省公车改革电视电话会议召开，9 月底省直机关公车改革基本完成，12 月底市州公车改革全面启动。湖北省公车改革进度走在全国前列，得到了中央车改办的充分肯定。

二是省直先行改革率先垂范。根据省委省政府有关部署，省直机关在全省率先实施车改。至 2015 年 9 月底，省直机关公车改革工作已基本完成。省直机关（不含垂管系统）涉改单位 111 家，13058 人参加车改。其中第一批 69 家单位从 8 月起计发公务交通补贴，第二批 42 家单位从 9 月起计发补贴。参改车辆共计 2981 台，车改后保留 1261 辆，取消 1720 辆，车辆压减率达 57.7%。省直机关顺利完成公车改革，在全省产生了较好的示范带动效果，为下一步推进全省市州公车改革工作打下了坚实基础。

三是机关作风转变有目共睹。省直机关改革完成后，干部职工迅速适应出行方式转变，摒弃对公车的依赖心理，主动乘坐公共交通工具，有效改进了工作作风。各单位副厅级干部主动配合改革取消专车，城区内公务出行及上下班通勤乘坐公交、地铁。还有 20 多位符合条件、可保留个人专车的委办厅局负责人主动参加车改，放弃保留个人专车，经媒体报道后在全国产生了积极的社会影响，为湖北省公车改革工作营造了良好的舆论氛围。

四是执法平台运转高效便捷。根据湖北省公车改革总体方案有关规定，2015 年 9 月成立了省直机关综合执法应急用车保障中心。保障中心核定综合执法用车 45 辆，应急用车 20 辆，司勤人员轮流值班，车辆 24 小时待命。保障中心采用了先进的卫星定位管理系统，通过专业软件对平台所有车辆实行远程定位监控，实时掌握车辆运行轨迹、动态，不仅大大提升了车辆保障能力，更有利于管理和监督检查，得到了省直各用车单位的好评。

五是市州公车改革稳步推进。按照全省公车改革电视电话会议有关部署，各市州抓紧核定本地区保留车辆总数，测算改革节支率，确定公务交通补贴标准，在此基础上制定完善本地区公车改革实施方案，并相继于2015年12月底前报送至省车改领导小组办公室。经各成员单位仔细审核，并报请省领导同意，省车改办于2016年1月上旬和下旬分两批批复了全省17个市州公车改革方案。目前各地市正抓紧做好基础工作，尽快组织实施公车改革。其中襄阳、鄂州、十堰、黄冈等地已召开了公车改革专题工作会议，改革工作已全面铺开。

六是取消车辆处置公开透明。省直机关车改完成后，所有取消车辆已全部封存停驶。2015年9月23日至2016年1月26日，我局先后举办了10场省直机关取消车辆拍卖会，共拍出各类取消车辆1369辆，拍卖收入扣除相关税费后共计7402.68万元，较评估价增值3420.4万元，溢价率达85.9%。在公车处置中，我们严格执行国有资产处置规定，自觉接受各类媒体和群众监督，公车拍卖全程信息公开透明、程序规范、公平公正，社会反响较好。

七是保留车辆管理规范有序。省直机关公车改革完成后，为加强改革后保留车辆管理，规范公务用车使用，经省纪委审核，我局出台了《省级党政机关公务用车使用管理暂行办法》，对改革后保留的各类公务用车使用管理进行了明确规范。改革后，我们配合省纪委对保留车辆使用管理进行了数次明察暗访。从暗访结果看，各单位均按规定使用保留车辆，未发现任何违规违纪现象，公车改革取得了初步的成效。

四、公务用车管理的经验：借鉴与启示

（一）美国

美国有专门的法规规范政府公务用车，2011年修订的《联邦资产管理

条例》[①]规定了美国公车的配备、管理和使用。根据《联邦资产管理条例》，美国联邦政府机构公务用车主要是由联邦总务署统一采购配备。美国所讲的公车，是指用政府财政购买、租用和养护的所有车辆，除了一般轿车外，还包括校车、救护车、警车、公共汽车、卡车、工程车等。根据《2011财年公车报告》，美国政府拥有的各类机动车辆总数为655989辆[②]，其中轿车为107676辆。以上车辆数是美国联邦政府在全球各地的车辆配备，不是华盛顿部委机关的车辆配备。例如：国务院的车辆包括美国驻世界各国使领馆的车辆；美国国防部的车辆包括美国在世界各地驻军配额的车辆。

联邦总务署作为联邦政府采购机关和公务用车管理部门，建有全美最庞大的非军用车队，拥有21万多辆各型汽车，其中绝大部分租赁给联邦机构使用。联邦政府机构的公务车也有一部分是从社会商业机构租赁。联邦总务署在更新车辆时，选择经济适用、节能环保的车型，以降低运营费用、减少碳排放，车辆更新必须遵循交旧换新、同类同型的原则。总务署建立了公车管理绩效评价模型，并据此制定科学的公车管理计划。比如：既要考虑车辆每月的行驶里程，又要考虑车辆使用的频率，根据本机构的任务裁减利用率不高的车辆；合理利用存量资源，统筹安排使用，而不是把车辆分散到各部门甚至个人手中到政府采购定点加油站、修理厂加油和维修。联邦公车管理信息系统与定点加油站、修理厂联网，总务署可以实时获取车辆行驶里程、加油数量、维修项目、费用支出等信息，防止驾驶人从中谋取不正当利益。

美国在公务用车使用方面有严格的规定：一是明确标识，美国公车牌照与普通民用车具有明显的差别，公车牌照为白底蓝字，上有美国国旗水印，并有“美国政府”和“仅用于公务”字样，上面还有条形码，以便于监督和查处；二是严肃执法，严惩公车私用等违规行为，《美国法典》规

① 美国公车管理的主要法律依据是《美国联邦管理条例》第41篇第102章第5节“住家到工作地点的交通”和第34节“机动车辆管理”，这两节法规加起来近百页，有着非常严格、详细的内容。

② 根据《2011财年公车报告》，美国非军事部门共有各种类型的公车（含租用车辆）253319辆，其中小轿车62255辆，大巴2651辆，轻型卡车143078辆，中型卡车33504辆，重型卡车11831辆。美国军用车辆总数为192352辆，其中轿车为38153辆。美国邮政局车辆总数为210318辆，其中轿车为7286辆。这样，美国政府拥有的各类机动车辆总数为655989辆，其中轿车为107676辆。

定，联邦官员违规使用或批准使用公车，构成“滥用政府财产”罪，将受到停职一个月直至开除公职的处罚。

美国允许私车公用，但必须经过主管领导批准后方可报销费用，2013年1月1日制定的标准是：轿车每英里报销0.565美元，摩托车每英里报销0.535美元。如果是私人飞机用于公务，则每英里报销1.33美元。私车公用还可以报销停车费、过路费、轮渡费，除此之外，不报销任何其他费用，如修理费、折旧费、燃油费、机油费、防冻液费、拖车费、保险费等。在使用私车时发生车辆碰撞损坏或人员受伤，政府不报销这方面的相关费用。在使用公车或私车中由于公务员自己的疏忽造成的各项罚款，由公务员自己承担费用。

（二）日本

日本的公共交通系统很发达，一般公务活动都是尽量利用地铁、公共汽车等交通工具，公务用车数量很少。

日本政府各部门内部用车主要分为两个部分：一部分是专用车，另一部分是共用车。公务车数量编制根据机关工作的实际需要配备，主要根据需要配备专车的领导人数和机关公务活动的频繁度等情况决定。例如：日本国会众参两院的公务车辆有200多辆，除正副议长、各委员长的专属车之外，600多名众议院议员和参议员共同使用100多辆公务车。按照规定，这些公务车的每次使用时间都被要求限制在3小时以内。

负责日本公务车使用管理的总务省共有2000多名工作人员，根据总务省局长以上领导的人数和工作需要，总务省拥有50多辆公务车。其中24辆是领导专车，另外28辆是共用车，专车供正局级以上领导专门使用。按照总务省的规定，总务大臣、副大臣、各局正局长以及正局级审议官可以配备专车。

日本常用的公务用车方式是一种“打车补贴”形式：公务人员从部门领取政府统一印制的出租车票，票上标明起点、终点、距离、时间等，每个月底，出租车公司统一到政府财务部门结算。

日本无论政府部门还是企事业单位，都严格执行各项规章制度，基本上制止了滥用公务车或者公车私用的问题，也就没有设立监督机构并制定具体处罚措施。

（三）中国香港

中国香港公务用车管理有一套严格规范的法律制度，中国香港政府的《总务规例》和《公务员事务规例》中的有关规定是中国香港政府车辆管理的法制基石。目前中国香港拥有近 17 万公务员，中国香港政府拥有 6343 辆公车，其中，普通车辆有 1320 辆，主要包括轿车、SUV（运动型多用途汽车）等，使用专用公车的高级官员（特首、各司长、终审法院首席法官及各政策局局长）数目不超过 40 人。

中国香港财经及库务局下属的物流服务署统一负责政府车辆的采购配置、运行监管和专职司机的管理工作，政府各个部门负责配置在本部门政府车辆的保管和使用，并随时将车辆运行情况上报给物流服务署，形成了一个职责明确、精干高效的政府车辆管理体系。各部门的公务用车，都是通过物流服务署调配，公务用车运行成本较低，根据 2014 年 –2015 年政府预算案，用于车辆管理的财政拨款为 18730 万港元，平均每辆公车的费用约为 2.95 万港元。由于车辆管理还包括采购车辆、租用商营车辆、培训驾驶员等内容，因此实际上用于公车维护的费用还要少。

中国香港公务车管理模式可以简单地概括为：公车按需配置、公车统一采购和公车分级管理。

公车按需配置。中国香港物流服务署集政府车辆配置、采购、监管和专职司机管理等多项职能于一身。政府车辆配置没有硬性的数量控制，主要采取按照需要配置的原则。对各部门配置公车的申请同意与否，他们主要考虑三个方面因素：第一，经严格审核，申请购车的理由是否充分；第二，经详细分析数据，申请部门现有车辆资源是否已经有效地利用；第三，经全盘考虑，是否可采取其他办法替代购买新车。

公车统一采购。公车一律采取政府统一采购方式进行。一般车辆由中国香港物流服务署负责采购，采购轿车通常坚持售价适中、节能环保的原则[①]；特殊车辆（加载设备、设施的车辆，如消防车、救护车、通渠车等），因技术标准要求，由中国香港机电工程署负责采购。采购金额超过 130 万港币，要实行公开招标。采购金额低于 130 万港币，实行报价采购。

公车分级管理。中国香港物流服务署作为上级管理部门，利用先进的电脑管理系统，对港府 70 多个部门的 6777 台车辆实行统一监管，即使警务处的 2573 台值勤执法车辆也在管理之列。监管主要内容为：（1）每台车辆资料、行驶记录、维修记录、违章记录等；（2）专职司机的个人资料进行登记。驾驶政府车辆必须取得由该署发放的《驾驶政府车辆许可证》；（3）每年选择一些部门（至少三个）对车辆使用情况进行专项调研与检讨。各个车辆使用部门作为下级管理部门，负责保管、使用和维修配置在本单位的公车。物流服务署随时检查各台车辆的运行状况，发现异常及时向车辆使用部门发出通报。物流服务署还将掌握的各个部门的车辆运行数据，包括行车时间、里数、地点和行程目的，作为审查该部门申请配置、购买公车的重要依据。这些数据，普通市民都可以在物流服务署网站上方便地查询到。

（四）韩国

韩国对公务用车有非常严格的管理规定，不仅严控公车数量，对公务用车的用途也有明确的监管措施。

韩国《公用车辆管理规定》将公用车辆分为专车、一般公务用车、货车、巴士和特殊用车。只有次官级（相当于中国的副部级）及以上的公务员，才能配备专车，且只能用于上下班和公务出行，严禁私用。韩国国会议员均不配备专车，只是每年获得一定金额的汽车保养费和燃油费补贴。韩国规定除了次官级以上的专车，一般公务用车排量必须在 2.0 升以下，并主推新能源等环保车型。

---

① 中国香港政府拥有 6343 辆公车，其中，普通车辆有 1320 辆，主要包括轿车、SUV（运动型多用途汽车）等。轿车中数量最多的型号分别是丰田混能轿车 Prius、日产 Tiida 及日产多用途车 Serena。它们都是售价适中、节能环保的轿车，采购价分别为每辆 19.5 万元、11.6 万元及 14.7 万元。政府车队还有巴士 536 辆；越野车 183 辆；电单车 520 辆；货车 362 辆；客货两用车 1648 辆；特别用途车辆 1774 辆，其中包括垃圾车、警车、救护车等。

首尔市政府的一般公务用轿车现在仅有41辆，统一管理调配。一般公务员用车要提交书面申请，主管部门会根据目的地远近、能否使用公共交通、车辆使用时间等按申请顺序进行“透明化”调度。

（五）其他国家和地区

根据英国的规定，政府车辆和快递局为首相和内阁部长提供“专车”，为他们配备业务精良、政治可靠的“专车”司机。目前英国能享受“专车”待遇的一共二十几个人。使用“专车”的部门，每年都要向政府车辆和快递局支付相应的费用。副部级高官如有需要，可以享受政府车辆和快递局的部级车辆服务，这相当于临时向该局租车。该局保证为这些官员提供全天候服务。不过用车需向该局提前预订，每次服务都要付款，一般按每小时60英镑（约合636元人民币）的标准收费。

瑞典政府不仅极少配备公务车辆，还利用电子监控设备来严格防止“公车私用”，从而大幅减少了公务用车的财政支出。瑞典近些年在节能减排的环保理念下对公务车辆种类的选择也更加“苛刻”，除了安全性能这项首要标准之外，环保等级与车排放量也是很重要的衡量因素。

德国的公车管理必须遵守由联邦机构制定的公务车管理条例，该条例从1993年7月1日开始生效。德国的公车数量很少，如整个柏林市仅有公车92辆，有一部分车辆是租赁的，甚至接待来访外宾的一些轿车也是租赁的。德国的公车管理条例规定，只有总统、总理、副总理及各部部长、国务秘书和联邦直属机构负责人才可以配备专车。对于这些车辆的购置，财政部在预算中均规定了上限，根据用车人员级别的不同分为4.38万欧元、3.48万欧元和2.4万欧元3个级别。对于其他非专人专用的车辆，如果是将来准备跑长途使用的，采购费用不得超过2.06万欧元；如果只准备在本地使用，每辆车的添置上限为1.75万欧元。这样的“高门槛”在欧盟国家很普遍。

在芬兰，政府（总统除外）中只有总理、外交部部长、内务部长、国防部长四人享受配备固定车辆和固定驾驶员的待遇。而在首都赫尔辛基市，只有市长1人享受这一待遇。芬兰允许地方政府官员可以公车私用，但是必须将这种待遇折合为个人收入，并按此标准缴纳所得税。芬兰还同时在鼓励“私车公用”，即如果公务员用自己的私车执行公务，可以申请按照公里数得到补贴。芬兰同时也有“打车补贴”制度，官员们可以领取一张由出租车公司和银行共同发行的车卡，通过乘车刷卡得到一张发票，定期向财务部门报销。

（六）启示

公车管理规范化是世界各国普遍面临的问题，各国都较为重视建立健全制度，加强公车管理。在公车配备和管理上，很多欧美和亚洲发达国家和地区都有一些共性的成功做法，对我国的公务用车管理制度建设有启发和借鉴意义。概括起来，这些公车管理措施包括如下方面：

1. 重视公车管理立法

在美国，《联邦资产管理条例》规定了美国公车的配备、管理和使用要求，根据《联邦资产管理条例》，美国联邦政府机构公务用车主要是由联邦总务署统一采购配备，联邦政府各部门的公车由联邦总务管理局管理；中国香港公务用车管理有一套严格规范的法律制度，中国香港政府的《总务规例》和《公务员事务规例》中的有关规定是中国香港政府车辆管理的法制基石；德国联邦机构现行的公车管理条例是 1993 年 7 月 1 日开始生效的；芬兰虽然没有专门的公车管理制度，但有严格的公务员法，明确规定了公务员要遵守的道德和法纪。

2. 限定公车配备标准，支持国产车

大部分国家都有公车配备的职务要求。很多国家政府规定，专车只配备到各部部长、副部长以上级别的官员。德国只有总统、总理、副总理及各部部长、国务秘书和联邦直属机构负责人（最高法院院长、最高检察院检察长等）才可以配备专车，司、局长级的官员则只保证公务用车，不配备专车。日本总务省规定，总务大臣、副大臣、各局正局长以及正局级审议官可以配备专车。芬兰除总统外，也只有总理、外交部部长、内务部长、国防部长 4 人享受配备固定车辆和固定司机的待遇。其多数国家官员辞职或退休后，立即取消其用专车的资格。同时，政府通过严格的预算审批程序来控制公车的数量、型号及马力。许多国家都规定公务用车一律使用国产汽车，而且严格禁止豪华、高排量车。韩国的公务用车以国产品牌现代为主；德国政府规定，不准购买欧盟以外生产的车辆。

3. 统一管理，分级负责，信息公开

美国联邦政府机构公务用车主要是由联邦总务署统一采购配备。联邦总务署建立了公车管理绩效评价模型，并据此制定科学的公车管理计划，在更新车辆、合理利用存量资源，统筹安排使用等方面，联邦总务署通过公车管理信息系统与定点加油站、修理厂联网，可以实时获取车辆行驶里程、加油数量、维修项目、费用支出等信息，便于管理和监督。中国香港财经及库务局下属的物流服务署统一负责政府车辆的采购配置、运行监管和专职司机的管理工作，政府各个部门负责配置在本部门政府车辆的保管和使用，并随时将车辆运行情况上报给物流服务署，形成了一个职责明确、精干高效的政府车辆管理体系。

美国的公务用车由后勤供应部门统一购置，便于严格的约束和全方位的公开监督。中国香港公务车管理模式中公车按需配置、公车统一采购是主要内容。

4. 多元化解决公务交通问题

很多国家采取市场化、货币化、补贴私车等方法解决公务交通问题。由于公车购置、维护和管理的成本较高，为减少资源浪费、提高车辆的有效使用率，越来越多的政府机构除必要的购车外，都采取向市场租车的方式。比如，日本总务省长期从出租汽车公司包租部分车辆；德国联邦及各州主管部门的公车中，有相当数量是租赁而来；美国的联邦政府也常常在市场上租车。

为了减轻公务员交通费用负担，一些国家实行交通补贴制度。日本由政府给机关工作人员发放交通补贴，原则是根据居住地到办公场所最短距离实际所需交通费的数额实报实销，规定最高限额，超过的根据具体情况分别处理；美国、芬兰鼓励私车公用，对于使用私车或公交车等执行公务的工作人员，实行按行驶里程或票据给予一定补贴。

5. 细化规则，严格监管，依法处罚

很多国家有严格的公车使用监管制度，包括：严格控制公车调派，制定公务用车公里数计划额度，实行严格的公车使用登记制度；重视对公车使用的监督，为公车贴上特殊标志，便于公民对政府实施监督；对公车使用情况实行科学监控，采用全球定位系统（GPS），由指挥中心对公车实行智能化的实时监控。

绝大多数发达国家规定公务车只限执行公务时使用，未经授权私用公车将受到惩罚。美国惩罚为临时或永久取消其使用公车权，扣除一个月工资甚至开除公职；芬兰专车只限于在执行公务时使用，正常上下班和个人私事都不得无偿使用专车；在法国，未经批准公车私用可以被视作触犯刑律。

五、深化公务用车管理制度改革设想

2014 年发布的《关于全面推进公务用车制度改革的指导意见》和《中央和国家机关公务用车制度改革方案》实现了中国公务用车改革的突破，开启了公务用车管理的新阶段，并为全面规范管理奠定了良好的基础，在此基础上，进一步构架完整的公务用车管理制度框架，是全面改革预算管理和完善国家治理的主要内容之一。

新常态下，建立中国公务用车的管理制度框架的基本思路是：规范管理机构和管理制度，强化预算管理，核定支出标准，切实节约政府行政成本，提高财政资金使用效益。具体包括：整合多头管理部门，建立统一管理架构，实行分级管理；合理设置各级政府预算管理权限，明确预算科目，严格预算管理；明确界定行政职责，合理划定公务用车实物配备范围；分类细化管理，科学制定实务费用定额标准；建立全方位监管体系，规范处罚违规行为。

该公务用车管理制度框架规范的范围包括：中央和地方政府全部公务用车、各类行政单位全部公务用车、参公管理事业单位全部公务用车、公益一类事业单位公务用车，关于公益二类事业单位和国有企业公务用车可参照该制度，另行制定管理制度。

（一）整合多头管理部门，建立统一管理架构，实行分级管理

根据目前的管理体制，中央和国家机关在制定公务用车配备更新计划和编制公务用车购置费用预算时，包括以下主管单位：（1）国务院机关事务管理局、中共中央直属机关事务管理局、全国人大常委会办公厅机关事务管理局、全国政协办公厅机关事务管理局，负责制定一般公务用车和部级干部用车配备更新计划；（2）中央和国家机关本级负责制定执法执勤用车、特种专业技术用车和其他用车配备更新计划；（3）中央垂直管理部门负责制定所属单位的一般公务用车、执法执勤用车、特种专业技术用车和其他用车配备更新计划；（4）地方各有关部门负责编制地方各级党政机关公务用车配备更新计划。此外，在近年公务用车管理改革过程中，各级地方政府相继成立公务用车问题专项治理办公室，负责管理和监督公务用车的配置、使用等。

从行政效果看，这些繁杂的机构并没有解决一直以来公务用车存在的问题，从理顺管理关系、提高管理效率、节约行政成本的角度考虑，今后，这些机构和职能应当逐步进行整合，基本的整思路是：以行政区域为基础，依据地域管辖范围，统一设立公务用车集中管理机构，并进行分级管理。具体地，在中央层面设置公务用车集中管理机构总部，在省、市（地级市）、县设立相应的公务用车管理单一机构，中央和地方机构之间是业务指导关系而非上下级关系，各级管理机构对本级政府负责。这些机构的职责包括：统一制定本区域公务用车的更新计划和管理制度细则，审批区域内公务用车的配置和更新计划，利用信息化平台监督公务用车的使用、维修，实时、动态监管区域内公务用车各项支出的预算执行情况，并统一公开公务用车使用信息、通报违规情况等。

（二）合理设置预算管理权限，明确预算科目，严格预算管理

规范的公务用车管理以预算管理为依托，通过预算管理控制公务用车的购置数量、购置金额和运行费用，实现财政的预决算监督。2011 年财政部发布的《党政机关公务用车预算决算管理办法》规定，党政机关对所安

排的公务用车购置费用和运行费用实施预算编制、预算执行、决算编制等管理工作，首次明确了公车的购置和运转费用单独设立预算科目，列入各主管部门的部门预算。具体编制部门预算时，党政机关公务用车购置费用列《政府收支分类科目》支出经济分类科目“基本建设支出”类或者“其他资本性支出”类下的“公务用车购置”款级科目。预算编制没有细化到经济分类的，将“公务用车购置”预算单独列示。党政机关公务用车运行费用列《政府收支分类科目》支出经济分类科目“商品和服务支出”类下的“公务用车运行维护费”款级科目。预算编制没有细化到经济分类的，将“公务用车运行维护费”预算单独列示。这些预算科目基本能够满足公务用车预算编制的需要。

在公务用车的预算管理过程中，存在一个现实的问题：中央和地方的预算管理权限如何划定？公务用车的职能是为政府行政事务服务，由于中央和地方的政府行政事务差异较大，“一刀切”的做法并不能很好地契合政府对公务用车的真实的需求[①]，因此，在设定公务用车的预算管理权限时，应当遵循“抓大放小”的原则，中央政府制定指导性意见和基本标准，各级地方政府（省、市、县）根据本地区实际情况确定具体预算执行标准并报中央审批备案，做到公务用车改革方案分级负责，财政预算管理同样分级负责。对于驻地方的中央垂直管理单位，预算标准按属地化原则参照所在地区标准执行，经费列入主管部门的部门预算，由中央财政负担。

（三）明确界定行政职责，合理划定公务用车实物配备范围

一直以来，我国党政机关公务用车实行编制管理，车辆编制按照中央有关文件规定，根据人员编制、领导职数和工作需要等因素确定。根据2014年中央部门的改革方案，允许选择实物配备的范围仅包括省部级以上领导干部。在地方政府执行公务用车改革方案的过程中，需要从实际出发，综合考虑行政职责和辖区范围等因素，合理划定公务用车实物配备范围。

① 例如，中央的车补方案比较明确简化，就是分成1300元、800元、500元三级，而且不分正副，这是因为中央机关的工作比较单一，地方的情况不一样，地方行政事务中下乡、下基层的比例很高，而且公共交通不如北京发达，车补要保证公务交通，中央可以一刀切，地方就不合适了。

具体应当涵盖两个层面，一是省级所属厅局级部门正职主要负责人；二是市、县级党政主要负责人，主要指市委书记、市长、县委书记、县长，对于乡镇级负责人需要进行具体分析，一般可不配置实物车辆，对于地域范围大的乡镇，可以由上一级公务用车集中管理机构负责进行全面评价，根据评价结果适当配置1到2辆公务用车。对于机要通信、应急公务用车，由用车申请单位和公务用车集中管理机构共同确定编制数量和配备标准。

（四）分类细化管理，科学制定实物费用定额标准

对于各级政府保留的公务用车，应当根据预算管理要求分类细化，制定指导性的实物费用定额标准，作为编制预算时的参考基准。实务费用定额标准可以采用在综合定额和分项定额的做法，分别按照公务用车类型和支出具体项目划分定额项目。实物费用定额标准还应当包括公车补贴标准、车补统筹基金、公务用车支出标准的动态调整等内容，具体确定方法将在下文详述。

（五）建立全方位监管体系，规范处罚违规行为

建立公务用车管理制度框架，必须要制定详细的法则并保证严格执行，切实做到“有法可依、有法必依”。加强对保留公车的监管，可以采取多管齐下的做法：一是采用全球定位系统（GPS），对公务用车实行智能化监控；二是对公务车辆及其驾驶人员实行规范化、信息化管理；三是公示公车身份，在车身的醒目位置喷涂“公车”字样，或者在车牌号码后面加一个“公”字，方便社会监督；四是纳入电子监控系统予以全程监督；五是实行问责，对超标超量配置专车、擅自配备专车、假公济私等违规行为进行惩戒。

六、公务用车支出标准的确定

（一）公务用车购置标准的确定

根据《党政机关公务用车配备使用管理办法》（中办发〔2011〕2号）的规定，党政机关配备公务用车应当严格执行以下标准：（1）一般公务用

车配备排气量 1.8 升（含）以下、价格 18 万元以内的轿车，其中机要通信用车配备排气量 1.6 升（含）以下、价格 12 万元以内的轿车。配备享受财政补助的自主创新的新能源汽车，以补助后的价格为计价标准；（2）执法执勤用车除涉及国家安全、侦查办案、应急救援、警卫和特殊地理环境等因素外，依照一般公务车标准配备。根据《党政机关执法执勤用车配备使用管理办法》（财行〔2011〕180 号）的规定，党政机关配备执法执勤用车执行以下标准：一般执法执勤用车原则上配备排气量 1.6 升（含）以下、价格 12 万元以内的轿车或其他小型客车；因工作需要可以配备排气量 1.8 升（含）以下、价格 18 万元以内的轿车或其他小型客车。因地理环境需要和工作性质特殊，确需配备越野车（含 SUV 车型）的，应当控制在排气量 2.5 升（含）以下、价格 25 万元以内；16 座（含）以上中大型客车不得超过 45 万元。

上述标准可以根据经济发展和公务出行的实际需要进行合理调整。

公务用车应当实行政府集中采购，综合考虑安全和环保因素，优先选用国产汽车和新能源汽车。

（二）公务用车物质费用定额的确定

公务用车物质费用定额的确定有两种方法：综合定额和分项定额。综合定额是指在编制预算时对车辆使用过程中的全部支出确定一个全年总定额标准，分项定额则是指对公务用车的具体支出项目分别确定定额标准。综合定额标准较粗，编制预算时较为简单，需要的信息数据较少，分项定额标准细化，编制预算时较为复杂，需要的信息数据较多。

综合定额

确定综合定额时，首先需要将公务用车划分为一般公务用车、执法执勤用车、特种专业技术用车和客车货车等大类，再按不同车型分类分档，然后，按照类别计算该类车全年的平均支出金额，加上一个合理增长比率（如最近 3 年平均增长幅度），作为该类车的综合定额基准，然后根据历史成本和预期成本，分档确定各档的标准作为综合定额标准。综合定额基准的计算公式如下：

综合定额基准 = 上年平均支出 ×（1+ 最近 3 年平均增长率）

2013年，北京采用了综合定额，确定的公车车均运行费定额标准在3万元左右，根据不同车型、不同运转成本分档确定。这3万元涵盖公车的保险、加油、运维等各项支出，实行严格管理，一般不允许公车大幅度超过此标准。

分项定额

公务用车支出具体包括以下几项费用：燃料费、维修费、保险费、过路过桥费、停车费和其他相关支出，其中，过路过桥费、停车费和其他相关支出可以合并为“其他支出”。各项的定额标准确定如下：

燃料费定额。2009年，国务院机关事务管理局出台《中央和国家机关公务用车耗油定额标准（试行）》（见表4–3），提出公务用车燃料费的参照标准，这个标准偏高一些，各类车型可以比照该标准适当下调后确定定额标准，或者根据市场上同类型车的平均油耗确定定额标准。该标准可以全国通用，部分地区可以根据具体地理环境略做调整。

表4–3　中央和国家机关公务用车耗油定额标准

序号	车辆类型	定额标准（升/百公里）
1	奥迪FV7241型	13.7
2	奥迪A6L2.4型	13.9
3	奥迪FV7201型	12.7
4	奥迪A6L1.8T型	12.5
5	别克系列	14.0
6	帕萨特系列	13.0
7	蒙迪欧型	12.7
8	中华尊驰型	12.5
9	奇瑞东方之子型	11.9
10	红旗奔腾型	11.5
11	奥迪100系列	13.1
12	奥迪200系列	13.2
13	桑塔纳系列	12.0
14	汇众旅行车	14.6
15	金杯旅行车	13.6
16	柯斯达旅行车	19.7

燃料费预算支出的计算公式如下：

燃料费预算支出 = 燃料费定额 × 运行里程

维修费定额。可以根据品牌、车况、使用年限、行驶里程和预期使用情况等因素进行估计，也可以参照市场上同类车的平均维修费用加以确定。该标准不适于全国通用，应当一车一定，以预算年度内总额计算。

保险费定额。根据最近 3 年平均增长幅度（来源于公务用车集中管理机构信息系统的数据）确定当期定额标准。该标准不适于全国通用，应当一车一定，以预算年度内总额计算。

其他支出定额。根据最近 3 年平均增长幅度（来源于公务用车集中管理机构信息系统的数据）确定当期定额标准。该标准不适于全国通用，应当一车一定，以预算年度内总额计算。

（三）公车补贴的确定

公车补贴是公务用车物质费用定额的主要内容，其实质是将原本大量存在的实物出行保障支出，转变成一种货币化支出，通过市场化、自主购买社会化交通服务的手段实现公务出行，涵盖的范围是辖区内的公务出行交通费用。确定公车补贴定额的基本原则是：尽可能符合实际情况，兼顾“效率与公平”，在效率与公平之中，要在保证效率的前提下促进公平。

总体上，确定公车补贴定额应当考虑的因素很多，包括：公务出行成本、经济发展水平、财政承受能力、辖区面积、自然地理环境、公务出行频率和距离、行政级别和实际承担的工作职责等。但在实际操作中，很难针对每一个公务员做到“量体裁衣”和“绝对公平”，而应当遵循简洁化、易推行的原则，从关键环节着眼，逐步建立较为公平的定额体系。

对于各级地方政府而言，公车补贴定额应当较中央的标准更为具体化、多样化。首先，确定各级政府行政区域的大小，制定行政区域系数。区域内的公务出行在公车补贴内开支，区域外的公务出行由差旅费开支，行政区域较大的地区，可以取一个高一些的系数，定额标准定高一些，例如新疆、青海、西藏、内蒙古等地区的行政区域系数应当高于其他地区。其次，确定岗位职能及出行频率，制定岗位职能和出行频率系数。岗位职能多、出行频率高的公务员，可以取一个高一些的系数，定额标准定高一些，例如领导干部、基层工作人员、特殊岗位人员的岗位职能系数和出行频率系数应当高于其他人员。再次，确定本地区公共交通的便利程度，制定交通便利系数。公共交通不便利的地区，可以取一个高一些的系数，定额标准定高一些，例如乡镇的交通便利系数高于省会城市。另外，还应当考虑地区经济发展和物价因素，制定交通费用系数。该系数用以确定本地区公共交通出行的平均费用标准，经济发达、物价水平高的地区，交通费用系数可以定高一些，定额标准定高一些，例如广东的系数高于湖北，湖北的系数高于内蒙古。最后，依据上述 4 个系数（行政区域系数、岗位职能和出行频率系数、交通便利系数、交通费用系数），综合制定合理档位[①]，分别确定公车补贴定额的具体标准，中央部门分为 3 档，地方政府可以分为 4 至 6 档。

需要说明的是，公车补贴基准水平以及行政区域系数、岗位职能和出行频率系数、交通便利系数、交通费用系数的基准水平（即取值为 1 的标准，以及全部省会城市的系数）应当由国家统一确定作为指导意见，各级地方政府和单位确定市、县、乡和单位的系数具体取值，并同时报上级和本级公务用车集中管理机构批准并备案。

应该说，目前以职级高低为标准发放车改补贴只是公车制度改革的一个过渡性安排，最终应当以工作岗位、所承担的任务性质和实际的公务活动量为标准发放公车补贴。

（四）车补统筹基金的确定

车补统筹基金是公车补贴的辅助项目，是从公务交通补贴中划出一定比例作为单位统筹资金，集中用于解决不同岗位之间公务出行不均衡等问题，目前的做法是，中央机关原则上不超过补贴总额的 10%。

根据上面的公车补贴定额确定方法，行政区域系数、岗位职能系数、出行频率系数、交通便利系数、交通费用系数等因素的综合运用，基本能

① 可以采用多种方法进行综合，例如可以采用取权重的方法进行综合打分，根据分值确定相应档位。

够较为合理地解决公车补贴定额均衡的问题，其他可能存在的问题如应急公务出行的补贴，集体出行租车等，可以通过车补统筹基金解决。车补统筹基金原则上不超过补贴总额的10%，统筹资金的提取、使用须公开透明。

（五）定额标准的动态调整

公务用车定额标准应当根据经济发展、物价变化等因素进行动态调整。燃料费定额根据成品油的价格变化进行调整，一年一次，在编制预算时按照最新价格或年度平均价格进行调整。维修费定额可以根据本地区消费价格指数进行调整。保险费定额和其他支出定额在计算时就考虑了上年的实际情况与近3年的平均增长，一般不需要专门调整，遇到价格大幅度变化时，可以做出专门调整。

确定公车补贴定额标准时，行政区域系数、交通便利系数等系数应当保持相对稳定，交通费用系数可以根据本地区消费价格指数进行调整，岗位职能系数、出行频率系数可以在编制预算时根据实际情况进行调整。

七、公务用车管理改革配套措施

（一）构建和完善公务用车管理信息系统，实现统一管理

要实现公务用车的集中管理，需要配套构建公务用车管理信息系统。利用这个电脑管理系统与GPS联网的信息，公务用车集中管理机构实现对本级政府所属公务用车从更新购置、运行监管、违纪控制到对外信息披露的全过程管理。该信息系统提供的内容主要包括：（1）每台车辆的资料、行驶记录、加油记录、维修记录、违章记录等；（2）专职司机的个人资料；（3）各个部门（单位）的车辆运行数据，包括行车时间、里数、地点和行程目的，作为审查该部门（单位）申请配置、购买公车的重要依据；（4）随时检查各台车辆的运行状况，发现异常及时向车辆使用部门发出通报；（5）汇总使用车辆成本信息，作为下年度编制预算的依据，依据与信息公开的相关规定定期对外发布车辆使用信息，便于进行社会监督。

（二）完善公务用车管理规范，做好公车补贴与差旅费的衔接

公务用车管理制度应当是一个长效机制，因此，必须制定尽可能细化，可操作的公务用车管理规范，具体内容包括：（1）公务用车的更新条件，第一，经严格审核，申请购车的理由是否充分；第二，经详细分析数据，申请部门现有车辆资源是否已经有效地利用；第三，经全盘考虑，是否可采取其他办法替代购买新车。（2）公务用车的配置标准，通过严格的预算审批程序来控制公车的数量、型号及马力。（3）公务用车的使用规范，制定严格的公车使用登记制度，执行定点维修、定点保险、定点加油的做法，严控支出。（4）配置专职驾驶员，采用“GPS定位系统+用车人身份识别系统”等，车身喷涂专用标识。（5）定期公开信息，便于公众在网上及时查询相关信息等。

具体到公车补贴，公务用车管理制度主要规范公务员行政辖区内的公务出行费用，对于行政辖区外的公务出行，则由差旅费管理制度规范，因此，必须明确界定行政辖区内外的公务出行，并按照适当比例分配交通出行费用，例如公务员乘坐非公务用车到相邻辖区的交通费用可以据实报销50%，公务用车乘坐非公务用车到相邻辖区之外地区的交通费用则全部据实报销。

（三）建立与完善多元化交通服务体系

高效、可行的公务用车管理制度的建立必须有完善的多元化交通服务体系作为保障。多元化交通服务体系既包括公共交通如公共汽车、地铁、出租车，社会性服务机构如大中型客车租赁公司，也包括私人拥有的车辆。政府应当坚持社会化、市场化方向，合理有效配置公务用车资源，创新公务交通提供方式，一方面依据财力逐步建立和完善社会化的公共交通服务体系，并探索发展适合公务出行的市场化交通定制服务，增加社会化交通供给，另一方面，也可以通过政策引导，充分利用公务人员个人拥有的车辆，保障公务出行，降低行政成本。

（四）严格预算管理和绩效评价工作

建立严格的公务用车预算管理制度，内容包括以下几个方面：一是公务用车实务配置和更新的条件和标准；二是公务用车各项实务定额的预算编制方法与预算执行监督体系；三是公务用车补贴标准的确定方法，主要是各个影响系数的确定；四是车补统筹基金的提取与使用的预算管理；五是各类定额进行动态调整时的预算编制与预算执行。通过制定公务用车预算管理制度，把握和控制公务用车实务支出的规模，把握和控制公务用车货币化补贴的支出规模，严格控制不合理支出，实现公务用车各项支出的合理、有效。

在严格预算管理的基础上，应当逐步建立健全公务用车支出的绩效评价制度和问责机制。具体包括：建立公务用车支出的绩效评价指标体系，确定评价方法和评价流程，确定评价标准，明确评价结果的分级及其具体使用，规范绩效评价结果与问责的关系等。

（五）推进预算公开与审计工作

公务用车管理制度的有效实施，离不开财政预决算监督。除了预算编制环节，公务用车配备和运行维护费用、交通补贴发放、车辆处置情况等应当纳入日常和专项审计监督及政务公开范围，审计部门根据公务用车的预算定额和公务用车集中管理机构的具体使用情况信息，对公务用车的预算执行情况进行审计稽查，并定期公布审计结果，不断促进公务用车支出规范化，提高财政资金使用效益，降低政府行政成本。

参考文献

[1] 中共中央办公厅国务院办公厅印发《关于全面推进公务用车制度改革的指导意见》（2014年7月16日）[EB/OL]. http://www.gov.cn/gongbao/content/2014/content_2723622.htm.

[2] 中共中央办公厅国务院办公厅印发《中央和国家机关公务用车制度改革方案》（2014年7月16日）[EB/OL]. http://www.gov.cn/gongbao/content/2014/content_2723626.htm.

[3] 中央公务用车制度改革领导小组关于印发《中央事业单位公务用车制度改革实施意见》的通知[EB/OL]. http://www.gov.cn/xinwen/2016-02/18/content_5042919.htm.

[4] 中央公务用车制度改革领导小组关于印发《中央企业公务用车制度改革实施意见》的通知 [EB/OL]. http://www.gov.cn/xinwen/2016-02/18/content_5042914.htm.

[5] 关于完善配套政策持续巩固公车改革成果的通知，发改电〔2016〕. 757 号 [EB/OL]. http://www.ndrc.gov.cn/zcfb/zcfbtz/201703/t20170320_841429.html.

[6]《中华人民共和国审计署审计结果公告 2014 年第 3 号——审计署关于 36 个县 2012 年机构运转支出情况的审计调查结果》[EB/OL]. http://www.pkulaw.cn/fulltext_form.aspx?Db=chl&gid=218008.

[7] 财政部 :2011 年中央单位“三公经费”支出 93.46 亿元 [EB/OL]. http://www.gov.cn/jrzg/2012-06/27/content_2170912.htm.

[8] 2012 年度中央单位三公经费排行榜 [EB/OL]. http://politics.people.com.cn/GB/8198/366903/.

[9] 中央本级 2013 年“三公”经费预算执行和 2014 年预算安排情况 [EB/OL]. http://yss.mof.gov.cn/zhengwuxinxi/caizhengshuju/201404/t20140418_1069112.html.

[10] 标准化视野下的美国公务车管理. 彭正波，王蕊《中国行政管理》[J]. 2018 年 12 期.

[11] 香港公务用车管理制度概况 [EB/OL]. https://wenku.baidu.com/view/d49a91b269dc5022aaea0067.html.

[12] 日本公务用车很“小气”[EB/OL]. http://www.xinhuanet.com//world/2014-07/22/c_1111735288.htm.

[13] 货币化公车改革模式评估与思考. 许超，杨晓芳.《商业时代》[J]. 2011 年 14 期.

[14] 韩国公务用车管理公私分明 [EB/OL]. http://www.xinhuanet.com//world/2014-07/22/c_1111735930.htm.

[15] 2018 年公车改革车补标准，国企公车改革车补标准出炉 [EB/OL]. http://www.360kuai.com/pc/999aaf84f0b32c2e2?cota=4&kuai_so=1&tj_url=so_rec&sign=360_57c3bbd1&refer_scene=so_1.

[16] 公务用车制度改革的实践与探索. 上海市机关事务管理局.《秘书工作》[J]. 2018 年 11 期.

[17] 湖北省公务用车制度改革取得阶段性成效 [EB/OL]. https://bbs.10yan.com/forum.php?mod=viewthread&ordertype=2&tid=3143792.

附录：我国公务用车制度改革 25 年大事记

- 1994 年：中共中央办公厅、国务院办公厅联合发布《关于中央党政机关汽车配备和使用管理的规定》。
- 1997 年：广东省开始公车改革试点。
- 1998 年：国家启动部分中央机关的车改试点，并同时在浙江、江苏、北京、湖南、重庆等地试点。
- 2003 年：全国政协委员关于公车改革的提案引发热议，由此出现了 2004 年前后的全国性公车改革高峰，北京、广东等地试点公车货币化改革。
- 2004 年：我国印发《中央国家机关公务用车编制和配备标准的规定》的通知。
- 2009 年：浙江杭州正式启动市级机关公车改革，市局（副厅）级以下干部一律取消专车，并向公务员发放公车改革补贴，补贴根据级别分 9 档。
- 2010 年：针对公车改革遭遇的难题，民革中央提交了《如何破解公车改革之困局》的提案，建议厅级以下官员全部取消专车。
- 2011 年：工信部等三部门联合发文，进一步降低党政机关公务用车的采购价格，明确要求排气量不超过 1.8 升，价格不超过 18 万元，这比此前的标准降了 2 万元。
- 2012 年：财政部等三部门联合印发《中央金融企业负责人职务消费管理暂行办法》，内容包括禁止超标准购买公务车辆等。
- 2014 年：中共中央办公厅、国务院办公厅发布《关于全面推进公务用车制度改革的指导意见》和《中央和国家机关公务用车制度改革方案》。
- 2015 年：中央公务用车制度改革领导小组正式发布《中央事业单位公务用车制度改革实施意见》和《中央企业公务用车制度改革实施意见》。

- 2016年，中央公车改革领导小组办公室和国家发展改革委办公厅联合发布《关于完善配套政策持续巩固公车改革成果的通知》
- 2017年，中共中央办公厅发布新修订的《党政机关公务用车管理办法》

第五章　新时代党政机关培训费管理改革

一、制度改革的脉络梳理

（一）首个《中央和国家机关培训费管理办法》

1. 出台背景

党的十六大以来，中央提出了“大规模培训干部，大幅度提高干部素质”的要求，培训费支出呈现较大幅度增长。随着财政收入增速的放缓，财政收支矛盾进一步凸显。2013 年度预算执行中，中央和国家机关各部门的一般性支出统一按 5% 的比例压减，其中重点是压减了办公楼和业务用房建设及修缮支出、会议费、办公设备购置费、差旅费、车辆购置及运行经费、公务接待费、因公出国（境）经费等支出。“三公”经费财政拨款执行数比年初预算数减少 8.15 亿元，下降 10.2%。2014 年，进一步压缩“三公”经费预算，中央本级“三公”经费财政拨款预算比上年年初预算减少 8.18 亿元，下降 10.3%。

培训费是公务支出的重要组成部分。长期以来，一直未制定统一的党政机关培训费管理办法，导致培训管理存在以下问题：一是培训无计划，审批机制不完善，导致培训过多过滥、重复培训、以训代会等现象。二是支出无统一标准，有的单位参照会议费标准，有的单位参照党政领导干部培训费标准，有的单位自行制订标准。三是支出范围不明确，一些中央明令禁止或严格控制的项目，如招待、宴请、会议等支出在培训费中报销，有的培训还以考察调研为名组织观光旅游等。四是报销审查不严。不仅造成了财政资金的损失浪费，而且也不利于遏制奢侈浪费之风。

针对上述问题，为规范中央和国家机关培训工作，提高培训效率和质量，加强培训费管理，节约培训费开支，根据中共中央政治局《关于改进工作作风、密切联系群众的八项规定》精神和《党政机关厉行节约反对浪费条例》的要求，财政部、中共中央组织部、国家公务员局在调查研究的基础上，于2013年底首次发布了联合制定的《中央和国家机关培训费管理办法》(财行〔2013〕523号，以下简称《办法》2013版)，对中央和国家机关使用财政资金在境内举办的3个月以内的岗位培训、任职培训、专门业务培训、初任培训等进行了规范。这既是贯彻落实中央“八项规定”精神、推进厉行节约反对浪费制度建设，推动改进公务活动作风的重要举措；也是加强行政经费管理、节约经费开支的具体措施。

2.《办法》2013版的主要内容

《办法》2013版共七章二十七条，于2013年12月29日正式发布，自2014年1月1日起施行。

(1)首次对中央和国家机关及其所属机构使用财政资金在境内举办的三个月以内的岗位培训、任职培训、专门业务培训、初任培训等进行规范。所涉及的中央和国家机关，包括党中央各部门、国务院各部委/各直属机构、全国人大常委会办公厅、全国政协办公厅、最高人民法院、最高人民检察院、各人民团体、各民主党派中央和全国工商联。

(2)建立了培训计划编报、审批备案和执行情况报告机制。要求各单位年度培训计划经单位党组(党委)会议批准后，报中央组织部、国家公务员局、财政部备案。同时各单位应当报送上年度培训计划执行情况。完善内部控制和外部监督机制，增强培训的针对性和实效性，杜绝无实质内容的培训。

(3)严格界定培训费项目范围。培训费是指各单位开展培训直接发生的各项费用支出，包括住宿费、伙食费、培训场地费、讲课费、培训资料费、交通费、其他费用。其他费用是指现场教学费、文体活动费、医药费以及授课教师交通、食宿等支出。通过严格界定培训费项目范围，明确开支内容，堵塞了在培训费中列支公务接待费、会议费和以培训名义公款宴请、公款旅游的漏洞。

(4)培训费实行综合定额标准，分项核定、总额控制。每人每天综合定额标准为450元，其中住宿费180元，伙食费110元，场地费和讲课费100元，资料费、交通费和其他费用60元。综合定额标准是培训费开支的上限，各项费用之间可以调剂使用。各单位应在综合定额标准以内结算报销。

（5）对培训时间、费用列支都作了明确规定。15天以内的培训按照综合定额标准控制；超过15天的培训，超过天数按照综合定额标准的80%控制；超过30天的培训，超过天数按照综合定额标准的70%控制。培训费由培训举办单位承担，纳入部门预算管理，在各单位日常公用经费或专项经费中列支，禁止乱收费。

（6）确定了讲课费的税后标准，其中副高级技术职称专业人员每半天最高不超过1000元；正高级技术职称专业人员每半天最高不超过2000元；院士、全国知名专家每半天一般不超过3000元。

（7）对培训组织方面作出了明确规定。培训实行中央和地方分级管理，各单位举办培训，原则上不得下延至市、县及以下。各单位开展培训应当在开支范围和标准内，择优选择党校、行政学院、干部学院、部门行业所属培训机构、高校培训基地以及组织人事部门认可的培训机构承担培训项目。组织培训的工作人员控制在参训人员数量的5%以内，最多不超过10人。

（8）明确培训费的禁止性规定。对培训内容、用餐、活动等方面做出了六项“严禁”、五项“不得”等禁止性规定以严肃培训纪律，包括：严禁借培训名义安排公款旅游；严禁借培训名义组织会餐或安排宴请；严禁组织高消费娱乐、健身活动；严禁使用培训费购置电脑、复印机、打印机、传真机等固定资产以及开支与培训无关的其他费用；严禁在培训费中列支公务接待费、会议费；严禁套取培训费设立“小金库”。培训住宿不得安排高档套房，不得额外配发洗漱用品；培训用餐不得上高档菜肴，不得提供烟酒；7日以内的培训不得组织调研、考察、参观。各单位组织培训应尽量利用网络、视频等信息化手段，大力推行干部选学、在职自学等方式，降低培训成本，提高培训效率。

（9）明确了报销环节控制、公示公开、报告制度等一系列纪律约束和监督检查措施，切实加强培训费管理和控制。培训费报销须附培训通知、实际参训人员签到表、讲课费签收表等费用原始明细单据，未列入年度培训计划的不予报销。除讲课费、小额零星开支以外的培训费应当采用银行转账或公务卡方式结算，不得以现金方式支付。对检查中发现的违反该办法的行为，由中央组织部、国家公务员局、财政部、审计署等有关部门责令改正，追回资金，并予以通报；相关责任人员，所在单位按规定予以党纪政纪处分；涉嫌犯罪的，移送司法机关处理。

3.《办法》2013 版的突破点和创新点

《办法》2013 版从培训计划的编制审批、开支范围和标准、报销结算至公示监督都提出了系列要求，规范培训费管理。主要体现在以下四个方面：

（1）填补了制度空白

此前，我国党政机关的培训费管理按照会议费管理的要求执行，并无单独的管理办法。此次单独制定培训费管理办法，使培训费管理更具针对性，为规范培训费支出提供了制度保障。

（2）突出加强了源头控制和内部控制

建立培训计划编报、审批备案和执行情况报告机制，要求各单位建立年度培训计划，经单位党组（党委）会议批准后，报组织人事部门和财政部门备案。同时各单位应当报送上年度培训计划执行情况。完善内部控制和外部监督机制，增强培训的针对性和实效性，杜绝无实质内容培训。

（3）规范了开支范围和标准

在支出标准上参照会议费三类会议费标准执行，并根据培训实际特点，对其中的住宿费、伙食费等明细标准较三类会议费有所降低，增加了讲课费支出标准。同时明确，培训费各项明细费用之间可调剂使用。

（4）规范了培训形式和场所

本着充分利用资源、提高效率、厉行节约的原则，要求各单位组织培训尽量利用网络、视频等信息化手段，充分利用单位内部培训场地和既有条件，降低培训成本，提高培训效率。

4.《办法》2013 版的贯彻落实与网上公开

为做好对《办法》2013 版的贯彻落实和督查评估工作，财政部办公厅先后于 2014 年 7 月 15 日和 2014 年 10 月 22 日印发了《关于做好中央和国家机关会议费管理办法等制度贯彻落实工作的通知》（财办行〔2014〕57

号）和《关于做好厉行节约反对浪费制度上网公开工作的通知》（财办行〔2014〕111号），要求各有关部门财务部门做好制度的培训工作、各地方省市和中央部门制定修订适应本地区、本部门情况的相应制度或实施细则并报财政部行政政法司备案、及时反馈制度执行中存在的问题等。

截至2014年10月中旬，全国有36个省、市、自治区和中央部门完成了省级制度或本部门实施细则的制定修订工作。为便于广大公务人员查询执行，也利于社会各方面的监督，财政部在网站首页开设了"厉行节约反对浪费制度建设与实施"专栏（网址"http：//xzzf.mof.gov.cn/zhuantilanmu/jy/"），将党中央国务院和财政部、以及地方省级党委政府和财政部门制定的有关厉行节约反对浪费的制度上网公开。这些地区和部门的制度或实施细则既是各地区或部门加强内部控制的重要手段，也是产生财政部标准的"蓄水池"。

5.《办法》2013版在执行过程中存在的主要问题

（1）公务支出管理制度之间的统筹协调问题

1）因公短期出国培训费的经济类别问题

根据《因公短期出国培训费用管理办法》（财行〔2014〕4号）的规定，因公短期出国培训费用开支范围包括：培训费、国际旅费、国外城市间交通费、住宿费、伙食费、公杂费和其他费用。其中，培训费是指出国培训团组用于授课、翻译、场租、资料、课程设计、对口业务考察或业务实践活动等在国外培训所必须发生的费用。该《办法》明确因公短期出国培训发生的国际旅费、国外城市间交通费、住宿费、伙食费、公杂费、其他费用的管理和开支标准参照《因公临时出国经费管理办法》（财行〔2013〕516号）执行。

而在2015年部门预算编制的通知中，关于因公出国（境）费明确的口径是"单位公务出国（境）的国际旅费、国外城市间交通费、住宿费、伙食费、公杂费等支出"，并强调按照相关规定和一直以来的实际做法，因公短期出国培训费也包含在因公出国（境）费中。即虽被冠以"培训费"的名义，却列支在"因公出国（境）费"中，这无疑是"扩展"了因公出国（境）费的实际开支范围，与国务院廉政工作会议上提出的"继续严控'三公’经费和会议费，做到只减不增”的要求相悖。

2）参加会议、培训的差旅费报销问题

根据《中央和国家机关差旅费管理办法有关问题的解答》（财办行〔2014〕90号，以下简称《解答》）的规定，“到常驻地以外参加会议、培训的，会议、培训期间执行会议费和培训费的相关制度。往返会议、培训地点发生的城市间交通费、伙食补助费和市内交通费按照差旅费管理办法的规定报销。其中，伙食补助费和市内交通费按往返各1天计发，当天往返的按1天计发。”

《解答》同时说明“中央在京单位工作人员到远郊区县参加会议、培训的，不报销住宿费、伙食补助费和市内交通费（北京市远郊区县是指门头沟区、房山区、通州区、顺义区、昌平区、大兴区、怀柔区、平谷区、密云县、延庆县）。”但未能明确中央在京单位工作人员到远郊区县参加会议、培训，当天不能往返的，其会议、培训期间是否应执行会议费和培训费的相关制度。

3）乘坐交通工具的等级列表仍不能明确行政级别与技术职称间的对应关系问题

根据《中央和国家机关差旅费管理办法》（财行〔2013〕531号）的规定，“出差人员应当按规定等级乘坐交通工具”。乘坐交通工具的级别划分为：部级及相当职务人员、司局级及相当职务人员、其余人员。“相当职务人员”仍然没有明确事业单位中广大专业技术人员的技术职称与行政级别间的对应关系。从而使“往返会议、培训地点发生的城市间交通费、伙食补助费和市内交通费按照差旅费管理办法的规定报销”在执行标准上仍然难以准确把握。

（2）综合定额标准问题

《办法》2013版的出台是为了从制度上约束中央和国家机关及其所属机构的培训费支出，即压缩公务经费的相关支出。但我国经济社会发展总体水平并不平衡，东西部差异显著，因此各地方省市在制定相应制度或实施细则时，对住宿费、伙食费等应根据各地经济社会的发展水平、市场价格、消费水平等因素，因地制宜地提出各地的限额标准，而不能是笼统的全国一个标准。

（3）讲课费支出标准问题

《办法》2013 版确定的讲课费税后标准，即“副高级技术职称专业人员每半天最高不超过 1000 元；正高级技术职称专业人员每半天最高不超过 2000 元；院士、全国知名专家每半天一般不超过 3000 元”没有在一定程度上参照市场价格，会减弱外聘授课教师的积极性，从而易使受邀讲课变成一次性活动，导致培训举办单位、授课教师和受训学员之间不能形成多赢局面，最终影响培训效果。

（4）存在出国费、会议费等“转嫁”培训费的现象

近年来，国家一再强调控制和压缩“三公”经费等一般性支出，要求按“零增长”的原则编制“三公”经费预算。比如 2015 年的“三公”经费和会议费预算比上年只减不增，并要求细化“三公”经费预算的批复，加强对“三公”经费执行的管理（执行中原则上不再追加中央部门的“三公”经费预算）。

2015 年的部门预算编制通知中对会议费也作了明确要求：“2015 年中央部门安排的会议费，原则上不得超过 2013 年的决算数和 2014 年的预计执行数”，即 2015 年预算中会议费也实行零增长控制，不得超过 2013 年决算数和 2014 年预计执行数两者中的最低者。

随着部门预算和决算的公开，预算报表和决算报表中的“‘三公’经费和会议费预算表”“‘三公’经费公共预算财政拨款支出情况表”备受关注。座谈、调研中发现，一些单位的“三公”经费和会议费按预算批复限额“被控制”了，但培训费却猛增。个中原因不乏是为了规避“三公”经费和会议费的“红线”，而将发生的部分出国费、会议费等向培训费进行“转嫁”。

（二）修订后的《中央和国家机关培训费管理办法》

为进一步推进厉行节约反对浪费制度体系建设，推进干部教育培训事业持续健康发展，财政部、中共中央组织部、国家公务员局结合近年来在培训费管理执行工作中反映出的一些问题，于 2016 年底再次发布了联合修订的《中央和国家机关培训费管理办法》（财行〔2016〕540 号，以下简称《办法》2016 版），在培训计划管理、组织管理、培训项目分类管理和讲课

费计算等方面对《办法》2013 版予以修订，自 2017 年 1 月 1 日起施行。

1.《办法》2016 版修订的主要内容

（1）进一步强化培训的计划管理

1）增加了对“临时增加培训计划”的管理

在重申各单位年度培训计划报中央组织部、财政部、国家公务员局备案的同时，强调“临时增加培训项目的，报单位主要负责同志审批”，并在报销时“提供单位主要负责同志审批材料”。同时在监督检查环节，增加了“临时增加培训计划是否报单位主要负责同志审批”的内容。

2）调整了培训计划的报送时间

将各单位年度培训计划的报送时间由“每年 3 月 1 日前”调整至“每年 3 月 31 日前”，与上年度培训计划执行情况的报送时间保持一致。

（2）进一步加强培训的组织管理

在重申培训内容、用餐、活动等方面六项“严禁”、五项“不得”等禁止性规定的同时，强调“谁举办，谁承担费用”，不得向参训人员收费，严禁转嫁、摊派培训费用，并增加了“是否存在奢侈浪费现象”等监督检查内容。

1）优化培训地点

为适应《关于党政机关和国有企事业单位培训疗养机构改革的指导意见》（中办发〔2016〕60 号）精神，《办法》2016 版规定“各单位开展培训，应当在开支范围和标准内优先选择党校、行政学院、干部学院以及组织人事部门认可的其他培训机构承办”，删除了“部门行业所属培训中心、高校培训基地”。

2）适当放宽工作人员比例

将组织培训的工作人员占参训人员数量的控制比例由“5% 以内”调整为“10% 以内”。

3）培训形式与时俱进

强调要“注重运用‘大数据’‘互联网 +’等现代信息技术手段开展培训和管理。”

（3）调整了培训费的内容

1）将“讲课费”调整为“师资费”

将聘请师资授课发生的费用界定为师资费，纳入培训费的内容。

2）明确了师资费的内容

师资费是指聘请师资授课发生的费用，包括授课老师的讲课费、住宿费、伙食费、城市间交通费等。

首次将“城市间交通费”纳入，并明确“授课老师的城市间交通费按照中央和国家机关差旅费有关规定和标准执行，住宿费、伙食费按照本办法标准执行，原则上由培训举办单位承担。”

（4）实行培训项目分类管理，与会议费联动调整综合定额标准

1）培训项目实行分类管理

按照《干部教育培训工作条例》“分类分级，全员培训”的要求，将培训项目分为三类，分别适用于省部级及相应人员、司局级人员、处级及以下人员。考虑到中央和国家机关培训基本在北京举行，原实行的180元住宿费标准难以保证需要，根据市场价格变化情况并结合会议费标准调整情况，适当提高培训费综合定额标准。

具体标准分别为：一类培训住宿费为500元/人天，伙食费150元/人天，场地、资料、交通费80元/人天，其他费用30元/人天，合计760元/人天；二类培训对应标准分别为400元/人天、150元/人天、70元/人天、30元/人天，合计650元/人天；三类培训对应标准分别为340元/人天、130元/人天、50元/人天、30元/人天，合计550元/人天。

2）明确师资费在综合定额标准外单独核算

“除师资费外，培训费实行分类综合定额标准，分项核定、总额控制，各项费用之间可以调剂使用。”

3）对较长时间培训的定额标准控制予以调整

对超过15天、不超过30天的培训，超过天数的综合定额标准控制予以调整。即“30天以内的培训按照综合定额标准控制；超过30天的培训，超过天数按照综合定额标准的70%控制。”

（5）调整了讲课费课时计算单位和相关标准

《办法》2013版“按半天”计算讲课费标准不够精准，实际执行中存在1个、2个学时也按半天算的情况，《办法》2016版与《干部教育培训工

作条例》按学时计算培训时间的规定相衔接，将讲课费计算单位由“半天”调整为“学时”。

标准分别为：副高级技术职称专业人员每学时最高不超过 500 元，正高级技术职称专业人员每学时最高不超过 1000 元，院士、全国知名专家每学时一般不超过 1500 元。

并规定“讲课费按实际发生的学时计算，每半天最多按 4 学时计算。同时为多班次一并授课的，不重复计算讲课费。”

（6）明确并规范了境外师资

明确“邀请境外师资讲课，须严格按照有关外事管理规定，履行审批手续。境内师资能够满足培训需要的，不得邀请境外师资。”

规范境外师资费用。“培训工作确有需要从异地（含境外）邀请授课老师，路途时间较长的，经单位主要负责同志书面批准，讲课费可以适当增加。”

（7）严格培训报销管理

1）增加了报销时须提供的附件

首次提出了报销时须“提供培训计划审批文件”。

明确了师资费报销的附件。规定“师资费范围内的，应当提供讲课费签收单或合同，异地授课的城市间交通费、住宿费、伙食费按照差旅费报销办法提供相关凭据。”

对“临时增加的培训项目，还应提供单位主要负责同志审批材料。”

2）明确不得向参训人员收取任何费用

（8）加强监督检查

1）调整监督检查内容

增加了“临时增加培训计划是否报单位主要负责同志审批”“是否存在奢侈浪费现象”等内容。

将“是否存在向参训人员乱收费的行为”改为“是否存在向参训人员收费的行为”，删除了“乱”字。

2）对公开范围予以明确

明确“各单位应当将非涉密培训的项目、内容、人数、经费等情况，以适当方式公开。”增加了“非涉密”3 个字。

2.《办法》2016 版的贯彻落实

按照《办法》2016 版的要求，各地方省市和中央部门结合本地区、本部门的业务特点和工作实际，陆续修订了培训费管理办法或实施细则。

有的省市还针对在过去几年培训费管理工作中反映出的一些具体问题，为方便操作，经征求省市相关部门意见后，发布了类似《XX 省省级党政机关培训费管理办法有关问题的解答》，要求在工作中遵循对“举办培训时，行政和事业单位的职级和职称对应关系如何确定”等 9 个问题的解答。

3.《办法》2016 版的执行情况

《国务院关于 2017 年度中央预算执行和其他财政收支的审计工作报告》显示，2017 年 12 月至 2018 年 3 月，审计署对中央部门 2017 年度预算执行等情况进行了审计，重点审计了 57 个中央部门本级及所属 365 家单位，涉及财政拨款预算 2115.99 亿元（占这些部门财政拨款预算总额的 35.28%）。其中，在会议和培训管理方面，有 11 个部门和 18 家所属单位无计划、计划外召开会议或举办培训等 578 个；12 个部门和 12 家所属单位超预算、超标准、超范围列支，或转由其他单位承担会议费、培训费 2808.91 万元。

（1）中央预算单位 2017 年度在培训费管理方面被发现的主要问题

经查阅审计署 2018 年第 43 号公告《中央预算单位 2017 年度预算执行等情况审计结果》，被审计单位在培训费管理方面发现的主要问题有：

1）变相补助下属单位

2017 年，人力资源和社会保障部本级及 2 家所属单位以高于对外价格结算培训费用，变相补助下属培训基地 113.89 万元。

2）超范围列支培训费用

2017 年，海关总署本级在培训费中超范围列支海关系统人员应由个人负担的学费和住宿费 440.96 万元。

3）超计划列支培训费用

2017 年，原安全监管总局本级在当年培训计划之外组织了 9 个培训班次，支出培训费 339.52 万元。

4）转嫁培训费用

2017 年，原宗教局委托所属培训中心举办 2 个培训班，培训费用 59.79

万元全部由所属培训中心承担；气象局所属气象干部培训学院、公共气象服务中心培训费47.42万元转由参训人员和所在单位承担；证监会本级及相关人员将住宿费、培训费、场地租赁费等377.05万元转由会管单位承担；供销合作总社本级由企业承担培训费34.52万元。

5）超标准列支培训费用

2017年，原保监会本级举办党校春季处级干部进修班，超标准列支培训费用20.24万元。

（2）审计处理情况、建议及整改

针对上述审计发现的问题，审计署均依法出具了审计报告、下达了审计决定书。要求各被审计单位严格按照培训费管理有关规定执行，并建议各被审计单位严格贯彻落实中央“八项规定”精神，强化培训费管理，严格执行公务卡结算，加强对所属单位的管理，确保经济事项依法合规。

各被审计单位针对审计发现问题均进行了整改，具体整改结果已由各被审计单位向社会进行了公告。

二、我国党政机关培训工作的现状分析

（一）培训类别

根据国家公务员局2008年6月27日颁布实施的《公务员培训规定（试行）》，公务员培训分为初任培训、任职培训、专门业务培训和在职培训。并规定公务员应当根据不同情况参加相应的教育培训，无正当理由不参加培训的公务员，根据情节轻重，给予批评教育或者处分。

1. 初任培训

初任培训是对新录（聘）用公务员进行的培训。没有参加初任培训或培训考试、考核不合格的新录（聘）用公务员，不能任职定级。

2. 任职培训

任职培训是按照新任职务的要求，对准备晋升领导职务的公务员进行的培训。目的在于通过对拟任领导职务的公务员进行所需的政策水平、组

织领导能力和专业知识能力的培训，为公务员履行拟晋升的职务打好基础。没有参加任职培训或培训考试、考核不合格的公务员，应及时进行补训。

3. 专门业务培训

专门业务培训是根据公务员从事专项工作的需要进行的专业知识和技能培训，重点提高公务员的业务工作能力。专门业务培训考试、考核不合格的公务员，不得从事专门业务工作。

4. 在职培训

在职培训是对全体公务员进行的以更新知识、提高工作能力为目的的培训。在职培训考试、考核不合格的公务员，年度考核不得确定为优秀等次。

（二）各类培训的业务特征

1. 培训内容

（1）初任培训的内容主要包括政治理论、依法行政、公务员法和公务员行为规范、机关工作方式方法等基本知识和技能，重点提高新录（聘）用公务员适应机关工作的能力。

（2）任职培训的内容主要包括政治理论、领导科学、政策法规、廉政教育及所任职务相关业务知识等，重点提高其胜任领导工作的能力。

（3）专门业务培训的内容由各单位视专项工作需要确定。

（4）在职培训的内容由各级组织、人事部门和各单位根据需要确定。

2. 培训时限

（1）初任培训应当在试用期内完成，时间不少于 12 天。

（2）任职培训应当在公务员任职前或任职后一年内进行。

担任县处级副职以上领导职务的公务员任职培训时间原则上不少于 30 天，担任乡科级领导职务的公务员任职培训时间原则上不少于 15 天。

调入机关任职以及在机关晋升为副调研员以上及其他相当职务层次的非领导职务的公务员，依照前述规定参加任职培训。

（3）专门业务培训的时间和要求由各单位视专项工作需要确定。

对担任专业技术职务的公务员，应当按照专业技术人员继续教育的要求，进行专业技术培训。

（4）在职培训的时间和要求由各级组织、人事部门和各单位根据需要确定。

3. 师资选择

无论初任培训、任职培训、专门业务培训还是在职培训一般都由各单位的组织、人事部门统一安排，专业性较强的单位也是按照组织、人事部门的统一要求，自行组织培训。

（三）培训方式

我国目前的干部培训工作一般是由培训主管部门制定培训计划，确定培训科目和内容，再分配培训名额给各有关单位，由各单位推荐人员参加培训，培训对象没有选择的余地。这种不考虑培训对象需求和特点的比较粗放的培训方式，是造成参训积极性不高的主要原因。现阶段，党政机关的培训方式主要包括但不限于以下几种：

1. 组织调训。各单位的培训部门负责制订本单位干部的脱产培训计划，选调干部参加脱产培训，按照计划完成调训任务。

2. 自主选学。按照干部个性化、差别化的培训需求，各单位的培训部门定期公布专题讲座等培训项目和相关要求，鼓励干部利用业余时间自主选择参加培训。

3. 在职自学。鼓励干部本着工作需要、学用一致的原则利用业余时间参加有关学历学位教育和其他学习。

4. 网络教育。应用网络培训、远程教育、电化教育等方式。

5. 境外培训。根据工作需要，组织干部开展境外培训工作。

三、不同国家和地区的公务员培训特征及其对我国的启示

公务员培训保障机制作为确保公务员培训高效、稳步实施的重要环节，近年来受到了世界各国的普遍重视。

（一）英国公务员培训的保障机制

英国是世界上建立公务员制度较早的国家。经过几个世纪的发展，英国的公务员培训已经形成了一整套系统，从立法、管理到质量的保障机制。

1. 法律保障：确保公务员培训的制度化和法律化

完善的法律和规章制度能够保障培训的有效性和严肃性。英国的《人力资源的开发与管理宪章》《公务员法案》和《公务员发展与培训》三部法典，构成了英国公务员培训制度的法律基石。为达到提升不同级别公务员的技术水平和专业素养目标，英国各级地方政府和代理部门要求在法律规定的基础上，每个单位内部都要制订规范的制度，约束并激励员工参加各种各类的培训。

2. 管理保障：确保培训工作的有效开展

健全的培训管理机构能为培训工作的开展提供有效的管理保障。英国1946年在财政部设立了培训教育司，1968年文官部建立以后，又专设人事管理培训司。其主要职责是制定科学的政策引导和规范调控机制，引导各类培训机构有序竞争、共同发展。为提高培训机构的专业化水平，英国管理机构委托英国人事与开发特许协会开设了“培训实践证书”，这种认证制度极大地促进了各培训机构提高自身的培训质量。

3. 质量保障：确保公务员培训的质量

1）培训施教机构：层次分明、任务明确，引入市场机制。英国的培训施教机构表现出多元的社会化趋势，层次分明、任务明确。主要有三类：一是政府各部门内部的培训中心，主要负责承担本部门文官培训任务；二是英国文官学院，主要负责对政府各部门较高层次的文官进行培训；三是各大学和其他教育机构，负责政府各部门的文官委托培训。同时，市场机制的引入，极大地保障了施教机构的培训质量。

2）培训模式：以学员需求为导向，提供定制服务。英国的培训机构十分重视开展需求分析，在学员需求的基础上开发相应的培训项目，提供满足学员需要定制的专门服务。在提供服务之前，有专门的咨询团队与各方人员进行访谈和问卷调查，对其目标和关切的问题进行分析，在此基础上制定解决方案。这种量体裁衣式的服务成为促进培训机构保持活力和市场竞争力的关键因素，也是保证培训质量的有力措施。

3）培训方法：注重实践性，以提高技能为中心。英国公务员培训主要采用实践性的培训方法，着眼于提高公务员的实际技能。其中“行动学习法”已经成为培训的主要方法之一，许多培训活动都是在现场进行，其最大意义是在培训和工作之间架起了一座桥梁，使培训与实际工作直接结合起来。

4）培训评估：注重培训学习效果。培训是一个特殊的学习过程，英国非常重视培训效果的评估。不仅重视对参加培训期间所学知识和技能的直接考核，还非常重视培训后的跟踪管理和评估。

4. 资金保障：确保充足的经费来源

英国对培训实行国家干预，在法律或财政预算中作出明确规定或安排，确保培训经费来源。英国规定每年公务员的培训经费应占国家行政管理经费的 3%，并列入财政预算。政府将各部门的培训经费包括在给各部门的年度拨款中，从而使各部门愿意也能够承担公务员的培训。据统计，英国用于公务员培训的经费约占公务员工资总额的 5%。正是为公务员培训的资金提供了充足的保障，从而使公务员培训得以顺利开展。

5. 动力保障：将培训与个人的职业发展相结合，建立培训激励机制

英国从现代人力资源管理开发的角度深刻认识培训与开发的定位，将培训和使用紧密结合，构建了较完善的激励机制。英国的公务员培训在强调适应并最大限度地满足政府、组织与部门、职位需求的同时，也非常注重公务员个人的职业发展。英国在公务员培训中引入了学习需要理论，强调个人现实水平与更高层级职位发展需求之间的差距，这个差距就是公务员的学习需要，也是培训中应当予以高度重视的地方。这种将培训与个人的职业发展相结合的方法极大地促进了公务员培训的积极性。

（二）美国公务员培训模式的特征

美国的公务员制度已实行一百多年，其在公务员培训方面的制度、机构、类型、内容和方式等值得借鉴。

1. 法制化的培训制度

美国的公务员培训制度具有完备的法律保障。美国《政府职员培训法》明确规定，公务员不参加培训就不能晋升职务。除了总的规定外，关于培训细节有些在专门的培训法中予以规定，有些在补充细则中予以明确，形成了一个完整配套、便于操作的法规体系。

2. 多部门、多层次的培训机构

美国公务员培训机构的特点是“官（政府）民（民间组织）结合、投入充分”。由于美国公务员范围大、系统庞杂，培训需求多种多样，这就要有满足不同层次需求的培训机构。在美国，参与公务员培训的机构不仅有联邦政府的行政学院、政府的人力资源部门，还有大学及各种协会等非政府组织。

3. 培训的类型和公开公平的培训报名

由于人才的流动、职位的升迁变换、自然减员等原因，美国每年都有大量的公务员培训任务。培训分为初任培训、在职培训和高级文官培训三种类型。美国公务员的培训报名是公开公平的，不受职位、背景、名额等条件的限制，衡量标准只有是否胜任工作。培训报名可以采取网上报名和到管理机构直接申请两种方式。培训时间也比较灵活，申请者可以根据自身的实际情况安排时间，如晚上、节假日、业余时间等，只要修完规定的学时即可。

4. 全面、实用及人性化的培训内容

美国的公务员培训在培训内容上首先呈现出全面化特点，注重全面的知识能力和技能的学习与训练，而不是偏重于政治理论知识。有提高专业素质技能的专业知识培训，有开拓视野、运筹决策的管理才能培训，有培养公务员遵守职业道德和行为规范的职业道德培训，还有提高公务员敏锐、机智能力的智力训练等等。其次培训内容更注重实用及人性化，对公务员培训内容的确定主要以工作需要为依据。每次公务员培训的课程设置可以由用人部门提出建议，或由管理部门设计，或聘请专家提出方案，但最终的课程设置都充分体现人文关怀。

5. 灵活多样的培训方式

美国对公务员培训不仅有形式多样的集体培训，如研讨会、座谈会、讲演会、培训班和进修班等；而且有形式特殊的个别培训，如个别谈话与指导、工作调换、参观学习、指定阅读书籍和报刊、脱产学习、接受函授课程及在主管首长指导监督下进行工作等；还有适应于电子政府的公务员网上在线培训等形式。

美国公务员培训强调社会实践与课堂教学的有机结合，使公务员能主动独立地思考，培养、提高其创新能力。经常采用的教学方法有案例教学、模拟教学、现场观摩、理论讲授、练习、小组教学等。

（三）新加坡公务员培训模式的特点

新加坡政府认为，公务员队伍的素质影响到国家政治、经济和社会的发展，直接影响着一个国家的政务水平。

1. 公务员培训的系统性

新加坡政府非常重视高素质公务员队伍的建设，并且把公务员素质的培养和提高看成是一个系统工程：以录用为起点，以教育和培训为手段，以制度为约束，形成一个有机的整体，各个环节互相依托，相互融合，从而为建立一支高素质的公务员队伍奠定了坚实的基础。

2. 公务员培训的制度性

新加坡公务员培训具有明显的制度安排特征。

1）培训工作的制度化。在新加坡，每个公务员都有符合自身实际和工作需要的培训计划，每年必须接受100小时的培训教育，确保通过培训提高自己的业务水平和工作能力。

2）培训计划的科学性。新加坡政府精心设计课程内容和培训方式，将培训需求放到国家经济和社会发展的大环境中分析，围绕公务员的职能和职称情况以及未来发展，开展分类、分层次的培训。

3）培训队伍的高素质化。新加坡公务员培训有着浓厚的市场化气息，培训人员整体素质很高。科学、合理的制度安排和设计是新加坡公务员培训的制度保障。

3. 培训机构的准市场性

主要体现在两个方面：

1）竞争性的办学体制。将办学经费由国家通过财政部直接划拨调整为财政部把经费直接拨到政府部门，由各部门自己决定到哪个培训机构、学院或私人机构培训公务员。这种竞争机制的引入，使培训机构适应市场的能力、培训的能力以及经济收益都大大提高。

2）市场化的教学管理。通过市场来配置教学资源是新加坡公务员培训机构的显著特点。新加坡培训机构设计了菜单式的课程体系供报名者选择，同时，根据形势发展要求，适时清除过时的专业，增添新的专业。而且各培训机构不配备专业教师，所需师资都是依据培训需求到社会上聘请。

（四）中国香港公务员培训模式的特征

中国香港特区政府公务员培训遵循以人为本的培训理念，坚持个人发展与组织需要的培训目标，服务于政府的执政理念。

1. 中国香港特区政府公务员培训的组织与运作

1）统筹培训。中国香港特区公务员事务局及下属的公务员培训处负责培训的统筹工作，配合政府推行的新措施及提出的新要求，担任制定及落实培训政策和规划的任务，对特区内公务员的教育培训工作进行统一的管理和调控，并就各个政府部门人力资源发展提供咨询服务。

2）部门培训。政府各部门内部制定及统筹部门内的培训工作，为职员提供职业、技术及专门教育培训。各部门主要具体负责入职培训（即针对刚刚加入公务员队伍的人员培训）、技术培训、专业培训等，许多部门还建立了专业知识和技能训练机构，培训经费由本部门从培训费用中列支。同时，各个政府部门各自负责开展部门系统内的公务员培训教学管理工作，倾向于与部门专业相适应的专业培训课程。

3）廉政培训。廉政公署主要负责对现职公务员进行依法行政教育，包括共同信念教育和有关法规教育。共同信念教育是指教育公务员："坚守法治、守正忘私、交代和公开决策与行动，履行公职时，保持政治中立；执行公务时，不偏不倚、全心全意、竭尽所能、服务市民"。

2. 中国香港特区政府公务员培训的课程与形式

中国香港特区公务员培训课程的设计主要体现在如何提高公务员的素

质能力，高效、专业、廉洁实现政府的组织目标。

1）课程特征：分级分类。中国香港特区公务员课程设计遵循“分级分类、因材施教”的原则，根据公务员职级的高低、职系工作的特点设置相应的课程，划分出高级公务员培训课程和一般职系职级公务员培训课程。分类培训是指按照职类组织培训的方法。由于同一个职类业务性质基本相同，分类培训可以开展专业性强的训练，同时满足所有学员的培训要求。分类培训往往由各政府部门组织，各部门的训练中心实施。

2）课程内容：丰富实用。中国香港特区公务员培训课程的设置坚持以“以客为本”（“客”即公务员及其服务的公共部门）的原则，丰富而实用，课程设置具有很强的针对性，强调学以致用、学用结合。按内容不同大体上可分为四类：管理培训课程、中国事务课程、语言与沟通课程、一般职系培训课程，分别适合不同层级的公务员。

3）培训形式：灵活多样。中国香港特区政府配备有专业化的培训师资、多样化的培训方式、市场化的招标竞争机制，且通过多渠道跟踪、反馈机制，对培训质量进行有效评估。

（五）对我国的启示

借鉴上述不同国家和地区在培训方面的先进做法，对改进我国党政机关的培训工作具有现实意义。

1. 培训内容

在过去行之有效的干部培训计划的基础上，普遍实施职业生涯发展规划，帮助每个人制定个性化的职业生涯发展培训计划，充分尊重个人的特点和发展意愿，可以考虑建立培训自我申报、鼓励自我开发的制度，从而使培训具有较强的针对性，提高培训的实效性。

2. 培训方式

改变培训以授课为主的模式，逐步转变到以能力建设为主的参与式、实践式教学，强调能力培养，注重公务员的自身参与。在新的社会、经济、技术条件下，充分利用网络平台，开发建立网上培训的模式，使培训工作便捷化、广泛化和经常化。

3. 培训机构

向着市场化的方向，逐步培养和建立培训市场，使培训工作的实施也具有竞争性，提高培训的效率。

4. 培训经费

将党政机关干部教育培训经费列入各级政府年度财政预算，并随着财政收入的增长而逐步提高，以保障干部教育培训工作的需要。同时，加强对干部教育培训经费的管理，引入绩效评估机制，提高培训经费使用效益。

四、完善我国党政机关培训经费保障机制的思路

（一）将培训费按比例纳入部门预算

党政机关培训经费的保障与否是制约培训的根本问题之一，直接影响到师资力量的配置、教学设施的建设等诸多问题，从根本上影响教学水平和培训质量的提高，进而影响到党政机关干部的履职能力。

《公务员培训规定（试行）》第二十八条明确规定：“公务员培训所需经费列入各级政府年度财政预算，并随着财政收入增长逐步提高。对重要培训项目予以重点保证。”《办法》2016 版第十九条也规定：“培训费由培训举办单位承担，不得向参训人员收取任何费用。”

因此，党政机关在编制年度部门预算时，应根据各单位培训部门制订的本单位年度培训计划（包括培训名称、对象、内容、时间、地点、参训人数、所需经费及列支渠道等），将培训费在年度预算编制中作出安排，确保培训经费来源。各单位可结合分析近三年培训费的决算数分别占本单位日常公用经费的比例和人员经费的比例，尝试将年度培训经费预算编制为占本单位日常公用经费的一定比例（3% 左右），或占本单位人员经费的一定比例（5% 左右）。

（二）建立分类保障机制

《公务员法》第六十六条规定：“机关根据公务员工作职责的要求和提高公务员素质的需要，对公务员进行分类分级培训。”由于不同职务层次、

不同职位类别的公务员所承担的职责不同，对公务员的素质和能力的要求也就有所不同。分级分类培训就是要根据不同职务层次、不同职位类别公务员的特点和需要，按照学用一致、按需施教的要求，在培训内容、培训方法、培训形式上有所不同，使培训更具有针对性和实效性。

各单位在培训经费有财政预算保障的前提下，可根据培训分类（初任培训、任职培训、专门业务培训和在职培训）将近三年的培训费决算数在四个类别中进行细分，分析其结构占比变化，并结合年度培训计划，归纳出各类培训在预算安排中的占比结构，从而按照四类培训的不同业务特点核定其占培训费预算的比重，建立分类培训保障机制。

（三）建立可控的动态调整、绩效问责机制

定额标准的应用是定额标准制定的归宿和落脚点，各单位应将定额标准全面运用到预算编制、执行、绩效管理、信息公开等全过程。

1. 制定动态、合理的定额标准

按照《办法》2016 版的要求，各地方省市和中央部门结合本地区、本部门的业务特点和工作实际，陆续修订了培训费管理办法或实施细则，规范了培训费的开支范围和综合定额标准，明确了分项核定、总额控制的原则。各单位一方面要严格执行定额标准，同时也要根据各地区、各部门的实际情况，将定额标准细化，提高预算管理的科学化精细化水平。而且，定额标准还要随着时间的推移、政策的变化、业务特点和单位职责的变化、物价水平和经济发展状况等实际情况的变化作适当的调整，增强定额标准的协调性、规范性和科学性。

2. 健全公务卡强制结算目录

推行公务卡制度（除按规定实行财政直接支付或者银行转账外），无论是对提高财政财务透明度、推进源头防治腐败工作，还是对加强各单位财务管理都具有重要意义。公务卡通过制度和技术创新，可以有机生成公务支出的各项明细信息，使公务支出置于阳光之下，提高培训费等公务支出的透明度，从而有效克服现金支付结算方式信息不透明所导致的种种弊端。而且，公务卡通过支付信息的电子化将从制度上封杀“小金库”，也有利于

深化公共财政改革，加强财政支出监管。

3. 实施追踪问效的预算管理机制

各单位对预算资金安排的培训经费的执行过程要实施追踪问效，对培训完成结果及目标进行绩效评价。追踪问效原则体现了预算管理从“重投入”向“重产出”的转变。为保障预算资金实现既定的目标和获得更高的产出效益，各单位要对培训经费的预算执行过程进行管理，及时解决执行中出现的问题，优化培训的实施过程，保证培训目标的顺利实现。在每次培训完成后，将培训完成结果与预期目标进行对比、分析，评价培训的产出绩效，并以评价结果作为加强管理、优化培训支出结构和安排后续资金的依据。

4. 推进标准管理信息系统建设

信息系统是开支定额标准管理的技术基础，建立完善的信息系统，推进定额标准的资源共享并将定额标准管理的各个模块有机衔接，既有利于进行工作交流互动和标准查询应用，又能够优化工作程序、减少工作量，提高管理效率，满足预算编制、审核等管理的需要。

5. 完善标准公开机制，建立标准信息发布管理制度

除依照法律法规和有关要求须保密的培训内容和事项外，对于不涉及保密的标准、培训的预算和决算信息、培训的项目、内容、人数、经费等情况以及对培训费支出的审计结果等，各单位应当按照及时、方便、多样的原则，通过公告、网站等适当途径加强信息公开，接受社会监督，促进部门预算管理更加公开透明。同时，建立舆情反馈机制，及时调查处理媒体曝光的违规违纪违法问题。

参考文献

[1] 财政部.《因公临时出国经费管理办法》[Z]. 财行〔2013〕516 号.

[2] 财政部.《中央和国家机关培训费管理办法》[Z]. 财行〔2013〕523 号.

[3] 财政部.《中央和国家机关差旅费管理办法》[Z]. 财行〔2013〕531 号.

[4] 财政部.《关于做好中央和国家机关会议费管理办法等制度贯彻落实工作的通知》[Z]. 财办行〔2014〕57 号.

[5] 财政部.《关于做好厉行节约反对浪费制度上网公开工作的通知》[Z]. 财办行〔

2014〕111 号.
[6] 财政部.《因公短期出国培训费用管理办法》[Z]. 财行〔2014〕4 号.
[7] 财政部.《中央和国家机关差旅费管理办法有关问题的解答》[Z]. 财办行〔2014〕90 号.
[8] 财政部.《中央和国家机关培训费管理办法》[Z]. 财行〔2016〕540 号.
[9] 中央办公厅.《关于党政机关和国有企事业单位培训疗养机构改革的指导意见》[Z]. 中办发〔2016〕60 号.
[10] 中组部.《关于印发<公务员培训规定（试行）的通知>》[Z]. 中组发〔2008〕17 号.
[11] 中共中央.《干部教育培训工作条例》[Z]. 2015.
[12] 全国人大常委会.《中华人民共和国公务员法》[Z]. 2005.
[13] 国务院.《国务院关于 2017 年度中央预算执行和其他财政收支的审计工作报告》[R]. 2018.
[14] 审计署.《中央预算单位 2017 年度预算执行等情况审计结果》[R]. 2018 年第 43 号公告.
[15] 财政部."厉行节约反对浪费制度建设与实施"专栏 [EB/OL].（2014–8–6）http://xzzf.mof.gov.cn/zhuantilanmu/jy/.

第六章　新时代党政机关因公临时出国经费管理改革

“三公”经费的高低是一个政府廉政高效与否的重要体现，党和国家高度重视治理“三公”经费问题。2011 年，国务院常务会议要求中央各部门在 2011 年 6 月全国人大常委会审议批准中央财政决算后，公开 2010 年“三公”经费决算支出和 2011 年“三公”经费预算支出。2011 年的政府工作报告中强调：“加快实行财政预算公开，让人民知道政府花了多少钱，办了什么事。”从此，党政机关“三公”经费日益成为民众关注的焦点，限制“因公临时出国（境）”（以下简称“因公出国”）经费增长也成为社会关注的热点之一。党的十八大以来，在全球经济进入深度调整的大背景下，我国的政治、经济、文化、社会、生态等各领域的发展也都进入新常态，既处于新旧观念理念转换的关键期，又面临升级转型从而大有作为的重要战略机遇期。为适应经济社会发展的新要求，党政机关因公出国管理包括经费管理更应主动适应各领域新常态的需要，以新常态的观念和思维，不断推进因公出国相关事务管理的国际化进程和制度创新发展，从而把握新常态带来的新挑战和新机遇，实现我国在国际舞台各领域持续迈进和跨越发展。

一、我国因公出国的范畴及相关政策

（一）因公出国的范畴

1. 因公出国界定

“因公出国”也可称之为“公务出国”，是与“因私出国”相对应，是我国计划经济时期遗留下来的一种提法。对于公务的理解，黄建钢在其《新公共政策学》里有所提及，他将公务定义为一种事务，一种不仅涉及公家或集体的，而且还以“公正”和“公平”为标准的事务。所以，我们可以把“公务出国”理解为在“公正”和“公平”基础上适应工作需要，为国家或集体利益选拔派遣具备良好政治水平和思想观念、极强工作能力和健康体质的人员出国执行公共事务。

实际上，现在的外事工作中大家还是普遍用“因公出国”一词，但是从“因公出国”所使用的护照由“因公普通护照”更改为“公务普通护照”来看，“公务出国”其实是现在我国所提倡的说法，但是从我们的使用习惯和便于理解的角度，本文仍将使用“因公出国”一词。根据中国特殊的国情，因公出入境包含了出入中国国境和来往于港澳台三地之间的出入行为。公务出入中国国境由外交部与外交部委托的地方政府外事部门管理。来往于中国香港和中国澳门特别行政区的，由国务院港澳事务办公室和委托的地方政府港澳办公室管理。往来于台湾的事务则由国务院台湾事务办公室和地方台办负责。

“因公出国”是“三公”的重要组成部分，主要是指出国（境）进行考察、交流、访问、学习、经贸洽谈、举办展览、培训或研修等公务出境活动，主要包括五类：为一般性工作事务交流开展的出国考察；根据国内国际形势要求完成特定使命的交流和出访；专业业务培训性质的出国学习研究；为本地区、本行业进行的招商引资，扩大经济贸易发展合作开展的外事交流；因为政治经济文化等方面的需要开展的区别于一般行政任务的外交活动等。为适应经济发展新常态的需要，党政机关因公出国的交流分为“走出去、请进来”两方面，展现出规模加大、层次多元、频次增多、目的多样等特点，党政机关人员因公出国是“走出去”的重要表现形式，是保障跨国境文化交流需要的重要途径。

因公出国按时间的长短，又可分为因公临时出国和因公长期出国两种情况，本文主要探讨因公临时出国的相关政策内容。根据出访任务、目的和要求，大体上可以将各类因公临时出国（境）人员分为：学术会议、交流访问、合作研究、经贸活动、艺术团体商业性演出等等。

2. 我国因公出国的发展过程

现代化人才的培养不仅要依靠国内教育机构的培养，出国（境）学习交流也已经成为人才培养的一条重要途径。我国的出国（境）始于上世纪80年代，“文化大革命”之后。“文革”十年使得正常的大学招生中断了10年，学习知识在当时被认为是反动迂腐之举。“文革”后邓小平等国家领导人认识到国家人才的奇缺，果断恢复高考制度。在1983年，中央又进一步提出要大胆“走出去，引进来”，要充分利用国外智力，这些都是我国能够在社会各个领域引领时代改革发展的重要人才基础。

80年代改革开放初期，受到国家政策的鼓励，出国（境）交流学习的人才越来越多，但是一半以上多是集中到国外的大学、科研机构学习最基础的学科，而实际工作中特别急需的科学和技术，如工业和农业的专业技术问题、管理问题，由于人才的缺失和知识的缺乏而长年得不到解决。针对这一情况，国家及时出台政策，鼓励工商企业专业人员和管理人员到国（境）外学习，并拨出专款，因此称之为“因公”出国（境）。之后，这一鼓励措施逐渐扩展到公共服务部门，让国家公职人员走出去，学习借鉴国外政府管理和为社会服务的经验。现在每年经国家审批审核的国家公职人员近6万人。看历史沿革，我国因公出国可大致分为三个阶段，即初始选派阶段、改革推进阶段和调整提升阶段。

（1）初始选派阶段：以专业技术人员出国（境）为主的阶段

解放初期，我国各个领域都百废待兴，工业、农业水平都远落后于其他国家，如何在有限的土地上提高农产量、如何提高工业技术水平成为当时需要迫切解决的问题。基于此，中央设立专项财政资金，把一部分专业人员送到其他国家去研究学习，这部分人员主要可分为两类：一类是随引进国外技术、设备而出国学习的；一类是为解决国家国有企业问题而因公派出的。这个时期以解决实际生产问题为主，所以大多是基础学科和专业技术人员，甚少有管理方面的人员。

（2）改革推进阶段：选派企业中上层管理人员出国（境）阶段

我国的生产力通过第一批专业技术人员出国学习深造实现了飞跃，工农业的许多困难和问题被他们带回的先进科学技术攻克，我们尝到向发达国家学习先进技术的甜头。另一方面，我们在管理方面远滞后于工农企业，科学水平待提高，管理水平和管理能力成了企业进一步发展的瓶颈。当企业发展到一定程度，管理水平和技术从某种意义上讲更为重要，通过管理带给企业的变革有时比单项技术的提高更为突出。所以我们国家有一部分企业推选中上层管理人员通过“因公出国”向发达国家学习先进的管理知识经验。

（3）调整提升阶段：选派国家公职人员出国（境）阶段

前两个阶段的专业技术人员、企业中高层管理人员出国（境）回归后成为企业的新鲜血液，为企业的进一步发展带来了动力。但是，从带动某个领域、某个地区共同前进，共同发展的角度，则实际需要为整个公共社会服务的国家公职干部素质和水平的不断提高。邓小平同志的南巡讲话，掀起又一次思想解放。他说："改革开放迈不开步子，不敢闯，说来说去就是怕资本主义的东西多了，走了资本主义是姓资还是姓社的问题。判断的标准，应该主要看是否有利于社会主义社会的生产力，是否有利于增强社会主义国家的综合国力，是否有利于提高人民的生活水平。""社会主义要赢得与资本主义相比较的优势，就必须大胆吸收和借鉴人类社会创造的一切文明成果，吸收和借鉴当今世界各国包括资本主义发达国家的一切反映现代社会化生产规律的先进经营方式、管理办法。"1993 年 11 月，中央做出《关于建立社会主义市场经济体制若干问题的决定》，提出"借鉴世界各国包括资本主义发达国家一切反映社会化生产和市场经济一般规律的经验。"我们搞市场经济，领导干部最重要，他们必须了解什么是市场经济，才能谈得上领导市场经济。1993 年起，国家各领域开始大规模选派为公共事务服务的国家机关、事业单位优秀人才出国（境）学习与培训。由中组部与国家外专局联合举办的地厅级领导干部经济管理研讨班即是从那时开始的。该项目先后举办了 100 多期，有近 4000 名中央各部委、全国各地的地厅级干部参加该项目，国家领导人曾积极肯定了该项目，对该项目的效果给予了高度的评价。因公出国开展了有 40 多年，总结这几十年的经验，可以说我们国家社会的各个领域的公共管理水平通过这个活动都得到了提高，通过一批批外派人员努力刻苦地学习吸收发达国家的社会管理和科学技术的先进理念和经验，切实提高了他们的科学决策、长远眼光和驾驭全局的能力，也有力提升了党政机关、企业事业单位科学研究和决策管理水平。

（二）因公出国相关政策

1. 因公出国管理体制

从某种角度来说，因公出国管理体制是建立在我国已有的经济制度基础上，具有我国特色的管理机制，这种体制结合我国基本国情和社会制度，确保了因公出国交流学习途径畅通，促进了我国与世界各国人民的交流、沟通，增进了彼此间的友谊。

我国因公出国分别属于外交和公安两大系统。因“公”出入境属于外交系统管理；因“私”出入境则属于公安系统管理范畴。建国初期，中国公民的出入境管理均由外交部负责，从 1956 年开始，国务院决定由公安部负责中国公民因私出入境管理工作。公安机关自 1958 年 5 月 1 日起正式开始管理中国公民因私出国（境）业务。

因公出国管理的主要负责机构是外交部、外交部委托的地方人民政府外事办公室、外交部驻外使（领）馆和驻外机构等。外交部领事司作为主管机关，负责全国因公出国管理事宜。领事司的主要职能是：负责领事工作；处理中外领事关系；负责颁发外交、公务、公务普通护照；负责领事公证认证、签证办理工作；管理外国驻我国领事机构；调节外国人在中国境内发生的诸如刑事、民事案件的处理和与国外交涉工作；承担海外侨务工作；一并处理移民事务；负责领事保护和协调帮助工作，撰写领事保护和协助政策法规，公布领事保护和协助预警消息；指导我国驻外机构和地方外事部门工作。

因公出国管理的对象是持有外交护照、公务护照和公务普通护照的公务出访人员。国家机关，事业单位，国有企业、国有控股企业和具有一定规模的外向型企业的工作人员从事公务活动必须持有公务普通护照，公务普通护照是中国具体国情的特色体现。若上述单位的工作人员因私事出国，须向公安部门申请因私护照，不得持用公务普通护照。

2. 因公出国管理相关政策

因公出国政策，可以说是一个相对来说比较宽泛的问题。因公出国管理一般包括审批制度、护照办理和管理制度、外汇和费用管理制度、签证服务、专办员制度、行前教育和监督制度等一系列制度体系。审批制度和护照办理和管理制度是因公出国管理的核心，外汇和费用管理制度涉及到“三公”消费问题，也是重中之重，相对还比较重要的签证制度是随着各国使馆随时变换签证要求而不断发生相应变化的。本文将重点研究因公出国经费管理的相关政策和实施情况。

以公有制为主体，多种所有制经济共同发展的基本经济制度属于我国特有的基本国情，这也就注定了我国的出国体制不同于其他资本主义国家乃至一些社会主义国家，我国的因公出国管理制度也还将存在并可能在一定时期内继续存在。随着经济全球化的发展，我国经济体制也随之开始转变，政府的主导作用加强，服务型政府正在建设中，为了适应瞬息万变的国际化大环境，为了促进我国的政治、经济、教育发展，因公出国的管理制度会发生一定的变化，但是为了稳定发展，这种变化应当是稳健的、逐步的，甚至是更加严格和缩紧的。

（1）审批管理相关政策

前面已经提到因公出国的审批，审批制度是指行政机关（包括有行政审批权的其他组织）根据自然人、法人或者其他组织提出的申请，经过依法审查，采取“批准”“同意”，发放相关同意文件等方式，准予其从事特定活动、认可其资格资质、确认特定民事关系或者特定民事权利能力和行为能力的一种制度。因公出国（境）的审批，由中央和国务院授权的部门单位对各政府部门、国有企业和事业单位的工作人员出访团组申请，按照相关规定对出访任务等相关事项进行审查和批准。因公出国的审批包括出国任务的审批和出国人员的审批两个环节。各环节审批内容及相关政策依据见表 6–1。

表 6–1　因公出国（境）审批

审批制度	出国（境）任务的审批	出国（境）人员的审批
审批内容	出国目的、出国性质、是否有实质性内容、组团人员、出访国家和地区、出访时间和往返路线、出访费用来源、外方的邀请信、报批材料的真实性	审查出国人员的政治背景、业务能力和身体条件；保证出国人员的质量；确保出国任务顺利完成
主要相关政策依据	《关于跨地区、部门因公出国（境）团组的管理办法》（国办发〔1997〕29 号）、《中共中央办公厅、国务院办公厅关于转发中央纪委等部门 <因公出国人员审批管理规定> 的通知》（中办发〔2012〕5 号）等文件	《中共中央组织部、人事部关于因公出国人员审查的规定》（中办发〔1991〕8 号）、《中共中央组织部、人事部关于因公出国人员审查的补充规定》（中办发〔1991〕8 号）等文件

在有关审批的管理规定中一般都主要包括：确认各部门职责、强调出访原则和要求、任务报批和审核、任务的认定、行前准备和外事纪律、费用开支标准及管理、出访总结管理、因公证照管理及其他的一些注意事项。通过对这些政策的研究和对比，发现强调加强和控制因公出国的管理是国家一直在抓的主要事务。可查文件记录中的最早规定源于20世纪80年代，《中共中央 国务院关于严格控制党政机关干部出国问题的若干规定》（中发〔1987〕21号）和《中共中央办公厅 国务院办公厅关于严格控制领导干部出国访问的规定》（中办发〔1989〕10号）；近些年也有一些相关规定，如：《中共中央纪委 中共中央组织部 外交部 公安部 国家安全局 监察部 人事部 商务部关于进一步加强党员干部出国（境）管理的通知》（中纪发〔2004〕26号），《关于进一步加强因公出国（境）管理的若干规定》（中办发〔2008〕9号）和《中共中央组织部关于进一步加强领导干部出国（境）管理监督工作的通知》（组通字〔2014〕14号）等。这些严控出国管理和纪律的规定政策，主要是根据我国国情和社会经济形势变化而制定的，在配合国家外交政策和促进社会经济发展发挥了积极作用。

首先，严格控制了无实质性出访团组数量，提高了团组出访质量。以《关于进一步加强因公出国（境）管理的若干规定》（中办发〔2008〕9号）为例，管理规定集中提出了几大问题：出访团组和人员过快增长，集中在少数热点国家和地区，缺少实质性内容的访问、考察和培训过多，经常会发生各种违反外事、财务管理规定的现象。要求本着务实、高效、精简、节约的原则，进一步加强因公出国工作的管理。提出审批管理要严控，提早进行年度计划申报，按计划出访；审批日程要占公务活动的2/3以上；团组人员严控不得超过6人，出访国家1国不超过6天，2国不超过10天，3国不超过12天，天数中均含路程；出国培训要在前一年报国家外专局提请计划，培训应在一国内完成，不得少于21天，人数控制在25人以内。在《中共中央办公厅、国务院办公厅关于转发中央纪委等部门 < 因公出国人员审批管理规定 > 的通知》（中办发〔2012〕5号）文件中，对于加强因公出国管理做了进一步的规定，大方向不变的基础上，出访天数的要求有了变化，进一步缩紧：出访国家1国不超过5天，2国不超过8天，3国不超过

10 天，天数中均含路程，对于部分南美和非洲较远且不方便前往的国家，可适情况增加一天路程。如此严格的规定会促使出访团组更加珍惜出国机会，在甄选团员时会从全方位考虑，在有限的时间内尽可能高质量地完成出访任务。

其次，大量减少或杜绝了徇私舞弊，弄虚作假现象。在对公派任务的认定中，审查邀请信十分重要，一些违法违纪的问题经常出现在虚假邀请信中。《中共北京市委教育工作委员会 北京市教育委员会关于印发市委教育工委市教委机关处级及以下人员因公临时出国管理规定的通知》（京交工办〔2006〕25 号）文件中比较明确指出：合格的邀请信内容必须包括：明确的出访目的、出访日期、停留期限及费用承担办法，正式公函邀请信纸、联系方式和邀请人签字。而在实际执行过程中不乏有一些急于花钱或给予出访人员“福利”性出访的单位，因无实质性内容的出访，不能找到相对应的邀请单位出具邀请函，有些单位便会想出找出国中介出具邀请函或者更甚者会自行制作假邀请函以蒙混过关，这些违纪行为严重影响了我国在国际上的声誉和地位，也造成了我国外交上一定的困难，如：2011 年左右，黑龙江省某部门制造假邀请信派团前往秘鲁，经秘鲁驻华大使馆核查后证实为虚假邀请信。使馆提出以后我国出访秘鲁的团组邀请信必须经过秘鲁邀请方到该国相应部门公证、认证，我方出具派遣函也必须经公证部门公证后由外交部进一步认证，申请流程变得复杂，而且成形的团组数量减少，大大影响了我国与秘鲁的经济、教育交流。

最后，加强对出访人员的政治审查，及早发现并控制部分公务人员规避法律责任，非法潜逃的问题。根据《中共中央组织部关于进一步加强领导干部出国（境）管理监督工作的通知》（组通字〔2014〕14 号），文件中特别强调了“个别领导干部外逃现象时有发生，给党和国家造成恶劣影响”，规定了“严格执行干部监督信息报送制度，凡发现有领导干部外逃或涉嫌外逃的，要在 48 小时内逐级上报至中央组织部干部监督局”。这一现象的产生也是有一定的根据的，随着我国经济的发展，腐败现象越发严重。中央近几年大力反腐倡廉，出台“八项规定”及相关制度对因公出国起到一定的约束作用，致使一些领导干部开始惊慌失措，为了掩盖自己的过失，有一些选择了逃到国外。这个政策的出台其实也有很强的针对性，北京某高校处级领导为掩盖自己的收受贿赂的过失，不惜办假证潜逃，最终还是落网。这一行为给国家和广大人民群众造成了极其恶劣的影响。这种情况下，需要进一步体现的是政审的重要性，《中共中央组织部、人事部关于因公出国人员审查的规定》（中办发〔1991〕8 号）文件中出国人员条件第 6 条中明确说明“凡是介入经济犯罪活动，有偷税漏税现象、走私贩私投机倒把、执法犯法、敲诈勒索、贪污盗窃、行贿受贿及透露国家经济情报和其他严重危害国家利益行为的，均不可以派出国”，所以在派出人员审批中，政治审查是很重要的一项工作，特别是经济全球化、国际化的大背景下，政治审查成为出国审批的第一要事。

（2）证照管理相关政策

在证照的管理上，主要是根据《中华人民共和国护照法》来执行的。因公护照的管理政策基本都涵盖在因公出国管理中，国家层面的政策有外交部《关于因公护照管理的暂行规定》（外发〔1994〕24 号），部分地区或部门会根据情况制定相应的管理政策，如北京市外办下发的《北京市因公护照颁发和管理暂行规定》（京政外发〔2000〕264 号）。因公护照的管理要求有明确的管理部门，一般要由所在单位的国际交流部门进行统一收缴和管理，有因公出国任务才能借出使用，对于执行完任务却没有按时归还护照的出访人员，可以暂停其出国资格。护照法里明确指出护照办理收取的工本费和加注费将上缴国库，而对于不同的护照类型，其外交使用权限也不同，因公护照使用权限较大，没有因公出国任务是不能由本人保存的，以免造成不必要的过失和损失。对于执行因公出国任务的国家、企业和事业单位人员，一定要持因公证照出访，不得持用因私证照。

因公证照是应该进行统一管理的，首先，因公证照和公民普通证照相比较具有很大的使用权限，如个人持有时不慎丢失，将会给不法分子造成可乘之机，利用因公证照蒙混出关，可能会给个人甚至国家造成损失。其次，随着我国外交不断加强，各国对我国的签证政策逐渐开始放宽，半年多次、一年多次、三年多次甚至十年多次的签证渐渐出现在护照上，公务人员可能会因不了解因公出国政策而随意持有有效签证护照出国，违反了外事纪律。最后，统一管理因公证照更加方便外事主管部门对于该部门出国的管理、整理和统计。当然，统一的管理证照可能会给证照持有者造成一定麻烦，如：没有留存护照信息和已有签证信息复印件，在办理其他签证或需填写因公证照、签证信息时必须到主管部门处查找。而对于证照保管单位，证照保管安全问题、大量的证照借出、收录工作等对证照保管负责人的选择和证照管理系统的使用都提出了高要求。

（3）费用管理相关政策

多年来，“因公出国经费”问题一直是我国的重点问题，同时也是众学者、专家研究的重要问题。如何合理使用出国经费、严控出国经费、防止公款出国等等方面的研究和政策类论文层出不穷，一方面说明在我国滥用因公出国经费的现象还很严重，另一方面也说明我国在这方面的把控不仅受到国家制度的约束，还受到社会大众和舆论的监督。因公出国费用管理的相关政策很多，如：《财政部关于印发 < 因公临时出国用汇管理办法 > 的通知》（财预〔2002〕314 号），《临时出国人员费用开支标准和管理办法》（财行〔2001〕73 号），《因公临时出国经费管理办法》（财行〔2013〕516 号）等，这些政策将在下面章节中进行详细解读。

二、因公出国经费主要内容和相关政策

（一）因公出国经费主要内容

财政部、外交部《临时出国人员费用开支标准和管理办法》（财行〔2001〕73 号）和《因公临时出国经费管理办法》（财行〔2013〕516 号）对因公出国经费进行了规定，财行〔2013〕516 号发布后，财行〔2001〕73 号予以废止。就范畴而言，两个办法的规定基本一致，但在具体内容和管理方面，存在一定差异。财行〔2013〕516 号规定，因公临时出国（境）经费包括：国际旅费、国外城市间交通费、住宿费、伙食费、公杂费和其他费用。国际旅费，是指出境口岸至入境口岸旅费。国外城市间交通费，是指为完成工作任务所必须发生的，在出访国家的城市与城市之间的交通费。

住宿费是指出国人员在国外发生的住宿费用。伙食费是指出国人员在国外期间的日常伙食费用。公杂费是指出国人员在国外期间的市内交通、邮电、办公用品、必要的小费等费用。其他费用主要是指出国签证费用、必需的保险费用、防疫费用、国际会议注册费用等等[①]。

（二）因公出国经费相关政策

1. 相关制度

多年以来，我国由不同部门陆续出台多个关于因公出国的相关文件，如：《临时出国人员费用开支标准和管理办法》（财行〔2001〕73 号）；《财政部关于印发 < 因公临时出国用汇管理办法 > 的通知》（财预〔2002〕314 号）；《财政部、外交部、监察部、审计署、国家预防腐败局关于加强党政干部因公出国（境）经费管理暂行办法》（财行〔2008〕230 号）；《中共中央办公厅 国务院办公厅关于坚决制止公款出国（境）旅游的通知》（中办发〔2009〕12 号）；《财政部 教育部关于调整国家公派留学人员奖学金资助标准的通知》（财教〔2010〕286 号）；《因公临时出国经费管理办法》（财行〔2013〕516 号）等等。

经过不断修订和完善，目前正在使用的文件主要包括：财政部、外交部《因公临时出国经费管理办法》（财行〔2013〕516 号）；财政部《因公短期出国培训费用管理办法》（财行〔2014〕4 号）；中共中央、国务院《党政机关厉行节约反对浪费条例》；中共中央办公厅、国务院办公厅转发《外交部、中央外办、中央组织部、财政部关于进一步规范省部级以下国家工作人员因公临时出国的意见》（中办发〔2013〕16 号）；财政部关于印发《因公短期出国培训费用管理办法》的通知（财行〔2014〕4 号）；国家外国专家局《关于清理压缩出国（境）培训项目的紧急通知》（外专发〔2013〕100 号）等。这些文件对因公出国（境）费预算和支出管理做了详细规定，同时也提出了相关的严控经费规模的措施，包括减少出国人数、压缩出国项目、出前出后严格管理等等。

① 财政部、外交部《因公临时出国经费管理办法》（财行〔2013〕516 号）第三章，第八条。

2. 新制度亮点及对比

（1）新制度亮点

目前，党政机关因公出国经费管理遵循的基本办法是 2013 年修订后的《因公临时出国经费管理办法》（财行〔2013〕516 号），取代已实施 12 年之久的《临时出国人员费用开支标准和管理办法》（财行〔2001〕73 号）。

至 2019 年 5 月，《新办法》仍在实施，其主要亮点为：

一是因公出国交通费：国内航空公司优先，不得乘包机

出国经费中交通费用是大头，一块是国际旅费，即出境口岸至入境口岸旅费，一块是国外城市间交通费，即为完成工作任务所必须发生的，在出访国家的城市与城市之间的交通费用。

对于国际旅费，新办法明确出国人员要选择经济合理的路线，优先选择由我国航空公司运营的国际航线，由于航班衔接等原因确需选择外国航空公司航线的，应事先报经单位外事和财务部门审批同意。不得以任何理由绕道旅行，或以过境名义变相增加出访国家和时间。

同时，按照经济适用原则，选择优惠票价，并尽可能购买往返机票。出国人员应严格按照规定安排交通工具，不得乘坐民航包机或私人、企业和外国航空公司包机。

《新办法》规定，省部级人员可以乘坐飞机头等舱、轮船一等舱、火车高级软卧或全列软席列车的商务座；司局级人员可以乘坐飞机公务舱、轮船二等舱、火车软卧或全列软席列车的一等座；其他人员均乘坐飞机经济舱、轮船三等舱、火车硬卧或全列软席列车的二等座。所乘交通工具舱位等级划分与以上不一致的，可乘坐同等水平的舱位。所乘交通工具未设置上述规定中本级别人员可乘坐舱位等级的，应乘坐低一等级舱位。相关国际旅费据实报销。

差旅费规定与旧办法相同，即出国人员乘坐国际列车，国内段按国内差旅费的有关规定执行；国外段超过 6 小时以上的按自然（日历）天数计算，每人每天补助 12 美元。

此外，出国人员根据出访任务需要在一个国家城市间往来，应当事先在出国计划中列明，并报本单位外事和财务部门批准。未列入出国计划、

未经本单位外事和财务部门批准的，不得在国外城市间往来。出国人员的旅程必须按照批准的计划执行，其城市间交通费凭有效原始票据据实报销。

二是因公出国住宿费：厅局级及以下住标间，国际会议按标准执行

针对出国人员在国外发生的住宿费用，《新办法》规定，出国人员应严格按照规定安排住宿，省部级人员可安排普通套房，住宿费据实报销；厅局级及以下人员安排标准间，在规定的住宿费标准之内予以报销。

参加国际会议等的出国人员，原则上应按照住宿费标准执行。如对方组织单位指定或推荐酒店，应当严格把关，通过询价方式从紧安排，超出费用标准的，须事先报经本单位外事和财务部门批准。经批准，住宿费可据实报销。

三是因公出国伙食：用餐注意节俭，原则上不搞宴请

《新办法》要求，出访用餐应当勤俭节约，不上高档菜肴和酒水，自助餐也要注意节俭。

此外，出访团组对外原则上不搞宴请，确需宴请的，应当连同出国计划一并报批，宴请标准按照所在国家一人一天的伙食费标准掌握。出访团组与我国驻外使领馆等外交机构和其他中资机构、企业之间一律不得用公款相互宴请。

此外，我国出国人员经费中有伙食费，即在国外期间的日常伙食费用，也有一块费用为公杂费，指在国外期间的市内交通、邮电、办公用品、必要的小费等费用。

《新办法》规定，出国人员伙食费、公杂费可按规定标准发给个人包干使用。根据工作需要和特点，不宜个人包干的出访团组，其伙食费和公杂费由出访团组统一掌握，包干使用。如外方以现金或实物形式提供伙食费和公杂费接待我代表团组的，出国人员不再领取伙食费和公杂费。

四是因公出国礼品费：原则上不赠送，不求奢华

《新办法》还规定，出访团组在国外期间，收受礼品应严格按有关规定执行。原则上不对外赠送礼品，确有必要赠送的，应当事先报经本单位外事和财务部门审批同意，按照厉行节俭的原则，选择具有民族特色的纪念品、传统手工艺品和实用物品，朴素大方，不求奢华。出访团组与我国驻外使领馆等外交机构和其他中资机构、企业之间一律不得以任何名义、任

何方式互赠礼品或纪念品。

（2）新旧制度对比

本文将主要针对《临时出国人员费用开支标准和管理办法》（财行〔2001〕73 号）和《因公临时出国经费管理办法》（财行〔2013〕516 号）两个主要费用管理政策进行对比和分析。《因公临时出国经费管理办法》（以下简称《新办法》）是对《临时出国人员费用开支标准和管理办法》（以下简称《原办法》）的修订，是根据中央政治局《关于改进工作作风、密切联系群众的八项规定》的要求和《党政机关厉行节约反对浪费条例》的精神而修订的。

《新办法》共分为五章二十七条，《原办法》只有十九条，《新办法》是在原来基础上的改进和扩展。两个《办法》都强调对经费的总体预算申报、审核，对经费管理中的国际旅费、国外城市间交通费、住宿费、伙食费、公杂费和其他费用的规定以及回国后的报销事宜。对于两个《办法》中的不同分为以下几点（见表 6–2）。

表 6–2　因公出国费用新旧办法变化对比

<table>
<tr><th colspan="2">管理办法</th><th>新办法</th><th>原办法</th></tr>
<tr><td rowspan="7">不同点</td><td>因公出国性质</td><td>明确指出考察性团组不得批准</td><td>可定性为考察、交流、培训等。</td></tr>
<tr><td>航空公司及机票</td><td>需优先选择国内航空公司运营的国际航线，确需选择国外航空公司航线的，需报外事和财务部门审批同意。机票的购买采用政府采购的方式，必须以公务卡和银行转账方式支付，选择优惠票价，尽可能购买往返机票。</td><td>机票选择和购买上尽量购买国内航空航线，可提前自付或通过财务部门转账。</td></tr>
<tr><td>宴请和礼品赠送</td><td>原则上不允许，确实需要的，要提前报批。但出访团组与我国驻外使领馆等外交机构和其他中资机构、企业之间一律不得以任何名义、任何方式相互宴请和赠送礼品和纪念品。</td><td>原则上不允许，确实需要的，要提前报批。</td></tr>
<tr><td>出访费用支付</td><td>严格按照国库集中支付制度和公务卡管理制度的有关规定支付出访费用，并在出访前事先填报《因公临时出国任务和预算审批意见表》，未经通过审核的，不得安排出访。</td><td>按国家规定标准支付即可。</td></tr>
<tr><td>费用报销</td><td>财务部门要审核团组出国任务批件、护照（包括签证和出入境记录）复印件及有效费用明细票据。</td><td>填写报销单，持任务批件和有效票据</td></tr>
<tr><td>开支标准</td><td>按实际情况进行了一定幅度的提高，对于一些国家的个别城市还按照城市发展水平进行了不同等级的标准划分。</td><td>标准较低</td></tr>
<tr><td>监督检查</td><td>明确了经费预算、决算要公开，接受监督，外事、财务和审计等部门要定期或不定期联合检查。</td><td>没有列明</td></tr>
</table>

在以上的比较中，可以看到，国家在出国经费管理方面越来越细致化，也越来越严格化。从最初计划的制定、审批、执行、回国后报销等方面，都建立了互相监管机制，外事部门和财务部门掌握了主要的批准和监管权，责任重大。《新办法》规定详尽，是在多年的执行中归纳和总结而最终制定的适合我国出国（境）现状的政策，可以说已经是建立在多方考察和经验的基础上的完备政策。

（3）地方新旧制度对比

就地方出台的相关制度而言，2016 年四川省财政厅会同省外侨办、省外专局重新制定了《四川省因公临时出国经费管理办法》，并明确自 2016 年 1 月 1 日起施行，此办法号称史上最严厉的经费管理办法。

新办法对《因公临时出国经费管理办法》《四川省省级单位因公出国（境）经费预算管理暂行办法》和《四川省省级单位因公短期出国培训费用管理办法》三个办法进行了完善、合并，重新制定了《四川省因公临时出国经费管理办法》。新办法体现了控制总量、保障重点、严审细核、节俭高效的原则。与以往的办法相比，新办法更加全面、系统、科学，更具针对性、合理性、操作性。新办法主要在以下几方面作了完善：

一是建立了完整的预算管理体系。将预算管理细化为预算总量管理、预算分配管理、预算执行管理和预算调整管理四个方面，并建立了三项管理机制，即在预算总量管理上“实行出国经费年初预算总量控制制度”，在预算分配管理上“实行出国计划与经费预算联动审核控制机制”，在预算执行管理上“实行任务审批与经费审核联动控制机制”。

二是取消了“国外城市间交通费”。将其中乘坐飞机的费用归并到“国际旅费”，乘坐其他交通工具的费用归并到“公杂费”，并适当提高了“公杂费”补助标准，解决了国外城市间交通费的管理难题和漏洞，也更加符合出国团组的实际情况。

三是明确了出国经费实行凭有效原始票据据实报销与定额包干使用相结合的管理办法。明确国际旅费、培训费、其他费用 3 项支出必须凭有效原始票据据实报销，住宿费、伙食费、公杂费 3 项支出实行包干使用，可以发放给个人，也可以由出国团组统一掌握，体现了实事求是的精神，消除了管理的“中间地带”，经费审核更加简单、一目了然。

四是与国内差旅费管理办法进行了衔接。对原规定厅局级人员“可以乘坐飞机公务舱”进行了合理限制，规定国际航线飞行时间和在一个国家城市间往来飞行时间在4小时以内的均应当乘坐经济舱，消除了差旅费管理和因公出国经费管理的制度“落差”，一定程度上缓解了机票费用居高不下的问题。

五是建立了出国经费财政部门先行审核制度。按照严审细核、加强事前监管的要求，规定财政部门应当对每一个出国团组的经费进行先行审核，以杜绝无预算或超预算安排出国团组以及超范围、超标准开支的现象。

六是完善了支付和报销管理。明确规定各项费用应当“由本人或所在单位直接支付和结算。组团单位不得代收除住宿费、伙食费、公杂费以外的其他费用，不得为参团人员代购机票。”同时明确了报销所需的各项凭证，并设计了《省级单位出国经费报销单》。

（4）因公出国培训经费

为贯彻落实中央“八项规定”，推进厉行节约反对浪费制度建设，进一步加强和规范因公短期出国培训费用管理，财政部、国家外国专家局于2014年联合印发了《因公短期出国培训费用管理办法》（财行〔2014〕4号），主要亮点包括：

一是因公短期出国培训费用纳入预算管理。各部门各单位安排因公短期出国培训项目应当实行经费预算先行审核，无预算或超预算的不得安排因公出国培训。

二是因公短期出国培训实行计划审核审批管理。组织、外专等有关部门应当加强出国培训的总体规划，严格控制出国培训规模，科学设置培训项目，择优选派培训对象，注重出国培训的质量和实效。财行〔2014〕4号强调，各单位应当建立因公短期出国培训计划与预算管理的内部控制制度。组团单位应当填报《因公短期出国培训任务和预算审批意见表》，由出国培训管理部门和财务部门分别审核并出具审签意见，报经本单位领导办公会或党组（党委）审议确定。培训任务、培训费用预算审核未通过的，不得列入单位出国培训计划，不得安排出国培训。

三是明确了开支范围。因公短期出国培训费用开支范围包括培训费、国际旅费、国外城市间交通费、住宿费、伙食费等，明确了各项开支内容和管理要求，确定了中央财政安排出国培训专项经费资助重点。

四是规定了禁止性条款。各单位不得组织计划外或营利性出国培训项目，也不得安排照顾性质、无实质内容、无实际需要及参观考察等一般性出国培训项目。培训团组在国外期间，原则上不赠送礼品，一律不安排宴请。培训团组严禁接受或变相接受企事业单位资助，严禁向同级机关、下级机关、所属单位、我驻外机构等摊派或转嫁出国培训费用。

五是明确了监督检查和违纪处理。《办法》要求，各单位应当建立健全因公短期出国培训项目内部监督检查机制，有关部门对因公短期出国培训项目执行情况和培训费用管理使用情况进行监督检查。《办法》强调，对违规扩大出国培训费用开支范围、擅自提高出国培训费用开支标准、虚报套取出国培训费用等违纪行为，按照《财政违法行为处罚处分条例》和《党政机关厉行节约反对浪费条例》等有关规定予以处理。

三、因公出国经费管理现状、主要措施及存在问题

（一）2011 年 –2018 年因公出国经费预算和决算状况—以中央本级为例

为说明因公出国经费管理现状，以中央本级为例，抽取部分单位对因公出国经费的预算和决算数据进行对比分析，总结因公出国经费的运行规律和中央的政策要义。

1. 总体情况

据统计，2011 年 –2018 年，中央本级因公出国（境）费预算数保持在 17.63 亿元 –21.65 亿元之间，决算数保持在 14.88 亿元 –21.85 亿元之间，经对各项指标历年对比，情况如下：

（1）2011 年 –2018 年，因公出国（境）费各年决算数与预算数对比，除 2012 年略有增加外，其他年份均小于预算数，说明预算执行情况较好。

（2）从预算数与中央财政预决算相关指标对比情况看，2011 年 –2018

年，因公出国（境）费预算数占“三公”经费预算比重保持在 21.11%-32.81% 之间；占中央财政收入预算数比重 0.02%-0.04% 之间，其中 2017 年和 2018 年与 2011 年相比降了 0.02 个百分点；占中央本级支出预算数比重在 0.05%-0.12% 之间，其中 2017 年和 2018 年与 2011 年相比分别降了 0.06 个百分点和 0.07 个百分点。说明中央部门在严控此项费用预算方面采取了一定措施。

（3）从决算数与相关指标对比情况看，2011 年 -2018 年，因公出国（境）费决算数占“三公”经费决算数比重保持在 21.11%-36.23% 之间；占中央财政收入决算数比重 0.02%-0.04% 之间；占中央本级支出决算数比重在 0.05%-0.12% 之间。说明中央部门在严控此项费用执行方面有一定成效。

2. 中央各部门情况

根据中央各部门 2011 年 -2018 年“三公”经费预算和决算公开情况，我们抽取了 23 家部委三年公开的数据进行对比，情况如下：

（1）从因公出国（境）费预算数总体情况看，各部委因各自职能有一定差异，该项费用预算数也有较大差异，预算最多的为体育总局，最少的为保监会。

（2）从因公出国（境）费执行情况看，2011 年体育总局和国家发改委超支严重。2012 年除国家发改委超支外，其余均有节余或与预算数一致。2013 年除人民银行超支严重外，其余均有节余或与预算数一致。

（3）从因公出国（境）费预算数占“三公”经费预算数比重看，商务部和体育总局比重最大，三年均超过了 90%。税务总局最少，三年均不到 1%。

（4）从因公出国（境）费预算数占财政拨款预算数百分比情况看，除国家发改委和体育总局 2012 年较 2011 年有所增加外，其余抽样部委均呈下降趋势。

（5）从因公出国（境）费预算数占财政拨款支出预算数百分比情况看，除国家发改委、民政部、财政部、人力资源和社会保障部、文化部、银监会等部委 2012 年和 2013 年较 2011 年比重有所增加外，其余部委均持平或略有下降。

（6）从因公出国（境）费执行数占财政拨款执行数百分比情况看，除国家发改委、体育总局、农业部等部委 2012 年和 2013 年较 2011 年有所增加外，其余抽样部委均呈下降趋势。

（7）从出国费执行数占支出执行数百分比情况看，除国家发改委、体育总局、农业部等部委 2012 年和 2013 年较 2011 年有所增加外，其余抽样部委均呈下降趋势。

总体而言，中央国家机关的综合部门如国家发改委、财政部等部门几年来因公出国（境）费占“三公”经费比重基本在 50%–70%，占财政拨款预算和决算数的比重居于中等位置。

部分专项事权管理部门如商务部、体育总局因职能原因，因公出国（境）费占“三公”经费比重均在 90% 以上，体育总局占财政预算、决算比重也较其他部委要高很多。

垂直管理部门如国家质监总局和国家税务总局因公出国（境）费占“三公”经费比重最低，质监总局不到 1%，税务总局不到 6%。

除此之外，人民银行和社保基金理事会因为工作性质的原因占“三公”经费比重也较大，三年平均在 80% 以上。

（二）我国加强因公出国（境）费管理的主要措施

根据目前我国出台的相关文件和制度规定，在加强因公出国（境）费管理主要措施包括：

1. 加强预算管理

因公临时出国经费全部纳入预算管理，严控因公临时出国经费总额，预算实行零增长。加强预算硬约束，在核定的年度因公临时出国经费预算内，务实高效、精简节约地安排因公临时出国活动，不得超预算或无预算安排出访团组；严禁接受或变相接受企事业单位资助；严禁向同级机关、下级机关、下属单位、企业、驻外机构等摊派或转嫁出访费用。

2. 实行因公出国计划审批制度

建立临时因公出国计划审批制度，进一步严控出国规模并规范经费管理。出访团组实行计划审批管理。履行因公临时出国计划报批制度，严格控制因公临时出国团组人数、国家数和在外停留天数。不得安排照顾性和无实质内容的一般性出访，不得安排考察性出访。

3. 严控开支标准和范围

建立因公临时出国计划与财务管理的内部控制制度。出国经费的支付，应当严格按照国库集中支付制度和公务卡管理制度的有关规定执行。严格执行各项经费开支标准，不得擅自突破，严禁接受或变相接受企事业单位资助，严禁向同级机关、下级机关、下属单位、企业、驻外机构等摊派或转嫁出访费用。经费中不再包含"个人零用费"。严格按级别乘坐飞机和火车，出访用餐应当勤俭节约，不上高档菜肴和酒水。严格按照规定安排住宿，与我国驻外使领馆等外交机构和其他中资机构、企业之间不得用公款相互宴请，一律不得以任何名义、任何方式互赠礼品或纪念品。

4. 强化监督

强化出国经费的监督检查，党政机关各相关部门对因公临时出国情况进行定期或不定期联合检查。各单位财务部门应建立健全因公临时出国团组内部监督检查机制。同时，对违规扩大出国经费开支范围、擅自提高经费开支标准、虚报套取出国经费、使用虚假发票报销出国费用等违纪行为，将依法依规追究相关人员的责任。

（三）存在问题及相关案例

因公出国应当是正常的出国交流、国际合作、国际考察、商务洽谈等公务活动产生的出国安排。目前，这些安排也是党政机关公务活动的主流，但在实践中也存在很多问题，有一些问题甚至触目惊心。这些问题主要包括：

一是因公出国计划管理不严格。主要包括：因公出访团组未纳入年初计划；因公出访人数、天数、地点超规定；擅自更改行程、延长境外停留时间等问题。

《国务院关于2012年度中央预算执行和其他财政收支的审计工作报告》披露，中央45个部门本级2012年因公出国（境）团组4609个，实际支出12.13亿元。有33个部门的884个团组未纳入年初计划，重点抽查的2142个团组中，有277个存在出访人数、天数、地点超规定等问题。

《国务院关于2013年度中央预算执行和其他财政收支的审计工作报告》披露，7个部门本级和9个所属单位的149个团组存在擅自更改行程、延长境外停留时间问题，其中民航局及所属单位有113个团组、食品药品监管总局有9个团组。如中国地质调查局“美国和加拿大开展页岩气技术考察团”2013年1月改变在美行程，前往拉斯维加斯停留3天，回国后报称当时在加拿大考察等。

《国务院关于2014年度中央预算执行和其他财政收支的审计工作报告》披露，海洋局2013年组织的跨部门“赴南极长城站考察慰问司长团”，批复11天，实际行程13天，其中6天在法国和智利。也就是说，海洋局以长城站为目的地的考察团，中途改道，跑到了法国和智利，而且一待就是6天。

《国务院关于2015年度中央预算执行和其他财政收支的审计工作报告》披露，国家海洋局因公出国又违规了。2014年，国家海洋局本级未按规定报送出国任务的详细情况，未报备计划出国（境）总量、上一年度计划执行情况和前往较集中的国家（地区）团组数量；未经审批选择外国航空公司航线，并支付国际旅费25.8万元；5个出国团组超过规定人数共计83人次；3个出国团组违规安排司局级干部乘坐飞机头等舱4人次；所属极地办在组织的出国考察中，违规为外单位4人承担费用24.57万元。

像海洋局这样的连年因公出国违规单位，不在少数。在2013年、2014年、2015年三个年度的审计报告中，仅是国务院25个组成部门也就是我们通常所说的国家部委，三年都因出国违规被点名的，就有9个，包括发改委、教育部、科技部等。跟海洋局一样，擅自改变境外行程，绕道去其他国家的，同样不在少数。2014年就有工信部、财政部、文化部这3个国家部委被点名。

审计报告披露，2014年，财政部所属中国注册会计师协会派2人赴意大利罗马参加国际会议，参会人员绕道3个国家的4个城市且超期停留5天；派2人赴美国纽约参加国际会议，其中1名参会人员绕道华盛顿且超期停留4天。文化部所属故宫博物院5人出国考察团未经批准擅自更改行程，增加4个参观城市，多列支出国费用6.87万元，审计时还提供虚假行程单。此外，商务部外贸局未附相关发票、批件等，报销了23个出国团组因公出国

（境）费用 268.02 万元。2013 年，教育部所属的学位与研究生教育发展中心超计划组织 11 个团出访；2014 年，该中心未编制因公出国（境）计划，却实际组织 6 个出国团组。

二是经费使用不符合规定。主要包括：因公出国经费无预算、超预算；超标准、超范围列支因公出国经费；转嫁因公出国相关费用给其他单位；未在决算中如实反映因公出国费用等问题。

《国务院关于 2012 年度中央预算执行和其他财政收支的审计工作报告》披露，抽查的 3.99 亿元出国费中，无预算、超预算或超标准、超范围列支 3902.93 万元，还有 20 个部门将 550.13 万元出国费用转嫁给其他单位。

《国务院关于 2015 年度中央预算执行和其他财政收支的审计工作报告》披露，2014 年，教育部所属高等教育教学评估中心因公出国（境）费用 23.83 万元未按规定在决算（草案）“因公出国（境）费用”栏中填报。2014 年，科技部本级为所属国家遥感中心 3 人承担出国费 2.06 万元；为所属中国科学技术交流中心 1 名人员承担国际旅费 1.56 万元。

2014 年，国家民委本级以及所属中央民族大学，使用不合规的票据报销出国费用 98.15 万元；所属中央民族大学未经国家民委批准，自行组织人员持因私护照出国参加国际会议等，出国费支出 191.58 万元。

2014 年，财政部本级和所属中国注册会计师协会一行 6 人赴意大利参加国际会议，其中财政部 1 名参会人员的出国费用 6.24 万元由中国注册会计师协会承担。

2014 年，人社部所属的教育培训中心在已安排境外培训费财政预算的情况下，向 3 家单位收取 12.7 万元用于赴德国培训。2014 年，科技部本级扩大公务接待费支出范围，列支外国代表团来华国际旅费 1.56 万元。2014 年，农业部所属农科院本级扩大国际会议费支出范围，列支来华参会的外国专家国际旅费、住宿费等 21.51 万元。2014 年，农业部所属农科院本级扩大外宾接待费开支范围，负担外宾来华国际旅费 13.1 万元。

2017 年，教育部所属北京中医药大学组织 34 人赴法国参加相关活动，其中 4 人持因私护照出国，并从民营公司专项资助款中支付出国相关费用 199.71 万元。原食药监局也在公布名单之列。2017 年度原食品药品监管总局厅局级及以下人员因公临时出国限量团组数超控制标准 31 个、96 人次；厅局级及以下人员因公临时出国次数未从严控制，有 38 人（86 人次）一年 2 次以上，其中，4 次的 3 人，3 次的 4 人，2 次的 31 人。

再来看一下海关总署。2016 年至 2017 年，海关总署因公出国（境）费少计支出 397.72 万，其中 2017 年 99.46 万，2016 年实际超预算 265.50 万，向社会公告时少公告 298.26 万。2017 年，海关总署本级因公出国（境）团组超标准报销境外城市内租车、机场贵宾休息室和住宿费等费用 32.90 万。

三是公款旅游的问题仍屡禁不止。因公出国是执行公务，不是福利待遇，要讲求实效、厉行节约、严守纪律，坚决防范公款出国旅游不正之风，但在现实中，此类问题仍屡见不鲜。主要包括：借“因公出国”变相旅游；通过编制虚假预算、炮制虚假出国事项；申请出访时名为因公出国学术交流实为出国变相旅游等问题。

中央纪委国家监委网站 2018 年发布消息，2018 年 5 月份全国共查处违反中央“八项规定”要求的问题 4973 起，7199 人受到处理，4981 人受到党纪政务处分。其中查处公款出国（境）旅游问题 11 起，14 人受到处理，12 人受到党纪政务处分。

2018 年，广东省纪委对广东省粤电集团有限公司领导班子违反中央“八项规定”精神，公款出国旅游等问题进行了公开曝光。2013 年以来，广东省粤电集团有限公司（以下简称粤电集团）领导班子违反中央“八项规定”精神，党委书记、董事长李某等人通过变通手段，分别带队公款出国旅游共 17 批次，并将大部分出访费用违规摊派给下属企业，且还长期存在其他违规职务消费等问题。李某和粤电集团原党委书记、董事长潘某，原党委副书记、纪委书记钟某作为集团党委和纪委主要负责人，带头顶风违纪，带坏单位风气。2018 年 2 月，广东省纪委分别给予李某、潘某、钟某党内严重警告处分；分别给予其他班子成员李某、杨某、洪某、高某、刘某党内警告处分。相关责任人员违纪款被追缴（资料来源：中纪委监察部网站）。

光大银行呼和浩特分行营业部原党支部书记、副总经理张某组织公款出国旅游问题。2017 年 5 月至 6 月，在张某主持营业部工作期间，同意该部组织 26 名员工分四批赴斯里兰卡旅游，并以奖励费的名义公款报销了 10

名员工共计25532元的旅游费用，其他人员旅游费用因组织调查尚未公款报销。张某受到党内严重警告和记大过政务处分，被免去现职，其他责任人受到相应处理，并责令退回公款报销的费用（资料来源：中纪委监察部网站）。

四是巧立名目，擅自组织明令禁止的“双跨”团组

十八大之前，某些部门常常偏向通过旅行社等中介机构联系各类国外机构出具关于“研讨”“参观”活动的推荐信，打着各种冠冕堂皇的旗帜组织一般性出访团组，铺张浪费，削弱政府公务出访公信力。然而，在近年中央多次强调严禁一般性出国考察情况下，类似考察逐渐销声匿迹，但也出现一些新情况。某些单位主动联系了一些不属于其主管部门管辖范围的跨地区、跨部门的民间组织，串通或根据这些组织发出的“培训通知”“考察邀请”等组织因公出国活动。

这些民间组织有一个共同点，粗一看略带几分“高大上”，如：“中国某某协会”“国家某某研究院”等，貌似挺“正规”，但实际上经不起审查。部分组织未进行“非企业组织登记”和“工商登记”，属于非法单位；部分正规民间组织与团组单位不在同一个省、市，且根本不存在隶属关系，触犯跨地区、跨部门的规定。个别团组单位就是根据这些打着出国“培训”“考察”旗号的民间组织发出的通知，故弄玄虚，未经外事主管部门同意擅自安排出访活动，此属明令禁止的跨地区、跨部门的出国团组。

五是其他问题。主要包括因公出国（境）费预算编制不够细化，审核审批制度不尽健全，挪用内部其他渠道资金“粉饰”费用超支、利用因私证照的“合法外衣”躲避审批流程、绩效评价机制和监督问责机制尚需完善等等。这些问题看似不大，但是都是因公出国经费管理制度中的漏洞和不足，千里之堤，溃于蚁穴，如果不加以重视，则会导致更严重的问题出现，所以，在政策研究和制度修订中必须高度重视这些问题。

四、其他国家和地区的制度及做法

在世界其他国家和地区，因公出国（境）费的管理做法不尽一致，但

基本做法都是严格控制，强化监督。

（一）加强预算编制

美国的财政预算体系非常严格，对因公出国（境）费通过强化预算编制进行管理。美国的政府预算由总统管辖的行政管理与预算办公室和财政部承担，部门间的平等非隶属关系保证了预算案制定过程的相对独立性。美国的预算制定时间长达 21 个月，期间必须要通过议会的层层审核论证，确保这一过程公平公正，达到公共利益最大化。尤其在出国差旅费标准方面，美国政府有着严格的规定。公务人员出差时，酒店费用超过费用标准就不能入住。

欧洲部分国家和日本都将各类行政费用详细列入预算，经过议会批准后方可开支，还要定期向议会报告预算执行结果。在中国香港，出境外的相关费用预算非常细化，任何预算数据必须有翔实的依据，同时要接受公众的质询。

（二）透明的预算公开制度

在中国香港地区，"三公"经费规模较小，因公出境外的费用也很低。中国香港政府及其各部门的财政预算毫无保留地向公众公布，并公开接受公众质询和查询。在中国香港，政府为保证预算案的高度透明性，各部门的财政预算完全毫无保留地向公众展示，并接受公众查询和质询，一个部门在网上公开的财政预算情况、支出情况多达数百页。对公众的质疑，相关部门及其官员会及时、详细、耐心地做出解释，直到公众释疑为止[①]。中国香港政府预算在制定过程中，通过阶段性的向社会、民众咨询，获得反馈意见后对草案进行修改，以达到预算案符合社会公众利益最大化的准则。议会在审核政府预算案的同时，拥有否定权。预算案通过后，交由审计署负责审计，审计署每年两次向社会通报审计成果，并判定合理与否。中国香港财政预算的公开、透明、详细和严格程度，有效遏制了公务人员对差

① 《"三公"经费管理控制的历史经验和国际借鉴》，于宗新，《经济研究导刊》，2014 年第 36 期，第 58 页

旅费用的滥用。

在欧洲、美国、日本等国家，行政经费包括因公出国（境）费公开已成惯例，社会公众有权予以监督。

（三）开支要求严格

在中国香港，政府的财政制度对官员的开支要求非常严格。公务员因公出境要受中国香港政府《公务员事务规例》约束，公出期间涉及的相关费用开支，一律从公务员领取的膳宿津贴中包干支付[①]。《公务员事务规例》还严格规定中国香港公务员离港公出的旅费开支标准，公出的次数和参加人数必须确保减至最少。中国香港审计署按照"适度和保守"的财政原则实施审计，发现不合理开支会责令当事人退还款项。

欧洲和美国政府官员在因公出国费用的使用方面公私分明，政府制定了严格的监管制度，外出部门和单位滥用公款的事例一旦被媒体披露将会成为重大丑闻。

（四）严格审批手续

在中国香港，对公务员出境公出费用的管理和审批非常严格。中国香港公务员有关申请必须逐级审批，出发当天在中国香港的饮食等费用一律不计算在出差公出费用之内，任何人包括部门首长的津贴超额支出申请，都必须经公务员事务局局长审批，确保开支恰当和符合审慎运用原则，花最少的钱，办最多的事。在机票的购买方面，中国香港政府的规定更是严格。机票一般由政府统一订购，港府依照《物料供应及采购规例》为公务员购买公出旅程机票。

在俄罗斯，控制因公出国（境）费用上，很多政府部门和企业依靠自行制定的相关规定来解决这一问题。比如，不少单位在使用公务费出国问题上就管理非常严格，除了有费用额度限制以及需要多级报批以外，出国结束后还须向上级汇报外出工作成果。为推动反腐反贪工作的深化，俄罗

① 《国（境）外公务员差旅费用管理办法及其启示》，黄铁苗，《行政管理改革》，2014年第1期，第42页

斯政府要求每一位公务人员必须对大额开销进行报批，接受监督。

（五）完善的监督机制

在日本，1994 年起各地陆续建立民间行政观察员制度，民众自发成立“全国公民权利代言人联络会议”，对政府行为进行监督，检查纳税人的钱到底是怎么用的。他们通过各种途径向政府提出意见，要求公开财务和解答相关问题。在密切监督之下，政府因公出国问题很少。

美国政府在媒体监督方面，以不泄漏外交、国防机密为前提，允许所有媒体报刊报道政府和议会的经费内幕使用情况。一旦某位官员被报纸或其他传播媒体披露有违法违纪行为，政府就会马上对其进行调查。此外在美国，举报电话、举报信箱全都公开，对被举报人进行详尽调查，同时设立了“举报人保护法”，从法律高度保护举报人的安全。在芬兰，普通公民甚至拥有直接投诉最高检察长的权利，并且最高检察长有义务对公民的举报和投诉逐项答复。

在中国香港，廉政公署因为在人事、机构、财政以及办案方面的独立性，可以有效监督政府及其公务人员的行为，而公务外出费用监督则是其中的重要内容。在制度设计与运行上，廉政公署重点关注公务人员的岗位、任务和责任，并会保持制度透明和与民众进行有效信息沟通，通过这种方式，民众能够对其政府机构的运行机制及各个岗位任务职责具有充分的知情权，形成良好的社会监督机制。

（六）处罚惩戒措施严厉

国外一些国家对于官员的贪污受贿行为（包括利用因公外出机会谋取私利的行为）有较为严格的惩戒措施和手段。在欧美国家，政府的“问责”机制执行非常严格，违反因公出国经费使用规定的人员将受到政府严厉惩罚，甚至开除公职。例如：在法国，依据违反规定和制度情节的程度，受到的惩处类型有降职、降薪、罚款、开除公职、减少退休金等；在瑞士，贪污受贿会受到降职、降薪、罚款甚至开除公职的处罚；在美国，贪污受贿的处罚类型有降职降薪、减少或停止退休金、强制退休和开除公职、判处徒刑等等。另外，在新加坡，也采取了将公务员的腐败行为与其自身福利挂钩的有效手段。新加坡公务人员的养老金很高，但是一旦发现其有腐败行为（包括利用因公出国机会谋求个人利益等），养老金就会被全部或部分取消，新加坡利用这样的措施很好地约束了公务人员的行为。

五、未来改革设想及配套措施

（一）未来改革设想

根据我国党政机关因公出国管理政策制度实施的现状、存在的问题、已开展的工作并借鉴国际经验，加强因公出国（境）费管理，需要从管住事项和管住资金两个重要方面入手，主要建议如下：

1. 加强预算编制和计划管理

在预算公开方面，党中央国务院近些年切实制定并实行了严格的预算公开制度，但在预算编制和计划管理环节仍有大量工作需要完成。《党政机关厉行节约反对浪费条例》规定：统筹安排年度因公临时出国计划，严格根据工作需要编制出境计划，严格控制团组数量和规模，不得安排照顾性、无实质内容的一般性出访，不得安排考察性出访，严禁集中安排赴热门国家和地区出访，严禁以各种名义变相公款出国旅游。严格执行因公临时出国限量管理规定，不得把出国作为个人待遇、安排轮流出国。严格控制跨地区、跨部门团组。根据目前情况，在因公出国经费支出预算编制和计划管理上应切实做到精细化管理，要进一步制定预算细化的依据，在经费预算编制环节严格根据标准进行编制，经专家评审论证后由财政部门予以批复。同时，预算和计划要从下至上，详细列明单位、系统（部门）差旅费的明细项目，邀请社会群众代表等对其进行审查，充分论证其合理性与科学性后纳入预算支持范畴。在财务管理上，要将因公出国经费的各项指标明确公开，将列支标准细化透明。同时，预算和计划要科学合理，依据要充分客观，提倡因公出国经费按项目管理，经费不允许跨项目支出，项目内支出超支不补，最大限度地减少出国预算和计划的随意性和盲目性。

2. 更加注重因公出国项目内容管理

中央相关规定强调，不得安排照顾性和无实质内容的一般性出访，因此，必须抓紧改革现有因公出国管理体制，在强化流程管理和审批管理的前提下，更注重项目实质性内容的审核管理。提倡因公出国（境）费按项目管理，杜绝无实质性的出国考察行为，经费不允许跨项目支出，项目内支出超支不补。通过制度创新和调整，采取有效措施剔除因公出国中的干部福利待遇因素，坚持因事定人的原则，不得因人找事，不得安排考察性出访，杜绝照顾出国、轮流出国。严格依据是否具有实质内容为标准认定和审批因公出国事项，并以此为核心确定出国的时间、路线、人员构成、费用支出和考核标准。

3. 分类实施，动态调整

一是根据党政机关部门的职责定位情况，区分综合部门、专项事权管理部门、垂直管理部门等等，充分结合各部门的事权和责任范畴，对申请因公出国的事项审核批复。二是对申请因公出国的不同状况，采取相应的对策，分类管理。对于正当和合理的符合相关部门职能要求的因公出国外交外事活动，应该给予鼓励，在资金上予以充分满足和支持，在出国的次数上根据实际需要加以确定；对于审核后发现的因公出国中“搭便车”旅游行为，要坚决予以取缔和调整。三是建立出国费用价格信息搜集系统，遵守《党政机关厉行节约反对浪费条例》相关规定，有关部门协同合作，依据因公临时出国（境）工作特点，综合考虑经济发展水平、有关货物和服务的市场价格水平，对各国与外交外事活动有关的费用价格变动情况进行搜集、整理和分析，严格审核每年各部门申报的因公出国（境）费用，并按物价水平进行动态调整。

4. 建立严格的经费审核和审批制度

严格的费用管理和审批制度是世界很多国家和地区因公出国（境）经费管理的成功经验之一，因此可借鉴有关国家和地区的做法，在因公出国（境）行为的费用审核审批上，严格执行《党政机关厉行节约反对浪费条例》等相关文件精神，把控出国项目和经费审批事项，加强因公临时出国经费预算总额控制，执行经费先行审核制度，杜绝任何形式的费用超标准支出行为。

5. 形成联动考核，强化绩效管理

对党政机关各类因公出国（境）事项，外交、人事、纪检、财政等部门要加强沟通协调，定期联合检查，形成监管合力，对不符合规定的行为予以调整和取缔。同时，要建立完善的绩效评价机制，设定科学合理的绩效评价指标，对每年开展的出国（境）行为和事项在开支、成果、影响等方面进行绩效考评，核实各部门出国的实际执行情况、作用和效果。评价结果一方面作为下一年因公出国事项和预算审批的依据，另一方面对发现弄虚作假等违规问题严格按照规定处理。

6. 加强社会监督，完善问责机制

可借鉴中国香港地区和其他国家的做法，考察计划和经费预算经专家论证后通过单位网站、宣传栏等方式向社会公众公布，自觉接受公众监督，畅通举报渠道，健全和完善互动、反馈机制。同时，建立出国信息公示制度，出国前，将出访人员名单、出访任务、日程安排、出访天数、航线选择、经费来源和预算等信息公示，回国后对任务执行情况、出访报告等信息再次公示，有效监督出国任务的规范性，促使出国团组和人员严格规范自身行为。同时，对违反规定的部门和个人，要依据《党政机关厉行节约反对浪费条例》《关于实行党政领导干部问责的暂行规定》等规定从严管理、从严问责。

（二）配套措施

1. 强化内控机制，实现规范管理

内控建设的核心思路是管理制度化、制度流程化、流程岗位化、岗位职责化、职责表单化和表单信息化。因公出国经费管理工作中的难点和问题，在确保党政机关财务工作有序开展的前提下，从内部控制角度需要从三个方面思考改进工作：一是从服务的角度看，财务部门如何提升服务品质，让业务人员少跑腿；二是从监督的角度看，如何向决策部门提供决策有用的信息；三是从管理的角度看，如何改进工作手段，降低因公出国费管理的工作成本、管理风险和劳动强度。要同时满足三个方面的需求，无疑对当前的管理工作提出了更高的要求。在财政部发布的《行政事业单位内部控制规范（试行）》中，提出了多种内部控制方法，这些方法对于完善因公出国经费管理体制机制，优化工作流程，特别是解决上述三个方面的问题有一定作用。在具体的实务工作中，可以从如下几个方面做好工作：

一是通过不相容岗位相互分离，形成相互制约的工作机制。单位应当设置必要的岗位，明确相关岗位的职责和权限，确保出国费支出申请与内部审批、报销审批与执行等不相容岗位的分离。

二是通过内部授权审批控制，明确各部门的权责范围。业务部门应该根据年度出国计划、工作任务和单位领导的批示，结合预算指标和出国经费内部管理规定提出支出申请，并经过审核后办理具体业务。

三是通过归口管理，实现业务和财务工作的统一管理。对于临时出国的出访目的、任务、出访时间等业务事项，应当归口单位外事部门统一管理。对于出国经费开支范围、开支标准、相关单据审核等事项，应当归口单位财务部门统一管理。

四是通过预算控制，体现厉行节约的要求。预算管理贯穿了出国事项管理的全过程，单位应严格控制因公临时出国经费总额，严格履行“预算——计划——执行”的工作机制，不得无预算或超预算安排出国团组。

五是通过会计控制，规范基础性工作。单位应规范处理业务和财务信息，生成符合单位决策需要的各类报表。

六是通过单据控制，实现业务信息与财务信息的有机整合，确保出国经费有据可查。单位应该明确界定出国经费所涉及的各类表单和票据。出国人员在回国报销费用时，需要整理各类单据。

七是通过信息内部公开，建立健全出国经费的监督机制，并为以后年度的出国经费管理决策提供数据支持。

2. 加强内部和外部审计监督

在因公出国的实践中，部分政府部门对中央“八项规定”和《党政机关厉行节约反对浪费条例》等规定置若罔闻，企图通过一些“小聪明”“小手段”隐瞒在因公出国（境）活动中的违规违纪行为。因此，在正常的审批审查基础上，通过强化内部和外部审计，对于约束使用因公出国经费违法违纪行为会起到事半功倍的效果。

一是大力加强内部审计工作。2018 年 4 月和 2019 年 4 月，审计署分别印发《审计署关于内部审计工作的规定》（审计署令第 11 号）和《审计署办公厅关于印发 2019 年度内部审计工作指导意见的通知》（审办内审发〔2019〕39 号），对全国党政机关及国有企业事业单位加强内部审计工作提出了要求，提出各单位要进一步加强内容审计工作，建立健全内部审计制度，提升内部审计工作质量。为充分加强因公出国经费管理，堵塞管理漏洞，党政机关应结合单位内部实际，在可能的情况组建和完善内部审计机构，健全内部审计制度和机制，明确内部审计工作的领导体制、职责权限、人员配备等内容，推进内部监督。充分发挥内审作用，强调审计结果运用和责任追究，内部审计结果作为考核、奖惩、任免干部和相关决策的重要依据，将因公出国经费管理严格限定在国家规定的红线和底线范围内。

二是通过外部审计，规范经费管理。国家审计监督是党中央、国务院推进国家治理体系和治理能力现代化的重要手段，是促进领导干部廉洁自律、履职尽责的重要举措。近年来，审计部门在财政资金分配、重大投资决策、项目立项审批、重大物资采购、国有资产管理、执行中央“八项规定”等重点领域和关键环节，发现多个严重违法违规问题，揭露多起以权谋私、失职渎职、贪污受贿、内幕交易等大案要案，在推进经济社会有序发展、保障廉洁政府建设中发挥了极其重要的作用。在党政机关对因公出国经费的管理中，通过外部审计的有力监督，在制度设计、政策实施以及日常管理等多个方面发现问题，揭示问题产生的原因，逐步形成外部监督强有力的威慑。同时，通过审计整改，不但可以完善制度和机制，提升政策及管理水平，更可以对出现问题的机构和干部进行问责追责，从而从源头和机制上有效遏制了因公出国经费管理中相关问题的出现和恶化。

3. 完善外事管理规章制度，建立工作长效机制

在实际工作，要制定和完善外事管理工作制度，制定各项工作的管理办法，如档案管理办法、证照管理办法等，并根据制度实际运行中出现的问题，及时修订各项制度体系，逐步形成外事工作的长效发展机制。同时，加强政策宣传力度，提高出访机构和人员对政策制度的理解和把握程度，不断提升出访机构和人员的政策水平和遵纪守法意识。

参考文献

[1] 黄建钢. 新公共政策学 [M]. 北京：北京大学出版社，2011 年.
[2] 徐海涛.《高校教师“因公出国（境）”政策实施问题研究》[D]. 北京理工大学，2015 年.
[3] 岳璐璐，任明旭，秦秀丽. 刍议高校“因公出国（境）”经费管理 [J]. 财经论坛，2014，12:53-54.
[4] 殷聪聪.《山东省卫生系统因公出国（境）管理问题研究》[D]. 山东大学，2017 年.
[5] 黄铁苗. 国(境)外公务员差旅费用管理办法及其启示 [J]. 行政管理改革，2014.1:73-76.
[6] 李洁婷. 新形势下因公出国(境)经费的审计思路 [J]. 中国市场. 2017，12:285-286.
[7] 中共中央组织部、人事部.《关于因公出国人员审查的规定》[Z].(中办发〔1991〕8 号).
[8] 财政部 外交部.《关于印发 <临时出国人员费用开支标准和管理办法> 的通知》[Z].(财行〔2001〕73 号).
[9] 中共北京市委教育工作委员会 北京市教育委员会《关于印发市委教育工委市教委机关处级及以下人员因公临时出国管理规定的通知》[Z].(京交工办〔2006〕25 号).
[10] 中共中央办公厅、国务院办公厅《关于进一步加强因公出国（境）管理的若干规定》[Z]. 中办发〔2008〕9 号.
[11] 中共中央组织部《关于进一步加强领导干部出国（境）管理监督工作的通知》[Z].(组通字〔2014〕14 号).
[12] 中共中央办公厅、国务院办公厅《关于转发中央纪委等部门 <因公出国人员审批管理规定> 的通知》[Z].(中办发〔2012〕5 号).
[13] 财政部、外交部《因公临时出国经费管理办法》[Z].(财行〔2013〕516 号).
[14] 财政部《因公短期出国培训费用管理办法》[Z].(财行〔2014〕4 号).
[15] 中共中央、国务院《党政机关厉行节约反对浪费条例》[Z].
[16] 中共中央办公厅、国务院办公厅 转发《外交部、中央外办、中央组织部、财政部关于进一步规范省部级以下国家工作人员因公临时出国的意见》[Z].(中办发〔2013〕16 号).
[17] 财政部、外交部、监察部、审计署、国家预防腐败局《关于加强党政干部因公出国（境）经费管理暂行办法》[Z].(财行〔2008〕230 号).
[18] 中共中央办公厅 国务院办公厅《关于坚决制止公款出国（境）旅游的通知》[Z].(中办发〔2009〕12 号).
[19] 国家外国专家局《关于清理压缩出国（境）培训项目的紧急通知》[Z].(外专发〔2013〕100 号).
[20] 国务院:《关于 2012 年度中央预算执行和其他财政收支的审计工作报告》[R].
[21] 国务院:《关于 2013 年度中央预算执行和其他财政收支的审计工作报告》[R].
[22] 国务院:《关于 2014 年度中央预算执行和其他财政收支的审计工作报告》[R].
[23] 国务院:《关于 2015 年度中央预算执行和其他财政收支的审计工作报告》[R].
[24] 国务院:《关于 2016 年度中央预算执行和其他财政收支的审计工作报告》[R].
[25] 国务院:《关于 2017 年度中央预算执行和其他财政收支的审计工作报告》[R].

第七章　公务支出信息化建设改革

公务支出管理信息化建设可以将公务支出各环节全部纳入信息系统管理，来约束和规范公务支出。运用信息化手段管理公务支出，尤其应注重实时监管和细节监管。利用信息联网比对技术，实时监控可以做到有据可查，便于及时发现问题并予以处理，确保财政资金安全、高效运行，不断提高财政部门公务支出管理水平。

公务支出信息化是财政信息化的一个重要组成部分，两者发展息息相关。随着财政改革与管理的逐步深入，财政信息化从无到有、逐步发展，信息技术成功融入财政业务，有效支持了财政改革，促进了财政管理科学化、精细化。在财政信息化建设过程中，公务支出信息化水平不断提升，有效支撑了公务支出管理改革。2020 年中国要初步建立现代财政制度，公务支出管理改革随之加速推进。分步改造公务支出信息管理系统是公务支出管理改革能否顺利推进并取得预期效果的基本保障条件。

一、我国公务支出信息化发展进程

（一）财政信息化总体进程

1. 成立信息管理机构，推动信息技术应用

1979 年，为了财政改革和管理的需要，财政部成立了计算中心（后更名为信息网络中心）。该中心成立之初，经广泛调研、选型，从日本引进了一台日立 M–150 小型机及其 8172 激光打印机，并成立专题小组进行引进改造，在小型机上建立了一套中文汉字输入及激光打印系统，这在当时属国内首次成功应用。财政部利用这套系统，在全国企业大普查中处理了手工难以完成的数据量，并成为后来许多重大财税改革方案出台之前进行分析测算的重要工具。特别是在财政改革中具有重要意义的第二步“利改税”

方案出台前的全部普查和测算工作中，该系统处理了3.8万多户企业的各种数据，并通过编制“利改税”测算方案程序，完成了39个改革方案的测算，测算数据量为3000万字符和70万汉字，打印总计100多种报表格式，为国有企业第二步“利改税”方案的正式出台做出了较大贡献。

财政部每月、季、年都要汇总编制许多报表，为快速准确完成大量业务报表汇总编制工作，计算中心研制开发了报表处理程序，各种报表由手工绘制改由计算机处理，将财政工作人员从纷繁的数据手工处理中解脱出来。后来，计算中心又研制出功能更强的CRPG报表软件，大大提高了部内报表编制效率，并在全国财税系统推广，解决了微机在全国财税部门应用软件短缺的难题，促进了计算机在财税系统的推广使用。信息技术的有效使用，使我国的财政管理水平逐步提升，紧跟时代需求。

2. 逐步制定信息化规划，开展信息基础设施建设

为统筹规划、整体推进全国财政系统信息化建设，1996年7月，财政部成立全国财政系统信息化工作领导小组及办公室，先后制定了《财政系统信息化“九五”规划》和《财政部机关信息化建设总体方案》，明确了财政系统信息化工作的总体要求、原则和目标，围绕系统开发、平台选择、网络建设和安全管理等方面制定了技术规范和统一的标准，财政信息化应用范围逐步扩大。财政部和地方财政部门先后组织开发实施了财政综合信息查询、财税法规、会计电算化、文教行政财务管理等财政业务及办公自动化应用软件系统，并组织专家对98个应用软件进行评定、推广。财政部机关初步建成交换式虚拟局域网系统，与中办、国办建立了网络通信，与全国大部分省（区、市）级财政部门实现了广域网连接和信息资源快速安全传输。

1996年，国务院批准了财政部关于建立《全国财税信息自动化管理系统》的申请，财政部在全国有计划、有步骤地开展了财政税务信息系统建设工作。建设重点是中央本级和地方财税部门信息基础设施。这期间，财政部共为23个省、自治区、直辖市、计划单列市财政厅（局）配置了美国优利公司A系列、IBM公司AS/400中小型计算机以及机房所需的空调机和UPS电源等设备。全国大部分省市财政厅（局）先后成立了财税信息中心，

由上至下的信息化管理体制基本形成，信息基础设施基本建立，为全国财政信息化建设的稳步、有序开展提供了组织保障和技术基础。

3. 开展核心业务系统建设，支撑和促进财政改革与发展

1998 年，按照党中央、国务院关于建立社会主义市场经济体制下公共财政的总体要求，财政部推出了以部门预算改革、国库集中支付改革和“收支两条线改革”等为主要内容的财政改革措施。改革增加的工作量是难以通过手工方式实现的，必须应用信息技术才能完成。为此，财政部成立了“政府财政管理信息系统”工作小组，在考察主要发达国家和东欧转型国家政府财政管理信息系统运行模式和建设经验后，结合我国财政管理的实际需要，经过广泛调研和咨询论证，从 1999 年下半年开始着手规划建立“政府财政管理信息系统”，2001 年完成了初步设计，2002 年初制定了总体规划，并经国务院批准定名为“金财工程”。

金财工程建设以来，财政部把财政信息化建设提升到财政管理革命的高度，作为财政工作的一项重要内容来抓。一是相继开发并推广实施了预算管理系统、国库集中支付系统、非税收入收缴管理系统、工资统一发放系统、财政经济景气预测分析系统，有力支撑和促进了财政改革的深化和业务的发展。二是开发应用支撑平台，逐步对现有业务系统进行整合与统一，构建技术标准统一、数据共享、流程通畅、衔接便利、统一交换的财政业务大系统。三是初步形成了一套覆盖全国各级财政部门和财政资金使用部门的横纵向网络体系，提供了信息系统安全运行环境。四是启动了运行维护体系建设，制定了相关标准和管理制度，促进了建设项目的统一管理和规范发展。五是财政部内网网站、门户网站、政府采购网站建设不断加强，信息资源利用和服务水平不断提高。目前，信息化已全面融入财政核心业务，成为财政工作的先进生产力，在推进科学理财、民主理财、依法理财方面发挥着重要作用。

（二）信息化建设取得的成就

可以说，改革开放的三十多年，也是财政信息化建设稳步发展、支持财政改革与管理发挥作用越来越大的时期。三十多年来，财政信息化建设

立足财政改革和管理需要，与时俱进，开拓创新，取得了显著成就。

1. 财政业务系统应用取得较好成效

财政信息化最初用于编制汇总报表、办公自动化、信息查询等，主要作为业务人员日常办公的辅助工具；随着财政业务系统的不断开发与应用，实现了预算编制、国库资金支付、工资发放、资金运行监督等核心业务的信息化处理，特别是信息系统借助网络，收到了原有手工操作不可想象的工作效率，提高了业务处理能力，财政信息化成为财政业务不可或缺的组成部分。

（1）开发并成功应用了一系列业务系统，促进了财政改革和管理

成功开发应用了预算管理系统、国库集中支付管理系统、全国非税收人收缴管理系统、工资统一发放系统等业务管理系统，并在中央各部门以及地方推广实施。不少地方也结合实际，采取多种方式推进财政信息化建设，逐步实现了信息技术与财政业务的融合。通过部门预算编制系统，支持深化了部门预算改革，将部门所有预算内外收支、部门所有单位收支全部纳入预算，实现了一个部门一本预算，有效提高了政策协调和各部门统筹安排资金的能力，增强了各部门占有财政资源、支出结构和分配资源方法及过程的透明度。通过国库集中支付系统，支持确立了国库集中支付制度在财政财务管理中的基础性地位，将绝大部分政府性资金纳入国库单一账户，财政财务支出主要由国库集中支付，减少了中间环节，有效降低了传统的资金层层拨付方式导致滞留与挪用的可能性。通过工资统一发放系统，财政供养人员工资由国库单一账户及时、足额直接拨付到个人账户，基本杜绝了拖欠挪用工资的现象，维护了社会稳定。通过非税收入收缴管理系统，支持深化了“收支两条线”管理改革，规范了非税收人收缴管理，有效遏制了乱收乱罚、截留挪用和坐收坐支，保障了非税收入的应缴尽缴、应收尽收。同时，也成为廉政建设一项重要措施。

（2）强化了财政资金监管，提高了资金使用的安全性、规范性和有效性

随着财政管理信息化水平的不断提高，中央和各地方都相继建立了财政资金管理信息监控系统，并与代理银行支付系统联网，初步建立了内部监督制约机制和对预算单位支出的实时监测制度。基本实现了对财政资金

运行的动态监控，保证了财政资金按规定用途使用和安全运行。如通过国库单一账户集中支付的管理机制，严把资金使用关，使尚未支付的财政资金集中在国库单一账户，提高了财政调度资金的能力，为降低财政筹资成本、提高资金使用效益创造了基础条件。通过涉农直补“一卡通”信息管理系统，实现了中央和地方各项惠农补贴资金安全、及时划拨到农民的存折或银行卡中，确保中央政策不折不扣贯彻落实。

（3）初步实现了数据集中管理，服务了财政科学决策

初步建立了全国预算执行分析和决算汇总管理体系，形成了覆盖资金运行的总体框架，并分别建立了预算编制、集中支付和工资统发监控等一些基础数据库，其中中央包库管理实行财政收支“一本账”，初步实现了财政收支数据的集中统一管理。初步建立了财政经济统计数据库、财政经济数据整合处理和统计分析平台，为开展财政经济预测分析和政策研究提供了有力支撑。通过实施财税库行联网，实现了财政、税务、银行、国库等多部门数据资源共享和信息综合利用，为加强宏观经济形势分析、提高财政决策水平提供了准确、翔实的财政收入数据资料。

（4）办公自动化建设取得较大进展，给财政整体工作带来新活力

全国不少省级财政厅（局）已基本实现无纸化办公，部机关在领导办公、公文、人事、党务等方面也实现了信息化、网络化管理。不仅提高了行政效率，降低了行政成本，而且规范了行政程序和行政职责，促进了依法行政和科学管理，给各项财政工作带来新活力。

2. 应用支撑平台成功开发并开始上线运行

（1）成功开发金财工程应用支撑平台

2005 年 9 月启动平台开发工作，历时 7 个月开发完成了测试版。2006 年 5 月，启动了基于平台构建的预算指标管理系统（简称新指标系统）、国库支付管理系统建设工作，历时 8 个月开发完成了测试版，先后组织预算司、国库司及 8 个部门司业务人员进行了两次集中业务测试。经过测试后的修改完善，于 2007 年 6 月底完成了平台和新系统试运行版的开发。2007 年 7 月，财政部选定水利部、科技部等 6 个具有代表性的试点部门开展试运行工作。目前，平台及基于平台的新指标系统已在中央本级正式上线使用并

平稳运行。

（2）推进平台在地方试点

2007年年初，财政部选择山西、四川、宁波三省市进行了平台试点，2008年又选择河北、青岛扩大试点。五省市根据财政部统一部署，分别采取不同模式积极推进基于平台的系统整合工作，取得了较快进展。山西省采用“系统接入”模式，于2007年底在省本级上线使用，目前应用良好。四川省采用“系统生长”模式，于2008年4月在省本级正式上线运行。在汶川“5·12”特大地震中，四川省平台和新系统在上线不足一个月且资金拨付量大幅增加的情况下，很好地支撑了紧急业务处理，保障了抗震救灾工作的顺利开展。宁波市采用基于平台整合的系统模式，新系统已于2008年5月份投入正式使用。河北省采用“系统嫁接”模式，于2008年6月在省级财政部门上线使用，并推广应用到了120多个县级财政部门。青岛市采用系统统一整合模式，目前正在开展方案设计修改完善、相关基础数据整理和平台业务组件配置等工作。

（3）应用支撑平台促进了一体化建设

为配合财政改革的实施和推进，从1999年开始，财政部在不同时间内分别开发实施了预算管理、国库集中支付等业务系统，这些系统独立运行，系统间数据规范、基础编码不统一，信息不能共享，中央财政与地方财政也不能实现数据交换。后期陆续开发的“数据接口”，也没能从根本解决这些问题。应用支撑平台的成功开发，建立了财政业务系统整合与统一以及信息交换和共享的平台和机制，为财政信息系统一体化建设、实现财政业务“三个贯通”（即本级财政内部业务贯通、上下级财政之间业务贯通以及财政和预算单位之间业务贯通）奠定了基础。

3. 信息基础设施建设不断加强

（1）基本建成财政系统“三横三纵”网络体系

财政系统网络建设发展较快，1991年利用当时微机点对点通信方式，财政部初步建立了与地方的信息传输，改变了旬报、月报通过电话手工抄报方式。1997年财政部建立部机关局域网和连接地方的广域网，2002年建立连通中央部门和预算单位的城域网。随着财政核心业务系统应用，地方网络建设发展较快，目前，中央本级、省级、地市级与同级部门及预算单位、银行等部门的横向连接（三横），中央与省级、省级与地市级、地市级与县级财政部门的纵向连接（三纵）已基本建成。

（2）安全建设不断加强

2005年8月建成财政部机关涉密网，并制定信息安全与保密管理办法，加强网络安全管理与监控。按照国家电子政务网络身份认证系统有关要求和技术标准，研究拟定《财政身份认证与授权管理系统规划方案》，该方案已通过专家论证。其后按照方案组织开展项目集成商和设备招标采购工作。同时加强对地方网络安全建设的指导，强化安全标准统一，统筹规划，统一组织了网络安全产品选型招标工作，统一选定了网络安全工程监理单位。

（3）信息化标准规范和制度体系逐步完善

在标准建设方面，先后制定并下发了《财政业务基础数据规范》《政府财政管理信息系统网络建设技术标准》《政府财政管理信息系统安全总体标准》等一系列技术标准。在制度建设方面，相继研究制定了《金财工程系统软件开发、应用管理暂行办法》《金财工程网络建设和安全运行管理办法》《财政部信息化建设管理办法》及其7个配套管理办法等，规范了金财工程建设管理工作。

二、我国公务支出信息化现状及存在问题

在推进公务支出管理改革进程中，公务支出管理信息化建设步伐加快，形成了以公务卡管理为突破口的公务支出信息建设分步完善格局。

（一）公务卡管理

十一届三中全会以后，我国财税体制经历了几次重大调整，逐步规范和完善现有财政管理制度。国库集中收付制度明晰了财政资金收付相关程序，减少资金收付中间环节，提高资金使用效益，实现财政资金活动公开、透明。但是，在现阶段由于各部门、预算单位在日常公务开支中大量提取和使用现金给财政部门全面、有效地监控公务支出增加了难度，也为违规

使用资金创造了条件。因此，中国实行公务卡管理制度改革是进一步深化国库管理制度改革，完善资金结算方式，防止腐败滋生的重要手段举措，也切合我国当前的发展趋势。

1. 公务卡起源和发展

2007 年，为了深化国库改革，使财政资金的使用更有效，同时也有利于转变公务支出管控方式，实现公务活动公正、透明，我国实行了公务卡管理制度改革并进行试点，宋庆龄基金会、中央纪委、中科院三家单位率先实行公务卡。同年，我国公务卡管理制度在重庆、四川、山东也相继开始推行。与此同时，财政部和中国人民银行联合印发《中央预算单位公务卡管理暂行办法》的相关文件，诠释公务卡的相关内容及管理办法。2008 年，公务卡管理制度改革推行范围不断扩大，所有中央预算单位全面推行公务卡管理制度改革，并及时向上级反馈公务卡管理制度改革情况。2009 年，我国公务卡管理制度在全国范围内迅速推广，试点单位出台相关管理条例，使公务卡管理制度改革有章可循，更加规范。2010 年，党中央、财政部、中国人民银行、各代理银行以及全国各单位、部门通力合作，加强协调，公务卡管理制度改革在全国省、市全面推开，有条件的县也研究并推广使用公务卡。截至 2010 年年底，全国三十一个省（区、市）全部启动公务卡管理制度推广工作，五十五家商业银行正式发行公务卡，累计发卡五百四十多万张。2011 年，由于改革不断扩展，针对办卡数量增加以及在推广过程中出现的公务卡使用范围偏窄、使用效率不高、“有卡不用”的现象，财政部发布了《关于实施预算单位公务卡强制结算目录的通知》，规定包括办公费、差旅费、印刷费、会议费、公务接待费等 16 个强制结算目录，于 2012 年 1 月 1 日起实施，并要求所有实行公务卡管理制度改革的中央预算的单位要严格执行。截至 2012 年，我国公务卡管理制度推行取得显著的成效，有效的提升财政信息的公开透明度，办卡率已经达到 90%，实现了在全国范围内全面推广施行的目标。

2. 公务卡管理现状

（1）公务卡概念及使用方式

公务卡是指财政预算单位工作人员持有的、主要用于日常公务支出和财务报销业务的贷记卡。公务卡消费的资金范围主要包括差旅费、会议费、招待费和零星购买支出等费用。公务卡具有一般银行卡所具有的授信消费等共同属性，同时又具有财政财务管理的独特属性，能够将财政财务管理的有关要求与银行卡的独特优势相结合，是一种新型的财政财务管理工具和手段。同时公务卡具有一般银行卡的基本属性，提取现金免利息。

公务卡能够像其他信用卡一样，由持卡人方便快捷地办理支付结算并形成相关消费信息，公务卡属于银行卡范畴，是一种现代支付结算工具。同时，公务卡也不是一般意义上的银行卡，而是将财政财务管理的有关规范与银行卡的结算方式相结合形成的一种新型财政财务管理工具和手段。公务卡在卡种选择、额度设定、组织申办、结算报销和支付结算的信息管理等方面，都有不同于普通银行卡的专门管理制度规定。

我国的公务卡结算平台是一套由各级财政预算部门和各大公务卡发卡商业银行共同建立的，连接银行和被代理的财政预算部门的财务部门的软件和硬件平台。财政和纪检等部门通过公务卡结算平台对公务卡的使用进行监管。

我国公务卡的适用范围主要是预算单位原以现金方式结算的零星商品和服务支出，以转账方式结算、并且单笔金额在人民币 5 万元以下（不含）的小额商品服务支出。公务卡持卡人不可提现，否则将被视为个人消费行为，由此产生的所有费用将由持卡人自行承担。

（2）公务卡种类及结算程序

根据财政部和中国人民银行有关预算单位公务卡管理的发文规定，只要是办理国库集中支付业务，并具有信用卡发行资质的商业银行均可发行公务卡。各级预算单位只需要在上述的商业银行范围内自行选择即可。公务卡一般分为中央预算单位公务卡（包括各地区的中央预算单位公务卡），通常简称为“中央预算卡”；第二类是普通公务卡，通常简称为“公务卡”。前一种公务卡必须是公务员或者中央预算单位的员工才能申请的，后一种公务卡，其他预算单位的职工都可以申领。公务卡的卡种一般为只具有人民币结算功能的、发卡银行为商业银行的银联标准信用卡，个别为应对出国使用的公务卡会有外币的结算功能。

公务卡结算程序的前置条件为：申请通过国库集中支付账户还款的公务卡必须是由预算单位统一组织本单位在职工作人员向发卡行申办的，申办成功后经过预算单位确认核实相关信息后，该卡片的持卡人姓名和卡号由预算单位财务部门录入公务卡支持管理系统。满足上诉条件后，公务卡持卡人在办理公务过程当中刷卡消费后，向商户索取发票和 POS 机交易凭证（包含交易的商品或服务的清单、交易金额、交易时间和地点等信息），持卡人在向本单位财务部门报销该公务卡消费钱款时，需向财务人员提供公务卡（查询卡号与登记卡号是否一致之用）、发票和 POS 机交易凭证及本单位报销制度所要求的报销凭证。财务人员在获得上述凭证后向公务卡支持系统询证该笔待报销消费的详细信息是否与报销人所持的公务卡卡号、发票、POS 机凭证及报销凭证所列的信息一致，如核实无误则向公务卡发卡行提交该笔公务卡消费的支付授权和加盖印鉴的还款文书。公务卡代理银行在收到支付授权和还款文书后，确认无误，通过该预算单位开立的零余额账户向公务卡账户支付还款资金。

（3）公务卡免息期限

我国公务卡的免息期一般从 20 天到 50 天不等，但并不是所有的公务卡刷卡消费均能够享受免息期。要享受免息期，必须在还款日前全额还款。如果还款日前没有全额还款或选择了最低还款额（最低还款额为全部应还金额的 10%）还款，则不再享受免息期，银行将从记账日起按照全部应还金额的每日万分之五收取循环利息。如果连最低还款额都未缴足，银行还要按最低还款额与实际归还额的差额的 5% 加收滞纳金，并影响持卡人信用。通常我国公务卡制度规定，公务卡的公务支出一律全额还款。

（4）公务卡授信额度

根据国家财政部和人民银行的指导要求，公务卡的授信额度由预算单位根据银行卡管理规定和实际的业务需要，与发卡行协商设定。原则上每张公务卡的信用额度不超过 5 万元，不少于 2 万元。

另外，发卡行还可以根据持卡人资信情况和公务卡的实际使用情况对其持有的公务卡的信用额度进行永久性的调整，并及时通知持卡人和持卡人所在单位的财务部门。对于调增公务卡信用额度的需要事先经过持卡人所在的财务部门的同意方可进行调增。对于因公需要临时提高公务卡的信用额度的，需由持卡人向本单位财务部门提出申请，经核准后由财务部门向该公务卡的发卡行提交临时提高额度的请求。发卡行受理并批准该请求并生效后，持卡人便可进行更高额度的公务支付项目。公务卡持卡人需及时完成超限的消费款项报销工作，避免因临时提高额度期限到期后尚未清缴超额欠款而造成的超限罚息。

3. 公务卡管理中存在的问题

目前，我国公务卡管理制度推行取得的成效比较乐观，改革也在全国范围内全面推广。作为新型结算手段，我国的公务卡管理制度是财政监督制度的创新，有利于进一步完善我国公共支出管理体系，加强财政资金监管的力度，为创建廉洁政府提供制度保障。但是，在改革过程中仍然存在一些困难和问题。

（1）预算单位存在的问题

——中央及地方缺乏统一性和整体性

公务卡管理是我国财政改革的重要部分，地方和中央应协调统一，逐步深化，全面有效推广。然而我国各个地方财政体制以及区域间的经济差距是制约公务卡管理相关条例实施，导致地区之间无法协调发展的重要因素。从全局来看，中央的推行速度要快于地方，已基本实施公务卡管理制度。但是，很多地方政府因认识不深、积极性不够，技术条件不成熟等因素的影响，改革并未全面推开，只是在主要单位部门施行公务卡管理制度改革，而一些二级预算单位并未进行公务卡管理制度改革。这就造成我国公务卡管理制度改革地方和中央缺乏统一性和整体性。

——未建立相应的财政账户管理体系和规范的会计核算制度

财政部门批复预算单位用款计划一般在月初，预算单位则只能通过零余额账户在用款额度内进行支出。当额度不足以支付的情况下，之前的结算可以延缓交付。但是，公务卡结算具有较强的时效性，如果不定期进行支付将产生罚息费用，造成一系列其他经济责任问题。目前，我国公务卡核算制度不够规范，很多预算单位都还没有设置相应的公务卡结算业务的会计科目或者明细科目，财务人员无法在账务系统中查询单月公务卡消费应还款额和已还款额等数据信息，只能查阅原始记账凭证，不利于财务人员及时准确的进行公务卡支付系统、预算单位财务系统以及代理银行之间的账务核对，不利于我国公务卡管理制度全面推进。

——未建立完善的还款制度，逾期产生的费用难以确定经济责任

部分地区的财政部门不能及时收集和处理公务卡相关支出及还款信息，这主要是由于预算单位公务卡网络信息平台与现有的国库未能实现集中支付信息系统以及银联交易系统的对接功能，最终导致财政部门不能及时处理公务卡支持系统所反馈的还款信息和“银联交易系统”的支付提示。而在国库授权支付程序中，首先需要对授权额度进行核拨，预算单位必须向财政厅业务科室提交申请报告，经过审核同意后开具预算指标拨付单交付预算科，预算科核对预算执行情况后向国库支付中心开出指标汇总表，最后由国库支付总局根据财政收支情况向人民银行提交拨款单并下达授权额度通知书。与此同时，预算单位在取得授权支付额度后的报销支付程序为：持卡人用公务卡消费取得发票后，首先要经单位领导审核签字批准后，完成报销手续后由单位财务部门向代理银行发送授权支付凭证，代理银行审核无误后拨付到持卡人的公务卡，清偿所欠款。在还款过程中，国库授权支付必须经过层层审核、层层把关，以上任何一道程序都有可能导致公务卡还款不及时，由此产生的罚息、滞纳金等费用。并且，这些违规产生的费用最后该由谁承担也成为一个需要解决的问题。

——不能完全遏制腐败现象发生

我国公务卡管理制度的实施，对完善我国公共支出管理，提升预算执行的透明度和减少“三公”开支，提高财政资金使用效率有着积极地意义，作用也是有目共睹的。但是，由于我国的基本国情，公务卡在公务支出中的使用并未完全按照财政部的要求进行，也未完全遏制腐败现象。比如：“三公”经费中的招待费是公务支出的大部分支出，持卡人在饭店进行公务招待虽然可以用公务卡刷卡结账，但是在这个过程中并不能保证此次消费没有浪费情况的发生。同时，商家为增加客源，也存在配合持卡人故意多刷卡或虚开发票，或者给持卡人一定比例的回扣等现象。在这一环节上，公务卡消费不能做到完全公开和透明。因而，公务卡管理制度只能是预算

单位预防腐败的一部分，而不是全部。

——缺乏有效的考评奖惩机制

目前，在公务卡的推行中，财政部门和预算单位均未建立有效的考评奖惩约束机制，我国公务卡管理制度改革没有完全按照上级要求进行，主要表现在四个方面：一是存在大量提取现金规避国库监管。我国的公务卡管理制度，只能管理纳入国库集中收付体系的财政资金，而国库集中收付体系外存在大量的流向不明的预算外资金，很难对其进行动态监控；二是由于缺乏有效奖罚机制，各单位办理公务卡积极性并不是高，没有全力按照财政部的要求推行公务卡；三是很多单位存在职工虽然办理了公务卡，但是办而不用的现象普遍存在，出现大量“睡眠卡”；四是虽然使用了公务卡，但报销还款仍按传统方式进行，没有通过公务卡支付体系办理。这些都对提高公务卡使用率不利，导致我国公务卡管理制度未能发挥其应有的作用。

——利益损失以及观念陈旧阻挠改革进程

主要体现在两个方面：一方面是思想观念的转变，一直以来公务支出最主要的支付方式是现金结算。为了更好地推进改革就需要转变人们的思想观念，这个过程需要时间来解决。另一方面是预算部门和相关单位内部因触及相关利益而存在阻力。改革前，各预算单位进行公务活动开支自主性强，缺乏约束，结算和报销程序相对简便。但是，在改革后这些“好处”都将不存在。部门和预算单位在进行公务开支时，必须以公务卡进行结算，并须保留“三票”，才能进行报销，花钱不方便且报账程序麻烦，所以极不情愿，存在拖延公务卡改革现象。部分预算单位没有意识到公务卡管理制度改革对完善我国公共支出管理，加强财政监督制度建设，提升财政信息的公开、透明度以及对打造廉洁政府的重要性，因而未全力积极推动实施公务卡管理制度改革。预算单位没有建立公务卡管理制度，宣传公务卡缺乏力度，财务人员服务水平不够，职工则对公务卡采取只办理不用的态度等。

——信息系统建设不完善

我国公务卡管理制度具有时效性，对公务卡相关信息的收集和处理必须及时，否则会产生一系列不良后果。改革前，预算单位只需通过财政国库系统平台单纯的办理授权支付业务，对时效性的要求没那么高。但在办理公务卡业务时则需频繁联网，必须将预算单位公务卡业务信息平台与国库集中支付信息系统以及代理银行的网络平台实现全面对接，能够科学、合理的收集公务卡支出和还款等各项信息。从而财务人员办理每笔公务卡结算时能够通过公务卡信息平台来查询公务卡消费信息，财政部门能够及时收集和处理公务卡活动的相关信息，从而使得我国公务卡管理制度的全面推行获得良好的信息系统支持。而目前，多数地区预算单位存在信息系统建设不完善，网络设施和上网条件并不是特别好，联网过程时间长、速度慢等问题，这些都阻碍我国公务卡管理制度的推行，降低持卡人的使用率。

（2）金融机构存在的问题

——信息反馈速度较慢

我国公务卡管理制度的推行中发现银联公司对公务卡业务信息反馈速度慢，特别在部分地区使用公务卡后，银联公司有必要同发卡银行、收款银行统一进行结算核实再将相关信息上报至预算单位，这个过程需要几天的时间。但是公务卡具有时效性并且财政部门要求及时、有效地对公务卡刷卡消费信息进行动态监控，银联公司反馈速度慢而影响预算单位对公务卡的使用，不能有效地达到实时监控目的。

——公务卡用卡环境不完善

在我国，由于经济发展并不均衡，信用卡的受理商户和 POS 机的分布不均衡。在一些经济发达城市，银行业发展迅速，刷卡消费已经深入人心，刷卡网点也比较齐全，可以比较便捷地刷卡消费，持卡人用卡意愿也高；但是在一些经济欠发达的中小城市，刷卡网点相对较少，一般在一些高档场所才能刷卡消费，迫使刷卡人不得不进行高消费，无形中助长了奢侈浪费之风；而在一些偏远地区不具备刷卡条件，只能让个人先行垫付现金，待报销后再到银行取出，将财务支取现金的安全风险转移给持卡人，容易引起持卡人的抵触情绪。

——缺乏明确的公务卡业务办理制度及程序，服务质量和办理水平偏低由于公务卡从试点到全面推行的时间不长，各大银行对于公务卡的办理都还没有建立和完善相应的管理制度和办理流程。各大银行在为预算单位办理完公务卡后，没有提供细致周到的服务，未对公务卡消费的还款等事项提供提醒服务。此外，公务卡的功能还有待完善，使用范围也不够广泛，不能更好的为公务卡持卡人提供全面的、便捷的服务。

（3）财政部门存在的问题

——公务卡信息收集和处理方面

目前，我国公务卡管理制度执行时间不长，财政部门没有严格要求各地区财政部门及时上报财政信息，也没有形成统一的统计口径。各地方财政部尚未收集和处理公务卡的还款、支出等信息。源于各地区的信息平台建设不完善，与国库集中收付体系或者银联交易业务系统没有完全衔接，财政部门无法及时、全面的获取公务卡的相关信息，导致无法准确掌握我国公务卡管理制度的具体执行情况，发现问题和解决问题，无法对违规行为及时处理，不利于我国公务卡管理制度的全面深入发展。

——预算单位零余额账户管理方面的不足

财政部对预算单位用款计划批复一般都在月初，因此预算单位只能通过零余额账户规定的支出范围内进行支出。并且预算单位每月月支出的数额也不确定，在之前的结算中若存在额度不足的情况可以延缓结算。但是，公务卡具有时效性，若不按时支付将会发生罚息费用，而产生的罚息费用最终由谁负担也是没有硬性规定，因此而产生新的经济责任，使得持卡人用卡积极性不高，“睡眠卡”频繁出现。

（二）公务支出管理信息系统

为全面推进《党政机关厉行节约反对浪费条例》及相关专项配套制度的实施，加强和规范党政机关公务活动及公务支出管理，按照中办厉行节约反对浪费制度建设工作总体部署和部领导指示精神，建设党政机关公务支出管理信息系统。

党政机关公务支出管理信息系统是落实党政机关厉行节约反对浪费管理制度的重要平台和载体，涵盖各级党政机关会议费、培训费、差旅费、因公临时出国经费、短期出国培训经费、公务招待费、公务用车购置及运行费等公务支出（以下若无特殊说明，公务支出均指上述 7 项经费支出），实现相关管理制度及标准的查询，公务支出数据的采集、汇总和分析。该系统的建设，有利于各级党政机关查询、了解相关公务活动管理制度和公务支出标准；有利于方便公务人员出差预订饭店及财务人员报销操作；有利于财政部门全面掌握公务支出情况、加强和改进公务支出管理、及时调整相关制度政策。

目前的“党政机关定点饭店信息管理系统”于 2006 年投入运行，该系统主要供中央国家机关出差和会议使用，具有政策发布与浏览、定点饭店登记与查询等功能。系统功能相对单一，用户量较小，不能满足新的业务需求。

目前，公务支出管理制度尚未集中上网，不利于各级财政部门和党政机关方便快捷查询、掌握有关信息。部门决算中包括了公务支出分类汇总数据，但不能提供有关公务活动的基本信息，不利于各级党政机关加强内部管理，不利于财政部门掌握公务支出的总体情况、及时修订相关制度和标准。

根据新的制度要求，需建设一套覆盖各级党政机关会议费、差旅费、培训费、因公临时出国经费、短期出国培训费、公务接待费、公务用车管理的信息系统，构建集公务活动定点管理、支出管理和决策支持的一体化管理平台。

遵循先易后难、逐步推进的原则，分为近期目标和远期目标。近期先实现中央级党政机关公务支出制度的查询，公务支出数据的采集、汇总、分析、查询等。未来逐渐延伸到省级以下，实现会议定点饭店及公务出差饭店预订、支出信息按管理需求有效集成，实现上下级财政部门联网。

三、推动公务支出信息化建设的政策建议

（一）加强公务卡管理

1. 强化预算执行管理，加强信息化建设

在预算支出执行中，要建立责任制度。各财政部门、预算单位要严格

按照预算编制下的公务支出项目执行公务卡结算制度，并及时反馈执行情况。还要加强对公务卡结算项目用款环节的管理，提高其在预算支出执行的均衡性。完善公务卡项目支出资金拨款制度，促进项目拨出制度均衡发展。财政部门要及时考核公务卡支付项目的用款计划，促进公务卡支付项目的预算编制更加科学、严谨，实现有效监督财政资金的使用，提高财政资金的使用效率的目的。同时，要建立完善的预算考核机制。在规范公务卡专项预算编制及执行的同时，预算单位要建立完善的预算考核机制，对与公务卡相关的预算资金科学、精细管理。各单位要及时总结公务卡相关项目的预算支出情况，并及时反馈，进行预算考核。

推行公务卡管理制度要求财政部门、各预算单位建立强大的信息服务系统，为我国公务卡管理制度实施提供强大的信息支持平台。首先，财政部门应编制统一的公务卡结算制度，为预算相关部门提供办理公务卡结算依据，并在中央各部门和部分省级推广。不少地方也可以结合当地实际情况积极探索，采取多种方式推进财政信息化建设实现信息技术与公务卡管理制度建设的同步发展。其次，财政部门可建立公务卡相关系统，实现财政数据的集中管理，为科学决策提供依据。我国各级财政部门、预算单位创建良好的网络信息环境，建立财政动态监控系统，将所有公务卡公务支出信息纳入到该系统的监管，提高公务卡支付信息透明度和信息传达的准确性、及时性和全面性，为财政资金的使用、规划以及进行相关经济决策提供科学的、有力的数据支撑。最后，各预算单位要加快加强信息化系统的建设和维护，建立我国公务卡管理制度信息支持平台，完善技术平台，优化业务流程，使得公务卡刷卡信息能够及时反馈与国库支付系统，方便财务人员核实公务卡消费信息，简便公务卡报账操作程序，提高公务卡还款的及时性，减少滞纳金的产生，避免因公务卡还款不及时造成经济责任纠纷而影响持卡人积极性，以此来提高财政资金使用的安全性、规范性和有效性。

2. 建立银行安全防范系统，改善受理环境

中国银联公司和各大代理银行要有风险防范和处置意识，建立科学有效的安全防范系统。各金融机构要积极研发科技含量高、防范措施有力的

公务卡，完善风险监控和预警机制，防止公务卡被“克隆”以及公务卡系统被不良网络犯罪者攻击。对于恶意透支公务卡的行为要建立预警机制，为公务卡管理制度提供安全的运行环境。此外，交通、酒店、酒店、零售等不同领域都属于公务卡结算范围，涉及不同的城市以及各级县域或乡镇等地区，面广而量多，因此各代理银行要采取积极有效的措施加快公务卡受理环境建设，创造畅通、便捷的用卡环境。各大银行机构应该加大对用卡环境的投入，加大 POS 机、ATM 机的投入数量和分布面。同时，要加强信息系统建设，完善其功能，提高业务处理水平和能力，确保信息及时传递，便于财政资金的动态监督，充分发挥我国公务卡管理制度在财政资金监督方面的作用。

（二）开发先进公务支出管理信息系统

1. 近期目标

（1）实现内外网的中央级党政机关会议费、差旅费、培训费、因公临时出国经费、短期出国培训费、公务接待费、公务用车等管理制度以及与公务支出相关的政策法规上载，便于各党政机关公务人员以及定点饭店等人员查询、了解相关政策。

（2）构建内外网的中央级党政机关会议费、差旅费、培训费、因公临时出国经费、短期出国培训费、公务接待费、公务用车等支出标准信息库，便于各党政机关公务人员查询，并遵照执行。

（3）与部门预算管信息系统联网，实现对中央级党政机关“三公”经费和会议费等预算数据的采集。今后要把所有公务支出项目的支出数据纳入信息管理范围。目前在部门预算管理中，公务支出 7 项经费中，仅要求部门填报“三公”经费和会议费预算。

（4）实现对中央级党政机关公务支出数据及说明材料的采集、汇总、分析和查询，为财政部门全面掌握公务支出情况，加强和改进管理，调整政策等提供支持。

（5）实现中央级党政机关会议定点管理信息化，提供查询及综合管理等功能。

（6）在外网开发公务活动操作平台，或与商用网站合作，提供酒店预订、天气预报等服务平台的链接，方便公务人员出行。

2. 远期目标

远期开发目标遵循统一建设、分级管理的原则，将地方各级党政机关公务支出管理纳入本信息系统，并实现公务支出相关信息的分析、评估。

（1）逐步扩大信息系统的覆盖范围：内外网的公务支出相关政策法规和支出标准逐步扩展到涵盖各级党政机关，便于各级党政机关查询、了解相关制度、政策和标准，相关内容实行分级管理、分别维护。

（2）逐渐增加信息的比对挖掘功能：1）根据部门预算管理改革推进情况，全面采集党政机关公务支出预算数据，对预算数据与实际支出情况进行比较分析；2）根据采集的基本信息和支出标准，计算标准需求，对标准需求与实际支出数据进行差异分析；为各级财政部门掌握各单位公务支出执行情况、查找问题和进行整改提供数据依据，为相关政策的出台及修订提供支持。

（3）待条件成熟后，由系统自动从预算单位会计核算软件中提取有关公务支出数据，减轻财务人员工作量，提高数据的准确性和时效性。

3. 工作流程

反映工作流程的数据及相关用户关系见图 7–1。

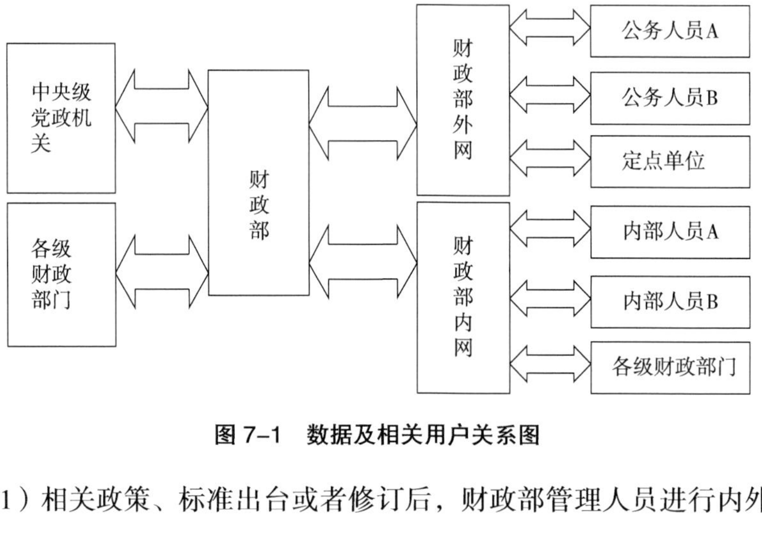

图 7–1　数据及相关用户关系图

（1）相关政策、标准出台或者修订后，财政部管理人员进行内外网上相关政策、标准的上载和修订维护工作（可以每月集中进行一次，或者政策、标准内容有更新时，实时或及时进行更新）。

（2）按照相关制度规定，中央级党政机关向财政部报送公务支出活动的报表。

（3）中央级党政机关公务人员发生相关公务活动时，可以查询外网的政策、标准等信息，以及公务出差饭店、会议定点饭店信息。

（4）财政部内部人员可以查询相关公务活动政策、相应标准，并根据权限审核、汇总、查询有关党政机关公务活动的支出情况信息。

4. 系统开发可能受到的约束

（1）中央级各党政机关预算、决算报表的数据格式目前一致，财政部采集的各单位实际支出信息需保证数据口径一致，确保数据有来源。

（2）各级财政部门所用外网信息系统存在差异，考虑未来信息涵盖范围的不断扩展，需制定统一的接口标准或模板。

（3）技术约束

由于外网用户数量庞大，需提供的信息量较大；内网逐步实现采集各项公务活动明细数据，数据量增长巨大，硬件配置方面需预留数据增长的空间，各种传输、存储、处理等技术方面需要考虑并解决。

（4）财政部项目开发规范要求。

（5）其他约束：如预算约束、硬件设备约束等。

5. 系统服务范围

（1）使用范围

近期使用范围：财政部，中央和国家机关（党中央各部门，国务院各部委、各直属机构，全国人大常委会办公厅，全国政协办公厅，最高人民法院，最高人民检察院，各人民团体、各民主党派中央和全国工商联），中央级参公管理事业单位，以及会议定点饭店等。

远期使用范围：各级财政部门、党政机关、参公管理事业单位，以及会议定点饭店等。

（2）试点范围

未来系统可先在几个中央和国家机关进行试点，待系统完善后再普遍推广。

6. 系统业务需求及功能说明

划分两个平台。党政机关公务支出管理信息系统将统一规划、统一标准、统一建设、分级管理，实现资源共享共用。将系统分为查询预订部分和管理监督部分，考虑到公务支出的制度查询及饭店预订、管理监督对系统的要求不同，计划在外网部署查询预订平台，供各级党政机关工作人员、财务人员、定点饭店管理人员使用；在财政部内网部署管理平台，主要供财政部进行数据采集汇总和分析使用。以下将按照内网管理平台和外网查询平台分别进行介绍。

（1）财政部内网管理平台

财政部内网管理平台主要实现公务支出预算数据采集，公务支出实际数据及说明材料的采集、汇总、分析功能，以及相应政策、标准的查询等功能。内网平台系统实现的功能，见图 7–2、图 7–3、图 7–4、图 7–5。

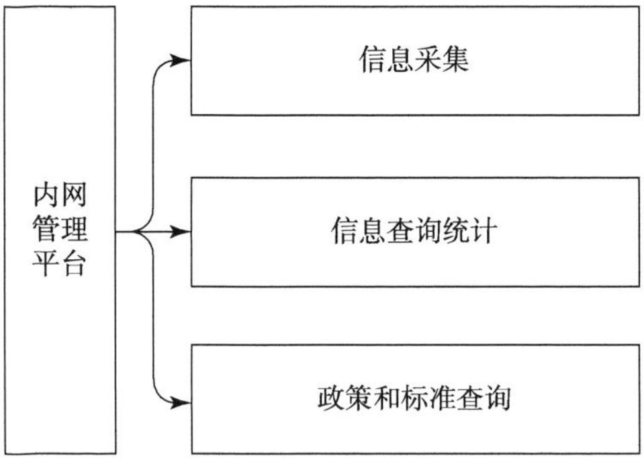

图 7–2　财政部内网平台主要功能框架图

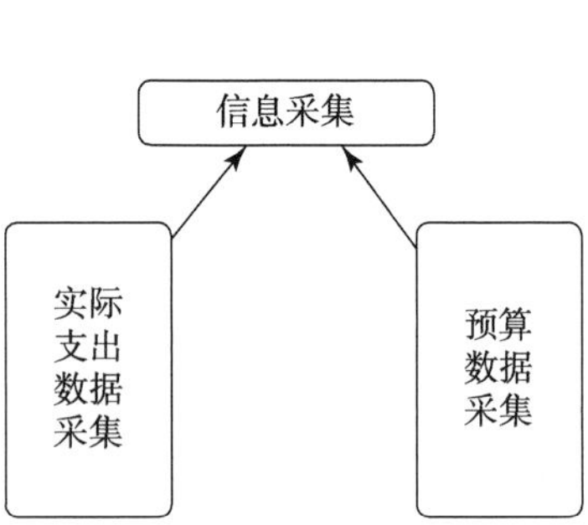

图 7–3　信息采集主要功能框架图

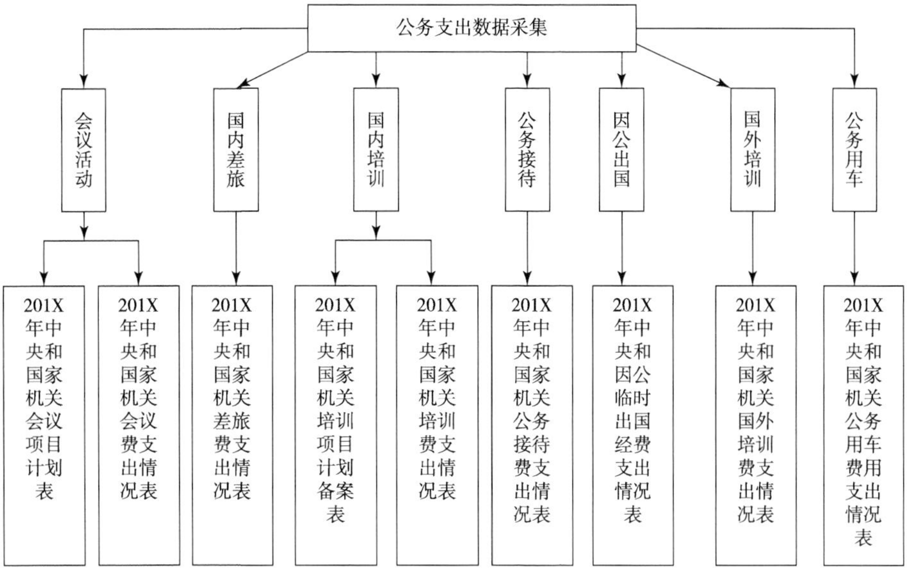

图 7–4　财政部内网平台四级目录“实际支出数据采集”部分功能框架图

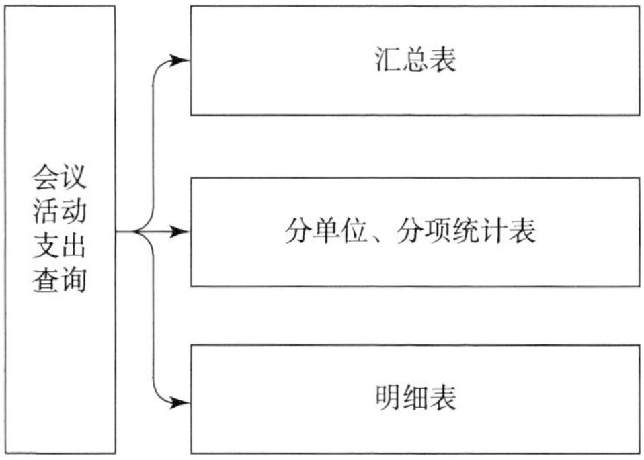

图 7–5　财政部内网平台查询部分四级目录功能框架图

1）党政机关公务支出预算和实际支出数据的采集功能：对党政机关报送的相关表格和说明材料，提供导入、导出、保存等功能；利用接口实现从预算管理信息系统提取相关预算数据的功能。

2）相关管理制度和政策法规的采集管理功能：对财政部门管理人员提供相关政策文件的上载（发布）功能，并可对文件进行管理维护。

3）支出标准体系的采集管理功能：对财政部门管理人员提供相关支出标准的上载（发布）功能，并可对标准体系进行管理维护。

4）党政机关公务支出实际支出数据的汇总分析功能：对所采集的数据进行汇总分析，提供统计表、分项统计表直至明细表的查询功能；历史同期比对分析功能；与预算数据的差异分析功能；与标准需求的比较分析功能以及各种表格的保存、导出、打印等功能。

5）政策和标准的查询功能：对各级财政部门提供相关政策、标准的查询功能，可实现模糊检索、政策下载等。

（2）财政部外网查询平台

财政部外网查询平台主要实现党政机关公务支出活动相关政策的维护和查询，相关标准的维护和查询，以及定点饭店的查询功能和部分咨询服务功能。外网平台实现的功能，见图 7–6。

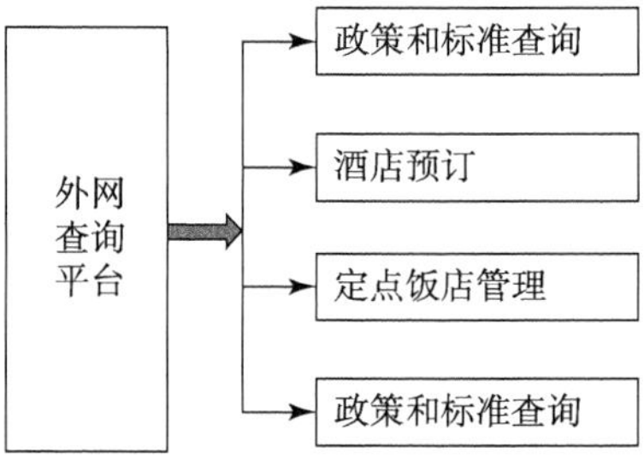

图 7–6　外网查询平台主要功能框架图

1）公务支出相关政策、标准的管理和查询功能：对党政机关公务人员提供相关公务活动、公务支出的政策和标准等信息的查询功能。对管理人员提供对政策、标准的发布与维护功能。

2）定点饭店查询、管理等功能：在原有政策发布与浏览、定点饭店登记与查询等功能基础上，增设饭店信息网上注册、网上申报，财政部门审核，用户查询、预订及投诉等功能。

3）开发公务活动操作平台，与 12360 网站（铁路售票）等市场主体合作，提供饭店、交通工具预订功能。

4）咨询服务功能：增加对公务人员、定点饭店人员相关咨询活动的支持，并与交通工具、天气预报等专业网站链接，提供辅助服务。

7. 数据范围

内网的数据采集范围，以及数据之间可进行的比对分析工作，可用下面的示意图表示，最终对公务支出活动可形成“预算 – 实际支出 – 标准需求 – 预算”的闭环管理。其中框内代表近期目标要实现的采集和数据分析比对内容见图 7–7。

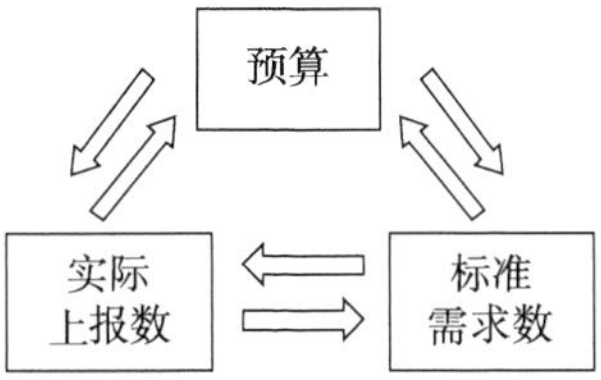

图 7–7　数据采集范围及比对关系示意图

（1）财政部内网的数据范围

区分会议、差旅、培训等 7 种情况，每种情况下公务支出的数据采集表，见《201* 年度党政机关公务支出报表》（附表 1—附表 8）。

汇总分析表包括汇总表、预决算比较表、前后年度比较表，见《中央级党政机关公务支出情况分析表》（附表 9）。

（2）财政部外网数据范围

包括可供查询的相关政策和标准。

定点饭店系统可供查询的数据有：公务支出管理的相关办法和标准，定点饭店基本信息、联系方式、房间价格和空房数量等。

8. 系统非功能需求

（1）格式

中央级党政机关、事业单位与财政部进行数据采集时，根据双方约定，可以采用专网、政府公网等网络形式，也可以采用介质（光盘、U 盘等）导入方式，或者纸质表单录入形式。网络方式下建议采用 XML 格式报文，具体格式另行下发。介质或纸质时，数据接口规范另行规定。

（2）网络

为将来通过财政部与中央级党政机关网络连接获取相关数据预留接口。

（三）信息集成与信息比对

所谓信息集成，是指在不同系统中实现信息共享，将不同来源，不同形态的数据进行综合比对和管理，多维度的还原数据背后所表现的真实情况。完成信息集成，有利于整合资源，消除信息孤岛，形成有价值的信息。

财政信息无法一次性集成社会所有有用资源和信息，集成社会上所有硬件系统和软件格式。但可以通过外部集成来实现信息比对功能。外部集成主要是通过互联网实现公众、社会团体、社会和客户的互动，实现信息资源的有效交流和集成。例如会议费中，通过与定点饭店信息系统的对接，建立标准流程下的信息交流，实现业务的实时监管与异常处理。

会议费开支范围包括会议住宿费、伙食费、会议室租金、交通费、文件印刷费、医药费等与会议相关的费用。其中，交通费是指用于会议代表接送站，以及会议统一组织的代表考察、调研等发生的交通支出。会议代表参加会议发生的城市间交通费，按照差旅费管理办法的规定回单位报销。在这一过程中，前文描述的公务卡管理可以成为贯穿全系统的纽带，但银行、合作单位和相关部门信息的联网合作环节也不可缺少。

分类规定会议综合定额，即会议费支出的上限。会议费开支实行综合定额控制，各项费用之间可以调剂使用。现行制度明确，一类会议综合定额 660 元，包括住宿费 400 元，伙食费 150 元，其他 110 元；二类会议综合定额 550 元，包括住宿费 300 元，伙食费 150 元，其他 100 元；三类、四类会议综合定额为 450 元，包括住宿费 240 元，伙食费 130 元，其他 80 元。详见表 7–1。《财政部四类会议管理实施办法》规定，四类的会议数量和费用不得突破本单位前 3 年召开四类会议的平均数量和平均支出。

表 7–1　2014 年中央和国家机关会议费综合定额（单位：元／人天）

会议类别	住宿费	伙食费	其他	合计
一类会议	400	150	110	660
二类会议	300	150	100	550
三类会议	240	130	80	450
四类会议	240	130	80	450

根据以上规定，编制信息化全流程管理。例如以参会人数和会议类别两个维度进行综合管理。

1. 基础费用 = 参会人数 × 会议类别

实际基础费用可以小于或者等于理论基础费用，这取决于具体的食宿费用。其中住宿费和伙食费应与参会人、住宿地点、就餐地点综合匹配。参会人和住宿地点匹配可以通过公务卡、住宿地点房号和价格联网实现，就餐费用在现有条件下如果难以管控，可以通过：

1）在有条件的接待饭店，应实时联网并实施监控异常消费信息。

2）由会议承担饭店提供就餐人员名单和价格明细，由会议承办人确认签字并落实到人。

3）根据会议类别提供相应标准价格的套餐，直接计入伙食费用。

4）实行包干制，根据地方实际情况确定相应就餐费用。尤其对于基层会议等没有技术能力提供相应证明的情况，应采取因地制宜的方式从权管理。

2. 其他费用 = 会议室租金 + 交通费 + 文件印刷费 + 医药费

会议室租金和市外交通费用较为容易实现联网管理，前者可以通过公务卡结算与会议承担单位信息比对进行管理，后者可以通过公务卡结算与会期比对进行管理。出于成本和效率的考虑，其他费用（如文件印刷、医药费等），不易实现联网管理。由于这一部分比例较低，可以设置合理额度，明显超过额度时，再进行审核。信息集成下的会议费用监管见图 7–8。

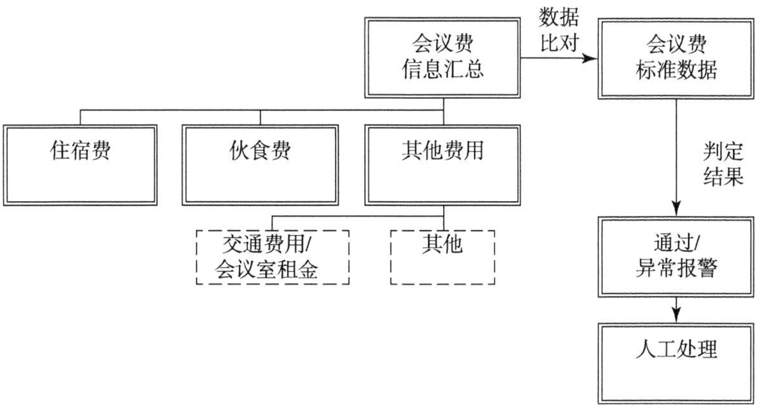

图 7–8　信息集成下的会议费用监管

（四）完善政府采购网站功能，推进政府采购服务

目前，中央政府采购网站提供9大类服务类政府采购，分别为车辆租赁、印刷项目、会议服务、物业服务、汽车保险、汽车加油、工程监理、信息工程监理、汽车维修。这9类服务囊括了公务支出的很多方面，以北京为例，中央政府采购网提供了城市和郊区各种档次的324家定点饭店。目前来看政府采购网站服务不能全部铺开，总的来说，与它还不能满足实际需要有关。

例如：除北京外，大多数省市和地县没有能力建立完整的政府采购平台，无法覆盖对应的会议服务。另外，由于政府采购价格和市场价格背离较大。短期来看，无法让企业有动力满足政府的需要；长期来看，也不利于企业的成长。以北京为例，因为首都的执行功能，大量的培训和会议需求使324家定点饭店在数量上也无法满足要求。

在这种情况下，强行推行政府采购网站上的服务类项目，只能带来行政效率的低下和产生新的寻租空间。因此，要想充分发挥政府采购网站的全流程监管功能，需要实事求是，先做好线下工作，再将线下工作转移到线上执行。

事实上，一切信息化工作，必须以符合客观需求为第一要务。信息技术只是使管理更为高效和便捷的手段，不能代替人面对面的协调作用。现阶段更需要做好线下的协调工作，真正调研清楚机关事业单位的现实需求。在此基础上，先做好线下的基础工作，再将这一工作转移到线上，从技术上完善政府网站的执行功能。

参考文献

[1]《中央预算单位公务卡管理暂行办法》[Z].（财库〔2007〕63号）.
[2]《关于加快推进公务卡制度改革的通知》[Z].（财库〔2012〕132号）.
[3]《关于实施中央预算单位公务卡强制结算目录的通知》[Z].（财库〔2011〕160号）.
[4]陈玉霞.公务卡：刷亮公务消费监管盲区[J].四川党的建设·城市版，2008(5).
[5]周蕾.浅谈公务卡在国库集中支付应用中的问题和对策[J].当代经济，2011(上).
[6]倪娟慧.进一步完善公务卡结算制度的几点建议[J].中国乡镇企业会计.

[7] 陈兴豪. 对公务卡不能盲目乐观 [J]. 人民政坛，2007 (39).
[8] 刘祝余. 服务财政管理，支撑财政改革——财政信息化建设三十年 [J]. 中国财政，2008 (21).
[9] 附表

附表 1　*** 年度党政机关公务支出报表封面

附表 2　*** 年度中央和国家机关差旅费支出情况表

附表 3　*** 年度中央和国家机关短期出国培训经费支出情况表

附表 4　*** 年度中央和国家机关公务接待费支出情况表

附表 5　*** 年度中央和国家机关公务用车购置及运行费支出情况表

附表 6　*** 年度中央和国家机关会议费支出情况表

附表 7　*** 年度中央和国家机关培训费支出情况表

附表 8　*** 年度中央和国家机关因公临时出国经费支出情况表

附表 9　*** 年度中央本级党政机关公务支出情况汇总表

附表 1：

*** 年度党政机关公务支出报表

单位公章

单位名称：____________________________

单位负责人：____________________（签章）

财务负责人：____________________（签章）

填表人：________________________（签章）

电话号码：____________________

单位地址：____________________

邮政编码：____________________

报送日期：　　年　　月　　日

组织机构代码（各级技术监督局核发）：□□□□□□□□□□

隶属关系（国家标准：隶属关系 – 部门标识代码）：□□□□□□ – □□□

财政预算代码：□□□□□□□□□□　　　　单位预算级次：□

单位所在地区（国家标准：行政区划代码）：□□□□□□

单位基本性质：1. 行政单位 2. 参照公务员法管理事业单位 3. 事业单位

附表 2

*** 年度中央和国家机关差旅费支出情况表

单位：万元

基本情况		支出情况					备注
出差人次（人次）	出差天数（人天）	合计	城市间交通费	住宿费	市内交通费	伙食补助费	

附表 3

*** 年度中央和国家机关短期出国培训费支出情况表

单位：万元

序号	培训团组名称	出国（境）基本情况							支出情况									
		培训目的地 1		培训目的地 2		培训目的地 3		人数	合计	国际旅费	国外城市间交通费	住宿费	伙食费	公杂费	培训费	其他费用	备注
		城市	天数	城市	天数	城市	天数										
合计																	
1																	
2																	
3																	
4																	
…																	

附表 4

*** 年度中央和国家机关公务接待费支出情况表

单位：万元

序号	接待情况				公务接待费	备注
	接待对象	接待对象最高级别	接待人数	陪同人数		
合计						
1						
2						
3						
4						
…						

注：按每次接待明细情况填报

附表 5

*** 年度中央和国家机关公务用车购置及运行费支出情况表

单位：辆、万元

基本情况														支出情况			备注
编制情况							配备情况										
合计	领导干部用车	一般公务用车	执法执勤用车	特种专业技术用车	离退休管理机构用车	其他用车	合计	领导干部用车	一般公务用车	执法执勤用车	特种专业技术用车	离退休管理机构用车	其他用车	合计	车辆购置支出	车辆运行支出	

填报说明：每年 3 月填报

附表 6-1：

*** 年度中央和国家机关会议费支出情况表

单位：万元

<table>
<tr><th rowspan="3">序号</th><th rowspan="3">会议名称</th><th colspan="6">基本情况</th><th colspan="4">支出情况</th><th rowspan="3">备注</th></tr>
<tr><th rowspan="2">会议类别</th><th rowspan="2">会议地点</th><th rowspan="2">会议天数（含报到和离会）</th><th colspan="3">会议人数</th><th rowspan="2">合计</th><th rowspan="2">住宿费</th><th rowspan="2">伙食费</th><th rowspan="2">其他费用</th></tr>
<tr><th>合计</th><th>正式代表</th><th>工作人员</th></tr>
<tr><td colspan="2">总计</td><td></td><td></td><td></td><td></td><td></td><td></td><td></td><td></td><td></td><td></td><td></td></tr>
<tr><td>1</td><td></td><td></td><td></td><td></td><td></td><td></td><td></td><td></td><td></td><td></td><td></td><td></td></tr>
<tr><td>2</td><td></td><td></td><td></td><td></td><td></td><td></td><td></td><td></td><td></td><td></td><td></td><td></td></tr>
<tr><td>3</td><td></td><td></td><td></td><td></td><td></td><td></td><td></td><td></td><td></td><td></td><td></td><td></td></tr>
<tr><td>4</td><td></td><td></td><td></td><td></td><td></td><td></td><td></td><td></td><td></td><td></td><td></td><td></td></tr>
<tr><td>…</td><td></td><td></td><td></td><td></td><td></td><td></td><td></td><td></td><td></td><td></td><td></td><td></td></tr>
<tr><td></td><td></td><td></td><td></td><td></td><td></td><td></td><td></td><td></td><td></td><td></td><td></td><td></td></tr>
</table>

注：每年 3 月填报上年会议实际支出情况

附表 6-2：

*** 年度中央和国家机关会议计划备案表

单位：万元

<table>
<tr><th rowspan="3">序号</th><th rowspan="3">会议名称</th><th colspan="6">基本情况</th><th colspan="4">支出预算</th><th rowspan="3">备注</th></tr>
<tr><th rowspan="2">会议类别</th><th rowspan="2">会议地点</th><th rowspan="2">会议天数（含报到和离会）</th><th colspan="3">会议人数</th><th rowspan="2">合计</th><th rowspan="2">住宿费</th><th rowspan="2">伙食费</th><th rowspan="2">其他费用</th></tr>
<tr><th>合计</th><th>正式代表</th><th>工作人员</th></tr>
<tr><td colspan="2">总计</td><td></td><td></td><td></td><td></td><td></td><td></td><td></td><td></td><td></td><td></td><td></td></tr>
<tr><td>1</td><td></td><td></td><td></td><td></td><td></td><td></td><td></td><td></td><td></td><td></td><td></td><td></td></tr>
<tr><td>2</td><td></td><td></td><td></td><td></td><td></td><td></td><td></td><td></td><td></td><td></td><td></td><td></td></tr>
<tr><td>3</td><td></td><td></td><td></td><td></td><td></td><td></td><td></td><td></td><td></td><td></td><td></td><td></td></tr>
<tr><td>4</td><td></td><td></td><td></td><td></td><td></td><td></td><td></td><td></td><td></td><td></td><td></td><td></td></tr>
<tr><td>…</td><td></td><td></td><td></td><td></td><td></td><td></td><td></td><td></td><td></td><td></td><td></td><td></td></tr>
<tr><td></td><td></td><td></td><td></td><td></td><td></td><td></td><td></td><td></td><td></td><td></td><td></td><td></td></tr>
</table>

注：每年 3 月填报当年会议计划备案表

附表 7-1：

*** 年度中央和国家机关培训费支出情况表

序号	基本情况					支出情况							备注
	培训名称	培训天数	培训地点	培训人数	工作人员数	住宿费	伙食费	培训场地费	讲课费	资料费	其他费	合计	
总计													
1													
2													
3													
4													
……													
……													
……													
……													

填表说明：

1. 培训天数含报到及撤离时间

附表 7-2：

*** 年度中央和国家机关培训项目计划备案表

序号	基本情况					支出预算							备注
	培训名称	培训天数	培训地点	培训人数	工作人员数	住宿费	伙食费	培训场地费	讲课费	资料费	其他费	合计	
总计													
1													
2													
3													
4													
……													
……													
……													
……													

填表说明：

每年 3 月填报当年培训项目计划备案表。

附表 8：

*** 年度中央和国家机关因公临时出国经费支出情况表

单位：万元

序号	团组名称（天数合计）	出国（境）基本情况										支出情况							备注
		合计天数	出访目的地 1		出访目的地 2		出访目的地 3		出访人数			合计	国际旅费	国外城市间交通费	住宿费	伙食费	公杂费	其他费用	
			国别	天数	国别	天数	国别	天数	合计	副部级及以上人员	其他人员								
合计																			
1																			
2																			
3																			
…																			

附表 9-1：

中央级党政机关公务支出情况分析表 -1

*** 年度中央级党政机关公务支出情况汇总表

单位：万元

部门名称	支出合计	会议费	培训费	因公出国经费	短期出国培训经费	差旅费	公务接待费	公务用车购置及运行费			备注
								小计	公务用车购置费	公务用车运行费	

附表 9–2：

中央级党政机关公务支出情况分析表 –2

*** 年度中央级党政机关公务支出预算与实际支出比较表

单位：万元

部门名称	预算								实际支出								实际支出较预算增减表（+/–）								备注
	合计	会议费	因公出国经费	短期出国培训经费	公务接待费	公务用车购置及运行费			合计	会议费	因公出国经费	短期出国培训经费	公务接待费	公务用车购置及运行费			合计	会议费	因公出国经费	短期出国培训经费	公务接待费	公务用车购置及运行费			
						小计	公务用车购置费	公务用车运行费						小计	公务用车购置费	公务用车运行费						小计	公务用车购置费	公务用车运行费	

附表 9–3：

中央级党政机关公务支出情况分析表 –3

— 年度中央级党政机关公务支出情况比较表

单位：万元

部门名称	201* 年										201* 年										201* 年较上年增减情况（+/–）									备注
	合计	会议费	培训费	因公出国经费	短期出国培训经费	差旅费	公务接待费	公务用车购置及运行费			合计	会议费	培训费	因公出国经费	短期出国培训经费	差旅费	公务接待费	公务用车购置及运行费			合计	会议费	培训费	因公出国经费	短期出国培训经费	差旅费	公务用车购置及运行费			
								小计	公务用车购置费	公务用车运行费								小计	公务用车购置费	公务用车运行费							小计	公务用车购置费	公务用车运行费	

第八章　完善公务支出标准

支出标准是公务支出管理制度的基本内容。没有支出标准制约，公务支出极易超出合理范畴。当前我国公务支出管理制度中还存在许多问题，至关重要的原因就是公务支出标准体系不尽科学，导致公务支出无法可依或有法难依。因此，大力推动公务支出标准体系建设、实现公务支出规范管理势在必行。

一、完善公务支出标准的背景

当前各类公务支出标准虽然已经较为全面、规范，但仍然存在有待完善之处。

1. 尚未形成完整体系

我国关于公务支出的规定虽然不少，但却十分零散，不成体系。这些规定有的以政府名义下发、有的以党委名义下发、有以部门名义下发（又分散在审计部门、财政部门、组织人事部门、纪检监察机关等多个部门）等，五花八门。并且，制定规章的相关人员在制度出台前缺乏有效的沟通，导致有的文件本身便存在相互矛盾之处，在很大程度上降低了可操作性，还容易造成公务支出标准的混乱和公务支出的随意性。

从法规制度体系来看，公务支出标准多为部门规章，缺少法律层面的要求。

从中央和地方体系来看，中央国家机关的公共支出标准相对比较健全，而地方标准制定较为滞后。

2. 不够明确

对公务支出的分类、范围、标准等基本问题的定义不够明确、界限不清晰、缺乏科学合理、规范透明的制度性约束，会导致不规范的以公务支出报账的名目、不合理的消费金额、无实际内容和无明确任务的会议。公务支出的多样性和随意性使有关制度制约失去天然效力，造成公务支出的用途和数量很难定性。

制度规范本身不健全，比如在程序、内容方面安排不当，或者模棱两可，或者不具体、难以操作，就很难规范公务支出活动，容易刺激违规消费的发生。比如：公务接待“四菜一汤”的规定，就因为仅仅有“菜”“汤”的数量限制，而没有内容和价格等方面的限制，而在实践中被普遍在“菜”“汤”的内容方面大做文章。特别是，公务支出活动本身具有高度复杂性，什么情况属于公务支出范围，什么情况不属于公务支出范围，什么情况下适用什么标准，遵循什么程序，在现实中往往不容易把握，如果没有健全的、操作性强的规范，那么具体经办人员就只好按照有利于自己的方法来处理了。更有甚者，由于缺乏约束机制，一些部门和单位从自身利益出发，“因地制宜”地出台了一些扭曲变形的“实施办法”，使得公务支出更加难以规范。

3. 缺乏科学性

当前公务支出标准只是给出了一个具体数值，这个数值究竟是怎么得来的，参考了什么因素，中间的计算过程和方法是否科学合理，这些问题都没有得到很好的解决。即使从数值本身来看，有的也很不科学，和实际严重脱节。如有的地方出差住宿费和伙食补贴费标准太低，导致公差人员派出单位只需支付极低标准的差旅费用支出，其余费用由对口接待单位或有利害关系的相关单位补贴，形成私人消费，公款付费，产生了公费旅游现象。有的标准难以满足实际公务支出需要，公务人员只好在发票、报销等途径上做文章，虚假报账，这样大大降低了制度的约束效力，助长了公务支出的各种违规现象。

4. 存在遗漏

一是公务支出范围的规定还不够详尽，哪些属于公务支出、哪些不属于公务支出，现在的各类规定虽然进行了不少允许和禁止的枚举，但部分消费行为仍然未加以考虑。

二是有的公务支出标准仅是给出定性的描述，消费者容易投机取巧，玩文字游戏，在不违反规定的情况下随意提高消费档次。有的标准要依附于其他标准，虽然自身很详尽，但其他标准却未加解释或不够规范，也容易让消费者钻空子。

三是相对于中央国家机关，地方的公务支出标准制定还有待加强，各类支出规范还亟待健全。

5. 不够灵活

首先，公务支出活动的对象、范围、标准等有关规定滞后于形势的发展。公务支出标准往往是出台后就几年不变，尤其是在经济形势变化较大的背景下，早几年确定的公务支出标准往往难以满足实际需要。如目前执行的差旅费、伙食补贴和接待标准脱离实际，明显低于现行物价水平，执行起来难度大。在差旅费报销和出差伙食补贴标准方面，财政部门早些年出台的住宿标准明显脱离了现行宾馆、酒店住宿和用餐消费的实际费用。如果完全按照这一标准执行，出差人员和接待机关都难办。于是，派出单位只好对出差人员的一些违规做法睁一只眼闭一只眼，放任出差人员的一些违规与超标消费行为。另外，这也导致了下级部门对来自上级部门的出差人员进行补贴等现象。

此外，每个地区的经济发展水平、物价水平不尽相同，若公务支出标准不能随地区加以调整，必然难以满足实际需要。如会议费和公务接待，在不同地区开支差别就很大。

6. 缺少法律约束

目前，对公务支出中的腐败行为明确约束主要体现在专项治理的部门法规中，如公务支出管理、禁止公款出国旅游等部门规章规定。在法的高度上，尚无明确的规定，大大降低了执行效果。迄今为止，没有专门的全国性法律法规或全省的地方性法规对公务支出行为进行规范协调，对公务支出的性质、功能、作用以及监督检查和法律责任等进行明确界定是制约这一问题的重要因素之一。”由于立法的“空白”，导致我国公务支出在管理、资金使用、监督等环节都存在一系列的问题，严重损害了人民对国家公权的信任。虽然从 20 世纪 80 年代末起，我国各级地方政府对公务支出行为大多也都制定了相关规定，但零星、陈旧、空白点多。国内现行的《法官法》《检察官法》以及 2006 年开始实施的《公务员法》，对规范公务人员的公务行为起到了一定作用，但规范国家官员待遇和公务支出的有关法规如《廉政法》《政务公开法》《监督法》等重要法律缺位，从而造成对解决公务支出问题无法可依、被动乏力的局面。当前，为了遏制公务支出或者假借公务支出之名的铺张浪费之风，各地政府部门也相继采取了各种措施，并相继制订了较为详细的公务支出制度，根据接待客人行政级别或其他级别确定住房、饮食、用车、陪同、迎送等相应标准，对规范公务支出活动起到了一定作用，但未从根本上遏止腐败现象的产生。

二、优化公务支出标准体系构建原则

1. 科学合理原则

公务支出标准体现的是公务活动和相关花费之间一种有规律的比例关系，在确定这种比例关系的时候，应确定公务支出的主要影响因素，通过各种方式和途径，广泛收集相关资料，采用科学的计算方法，测算对应的支出标准。

2. 兼顾需要与可能的原则

在制定公务支出标准时，既要考虑公务活动所必需的开支需要，又要考虑财力的供给状况。否则，支出标准将是无源之水，无本之木。但这绝不等于简单的“倒轧账”，即将当年可安排支出去除以需要开支的公务活动对象，而是要正确处理好需求与可能的关系，找出两者的最佳交会点，使支出标准既能最大限度地满足各类公务活动的正常需要，又有相应的财力支撑。

3. 个性与共性相结合的原则

在完善通用公务支出标准，使之日益趋向合理的同时，针对不同部门、各类公务活动面广量大、种类繁多、业务迥异的状况，在以公务支出影响因素为主要计算对象的同时，考虑到不同部门、各类活动的特殊情况，单独设计或在通用标准基础上增加一定系数等方式，充分考虑个性特点，使支出标准点面结合，不断完善。

4. 因时而异、因地制宜的原则

在公务支出标准确定之后，随着时间的变迁，在经济形势或公务支出主要影响因素发生重大变化等情况时，应予以一定的调整，以保证支出标准的公平合理。同样，地方公务支出标准应在中央标准的基础上，根据各地的具体情况进行调整，以满足地方的实际需求。

三、优化公务支出标准体系基本框架

结合我国公务活动和支出标准现状，以及构建公务支出标准体系的原则，为应对公务支出标准当前存在的尚未形成完整体系、存在遗漏、不够灵活和缺少法律约束等问题，可考虑构造如图 8–1 所示的公务支出标准体系框架。

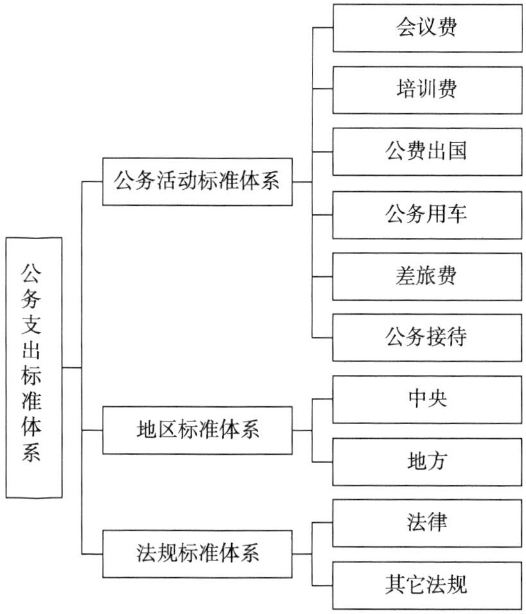

图 8–1　公务支出标准体系框架

公务支出标准体系由公务活动体系、地区体系和法规体系三类子标准体系组成。公务活动体系建立在公务活动分类的基础之上，分别对不同类别的公务活动根据其特定的影响因素设置不同的支出标准，这样能够充分考虑各类公务活动的特殊性，对不同公务活动的支出范围、开支需求把握得较为准确。依据现有的公务活动分类方法，公务活动体系由会议费、培训费、公费出国、公务用车、差旅费、公务接待等各类公务活动的开支标准组成。

地区体系建立在地区分类的基础之上，分别对不同地区的公务活动根据各个地区的经济发展水平、物价水平、消费习惯等影响公务支出的环境要素设置不同的支出标准，这样直接体现了公务支出的地区差异和地方实际开支需求，保证了公务支出标准因地制宜的地区灵活性。根据我国现有的行政层级划分，地区体系由中央国家机关、各省（市、直辖市、自治区）和计划单列市等各个地区的开支标准组成。

法规体系主要体现了公务支出标准的约束效力，由标准体系的严谨性和完备性决定，需要不同层级的法规制度共同对公务支出标准进行规范。法律具有最高效力，可以对公务支出标准相关的内容从最高、最抽象的层面进行说明，如公务支出的定义、性质、范围，公务支出标准的定义、作用等。其他法规包括部门规章、管理办法等，各自从不同高度和内容将公务支出标准具体化，是法律的必要补充和具体实现。根据我国现有的法规层级划分，法规体系由全国人大和地方人大制定的与公务支出标准相关的各类法律，以及中央政府和地方政府制定的对公务支出进行直接规范的其他各类法规组成。

四、公务支出标准体系具体内容

在上述公务支出标准体系基本框架的基础上，可以对各类子标准体系作进一步细化，得到公务支出标准体系中应包含的具体内容。

1. 公务活动标准体系

根据公务支出标准体系的基本框架设计，公务活动标准体系中包括会议费、培训费、公费出国、公务用车、差旅费、公务接待等各类公务活动的支出标准。

（1）会议费

会议费标准应明确不同级别会议的会议住宿费、伙食费、会议室租金、交通费、文件印刷费、医药费和其他会议相关活动的支出标准。交通费是指用于会议代表接送站，以及会议统一组织的代表考察、调研等发生的交通支出，不包括会议代表参加会议发生的城市间交通费。

会议级别可分为四类：一类会议是以党中央和国务院名义召开的，要求省、自治区、直辖市、计划单列市或中央部门负责同志参加的会议；二类会议是党中央和国务院各部委、各直属机构召开的，要求本系统、各直属机构或省、自治区、直辖市、计划单列市有关厅（局）负责同志参加的会议；三类会议是党中央和国务院各部委、各直属机构，最高人民法院，最高人民检察院，各人民团体及其所属内设机构召开的，要求省、自治区、直辖市、计划单列市有关厅（局）或本系统机构有关人员参加的会议；四类会议是指除上述一类、二类、三类会议以外的其他业务性会议，包括小型研讨会、座谈会、评审会等。

（2）培训费

培训费是指各单位开展培训直接发生的各项费用支出。根据培训时间的长短，三个月以内的属于短期培训，三个月以上（含三个月）的属于中长期培训，此外中央组织部、国家公务员局、国家外专局、商务部等部门还会组织其他专门的培训，应分别制定各自适用的支出标准。按照培训地点的不同，短期培训可分为国内短期培训和因公短期出国培训两类（见图8–2）。

国内短期培训需要明确住宿费、伙食费、培训场地费、讲课费、培训资料费、交通费和其他费用的开支标准。住宿费是指参训人员及工作人员培训期间发生的租住房间的费用；伙食费是指参训人员及工作人员培训期间发生的用餐费用；培训场地费是指用于培训的会议室或教室租金；讲课费是指聘请师资授课所支付的必要报酬；培训资料费是指培训期间必要的资料及办公用品费；交通费是指用于接送以及统一组织的与培训有关的考察、调研等发生的交通支出；其他费用是指现场教学费、文体活动费、医药费以及授课教师交通、食宿等支出。

因公短期出国培训需要明确培训费、国际旅费、国外城市间交通费、住宿费、伙食费、公杂费和其他费用的开支标准。培训费是指出国培训团组用于授课、翻译、场租、资料、课程设计、对口业务考察或业务实践活动等在国外培训所必须发生的费用。国际旅费、国外城市间交通费、住宿费、伙食费、公杂费、其他费用的开支标准可参照因公临时出国经费标准。

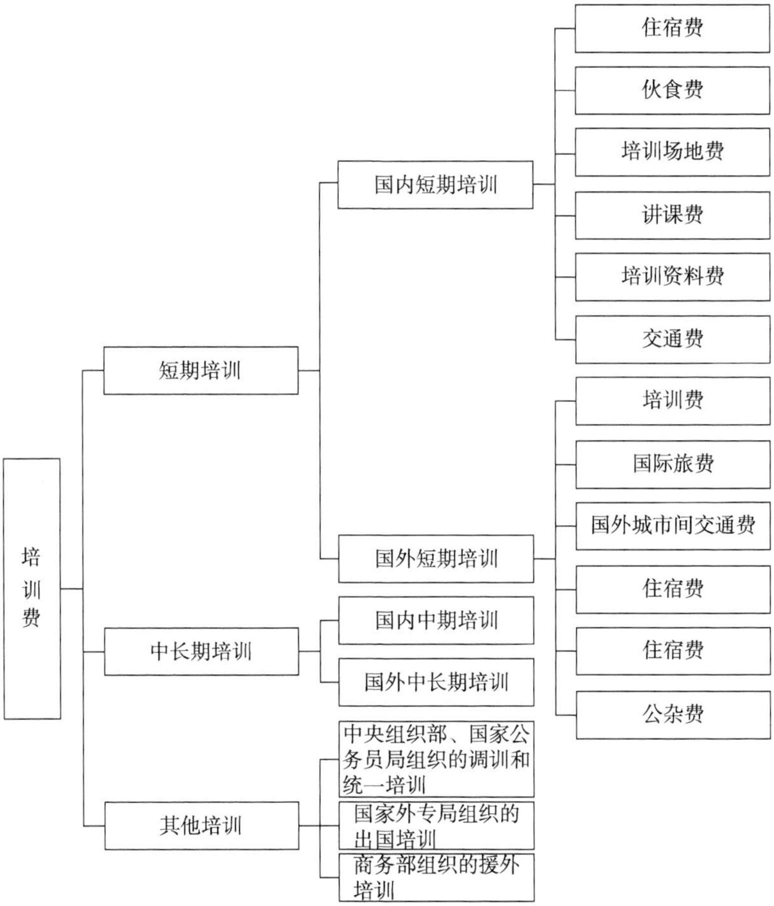

图 8-2　培训费标准

（3）公费出国

因公临时出国应根据目的地的不同，明确对应的国际旅费、国外城市间交通费、住宿费、伙食费、公杂费和其他费用的开支标准。国际旅费，是指出境口岸至入境口岸旅费；国外城市间交通费，是指为完成工作任务所必须发生的，在出访国家的城市与城市之间的交通费用；住宿费是指出国人员在国外发生的住宿费用；伙食费是指出国人员在国外期间的日常伙食费用；公杂费是指出国人员在国外期间的市内交通、邮电、办公用品、必要的小费等费用；其他费用主要是指出国签证费用、必需的保险费用、防疫费用、国际会议注册费用等。

（4）公务用车

公车改革过程中应合理确定司局级、处级、科级及以下各职级工作人员公务交通补贴标准，同时要考虑不同岗位之间公务出行不均衡等问题。

（5）差旅费

应根据地区、级别、项目的不同明确对应的差旅费标准，包括工作人员临时到常驻地以外地区公务出差所发生的城市间交通费、住宿费、伙食补助费和市内交通费等。城市间交通费是指工作人员因公到常驻地以外地区出差乘坐火车、轮船、飞机等交通工具所发生的费用，按照部级及相当职务人员、司局级及相当职务人员和其余人员等级别制定相应标准；住宿费是指工作人员因公出差期间入住宾馆（包括饭店、招待所，下同）发生的房租费用；伙食补助费是指对工作人员在因公出差期间给予的伙食补助费用；市内交通费是指工作人员因公出差期间发生的市内交通费用。

（6）公务接待

公务接待标准需要明确国内公务接待标准和外宾接待标准（见图8–3）。外宾接待标准又包括中央和国家机关以及参照公务员法管理的事业单位接待国外、境外来宾的标准和在华举办国际会议涉及的外宾接待标准，应明确住宿费、日常伙食费、宴请费、交通费和赠礼等开支标准。

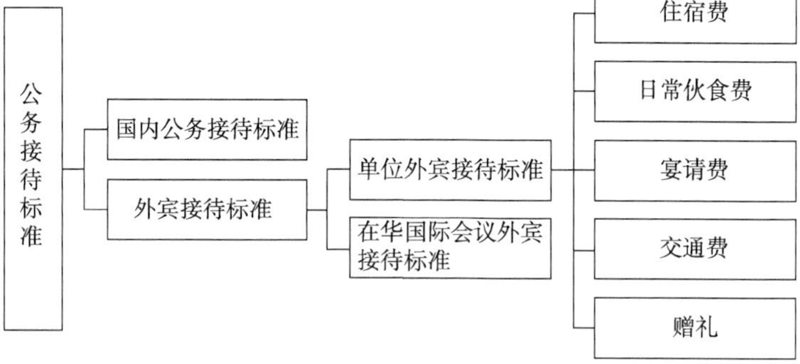

图 8–3　公务接待标准

2. 地区标准体系

地区标准体系的构建是指根据全国各地自身特点，因地制宜，设计实用合理的地方公务支出标准。地区标准体系包括中央标准和地方标准两大类（见图 8–4）。中央标准包括中央各部门的一般标准和外交部、国家外专局等部门因公务活动的特殊性需要采用的特殊标准。地方标准包括全国各省市及下辖地区自行根据中央政策制定的公务支出标准。

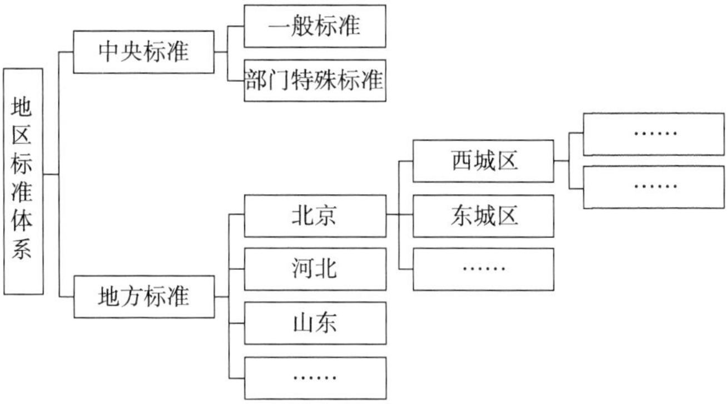

图 8–4　地区标准体系

3. 法规标准体系

公务支出的法规标准体系主要包括以下几种法律法规：法律，法律解释，行政法规，地方性法规，自治条例和单行条例和规章等。

一是法律。由法律对公务支出的内涵、范围等情况做出规定，级别最高。我国最高权力机关全国人民代表大会和全国人民代表大会常务委员会行使国家立法权，立法通过后，由国家主席签署主席令予以公布。

二是行政法规。由国务院制定，通过后由国务院总理签署国务院令公布。这些法规也具有全国通用性，是对法律的补充，在成熟的情况下会被补充进法律，其地位仅次于法律。

三是地方性法规、自治条例和单行条例。其制定者是各省、自治区、直辖市的人民代表大会及其常务委员会，相当于是各地方的最高权力机构。

四是规章。其制定者是国务院各部、委员会、中国人民银行、审计署和具有行政管理职能的直属机构，这些规章仅在本部门的权限范围内有效。还有一些规章是由各省、自治区、直辖市和较大的市的人民政府制定的，仅在本行政区域内有效。

五、公务支出标准值的测算方法

结合我国公务支出标准现状，以及构建公务支出标准体系的原则，为解决公务支出标准当前存在的缺乏科学性和不够灵活等问题，应构建一套科学合理的公务支出标准值测算方法。

（一）基本标准值的测算

公务支出基本标准值的测算包括以下两个步骤：

（1）判断主要影响因素及成本构成

每类公务支出都有其各自的主要影响因素，支出标准实质上就是公务活动花费的成本，相关影响因素决定了成本的大小。因此，在测算支出标准之前首先应根据该类公务支出的特点，判断其主要影响因素和成本结构。只有将因素归纳得较为全面、细致，才能将各类公务活动成本进行科学的分解，通过成本分析最后加总得到总的成本，即支出标准。

（2）根据市场平均成本确定支出标准

在了解公务支出主要影响因素及各项成本构成以后，可以通过市场调查的方法，利用统计学的基本原理，基于市场价格求得市场化的平均成本。这样才能保证支出标准充分尊重市场规律，既不会过高又不会太低，反映的是市场上同类活动的平均支出水平。

（二）地区调整

上述测算的只是全国范围内的一个基本标准，但不同地区的消费水平很不一样，直接决定了同样的公务活动，在不同地区的成本可能会大相径庭。因此，还需要采用物价指数调整的方法，将基本标准根据各地的物价水平状况调整成适合当地的地区支出标准。

（三）动态调整

同样，公务活动的成本也会随时间而改变。不同时间的物价水平、消费能力等影响因素都会发生变化。为此，还应对支出标准进行动态调整，具体又可分为两种类型：

一是每个周期（如每年或每两年）运用统计学方法总结近期成本结构、市场价格等影响因素的变化情况，采用根据实际情况统计出来的平均水平对过去制定的标准进行修正，作为未来的支出标准。

二是每个周期对未来的各个影响因素进行预测，以预测值作为未来的支出标准。常用的预测方法主要包括以下几类：

（1）直观法

主要靠人的经验和综合分析能力来预测，包括头脑风暴法、名义群体法、德尔菲法和电子会议法等。

（2）因果法

研究变量之间因果关系的一种定量方法。变量之间的因果关系通常有两类：一类是确定性关系，也称为函数关系；另一类是不确定性关系，也称为相关关系。因果法就是要找到变量之间的因果关系，据此预测未来，包括回归分析和计量经济学方法等。

（3）外推法

利用过去的资料来预测未来状态的方法。它利用事物发展的延续性，同时考虑到事物发展中随机因素的影响和干扰进行预测，包括移动算术平均法、指数滑动平滑法等。

参考文献

[1]《中央和国家机关会议费管理办法》[Z].（财行〔2013〕286号）.

[2]《关于全面推进公务用车制度改革的指导意见》[Z].中共中央办公厅、国务院办公厅，2014.

[3]《中央和国家机关公务用车制度改革方案》[Z].中共中央办公厅、国务院办公厅，2014.

[4]《中央和国家机关培训费管理办法》[Z].（财行〔2013〕523号）.

[5]《中央和国家机关外宾接待经费管理办法》[Z].（财行〔2013〕533 号）.
[6]《中央和国家机关差旅费管理办法》[Z].（财行〔2013〕531 号）.
[7]《中央本级项目支出定额标准体系建设实施方案》[Z].（财预〔2009〕404 号）.
[8]《中央本级项目支出定额标准管理暂行办法》[Z].（财预〔2009〕403 号）.
[9]《党政机关国内公务接待管理规定》[Z]. 中共中央办公厅、国务院办公厅，2013.
[10]《在华举办国际会议费用开支标准和财务管理办法》[Z].（财行〔2012〕1 号）.
[11]《因公临时出国经费管理办法》[Z].（财行〔2013〕516 号）.
[12]《因公短期出国培训费用管理办法》[Z].（财行〔2014〕4 号）.
[13] 焦建国. 规范职务消费：辨析、探源与改革建议 [J]. 地方财政研究，2005（09）.
[14] 赵均田. 美国公务消费浅观及思考 [J]. 中国监察，2005（09）
[15] 邢玲，高信奇. 公共权力制约的理论叙事——基于权力制约权力的视角 [J]. 中共南京市委党校学报，2008（06）.
[16] 汪来杰. 以权利制约权力的思考 [J]. 行政与法，2007（10）.
[17] 孙兴全，苗慧凯，赵兴罗. 从公务卡制度看公务支出的监督 [J]. 财政监督，2007（19）.
[18] 刘军民. 近年来我国职务消费出现的主要问题和特征 [J]. 经济研究参考，2008（70）.
[19] 刘军民. 进一步规范职务消费的对策研究 [J]. 地方财政研究，2008（09）.
[20] 董有富. 关于推行职务消费货币化的思考 [J]. 中国监察，2002（01）.
[21] 尤习贵. 职务消费货币化改革的几点思考 [J]. 中国监察，2004（17）.
[22] 岳文华. 公务消费制度改革探索——基于河南省实务工作的思考 [J]. 财政监督，2013（8）.
[23] 韩风岩. 公务消费制度改革的探索 [J]. 青海国土经略，2013（2）.
[24] 福建省财政厅. 加强基础数据管理，加快支出标准体系建设 [J]. 中国财政，2010（18）.

第九章　深化公务支出管理综合改革建议

未来一段时间我国财政收入将处于低迷增长期，但公共福利水平上移和稳增长压力巨大，从而构成收支矛盾趋于尖锐格局。为此，必须进一步完善公务支出管理，既确保行政运行顺畅，又减少不合理支出。未来推进公务支出治理和制度创新要走细化预算、分类管理、统筹协调的道路。具体可包括如下几项内容：

一、完善预算管理，推行公务支出货币化

首先要建立科学的预算制度。公务支出项目繁多，在预算编制时要严格界定各项费用项目，通过费用项目的细致化和具体化保证预算编制的准确性。公务支出具体属于哪一类、哪一项、哪一科目支出，都要有明确规定，而且必须要在预算中清楚体现出来，以避免支出隐性化。在方法上，要改变原本“基数加增长”的编制方式，推行零基预算，即一切从零开始确定年度预算，每一项年度的预算方案都要从实际出发，根据成本－收益分析确定各项目支出额度，然后综合确定支出总体方案。零基预算的编制是由个体到总体、微观到综合的过程，政府各部门不再为“保基数，争增长”与财政部门争吵不休，有利于压缩预算中的不合理开支，使预算编制细致化、规范化，提高预算支出的透明性，防止和减少财政资金使用上的浪费现象。

其次是要推行综合财政预算。推行综合财政预算要确保收入全部上交，支出统筹安排，以杜绝公务支出随意化。同时，应要求所有财政性资金都必须纳入财政预算管理范围，财政部门不得办理无预算、无计划的资金拨付业务，各预算单位不得办理无预算、无计划的资金支出业务。

公务支出的货币化是市场经济的基本要求，应该成为公务支出改革的切入点，通过采取货币化的形式，让公务员职位所消耗的社会价值准确地显现出来，然后，在此基础上实现标准化、制度化和绩效考核。

实行公务支出货币化就是让公务支出尽可能以货币形式表现出来，不管是通讯费、公务用车、公务招待、均以货币形式表现，并按照公务、职务需要，严格制定消费范围、消费限额。实行随时消费，按人按次、按期结算并定期公开。对于属于个人公务支出部分可核定标准，包干使用，节约奖励，超额自付；并将有些可量化、易操作的公务支出（如公务用车、通讯费）以货币的形式直接发给公务员及领导干部个人，这可以强化公务活动的成本和增强效率意识，强化领导干部在公务支出上的自律意识。既可以节约政府行政支出费用，提高公务支出的合规性，又有利于防腐倡廉。今后应结合公务员工资、福利制度的改革，逐步将个人公务支出部分（用车、通讯和与个人福利相关的消费）纳入公务员薪酬中去。

二、公务支出标准与年度预算和中期财政规划编制紧密衔接

健全公务支出标准，目的在于完善公务支出治理体系，形成长效的约束机制。公务支出定额标准体系逐步完善后，要将其嵌入年度预算和中期财政规划，各级预算单位和政府部门要依据公务支出定额标准，健全预算标准体系，进一步完善基本支出定额标准体系，加快推进项目支出定额标准体系建设，科学制定项目支出预算，充分发挥支出标准在预算编制和管理中的基础支撑作用，真正提高支出预算，特别是项目支出预算编制的科学性，为年度预算及中期财政规划的编制提供更为科学和精准的支撑。

随着公务支出治理体系的逐步健全完善和公务支出治理制度的不断创新，科学的、细化的、分类分项管理并能因地而宜、动态调整的公务支出标准体系将逐步建立。在预算收入预测更为科学可靠的基础上，依托一整套科学的公务支出标准体系，可以得出更为合理可行的基本支出中的人员经费定额、公用经费定额，以及不同类别项目支出的预算支出定额标准，服务于年度预算编制，提高年度预算编制的科学性；在分析跨年度项目运营成本数据的基础上，依托一整套科学的公务支出标准体系，将滚动安排的各类预算支出定额标准因素化，形成不同类别预算单位滚动项目预算支

出定额的因素法计算公式，逐渐形成科学合理的公式化的滚动预算支出定额确定模型，为编制中期财政规划提供数据支撑和政策建议参考，为探索建立跨年度预算平衡机制提供基础。

另外，科学的公务支出标准体系，是从源头开始，保证了预算编制的科学、严谨和准确，这为切实加强预算管理，保证预算的硬约束奠定了坚实的基础。科学的公务支出标准体系，为加快制定机关运行经费实物定额和服务标准，严格机关运行经费管理，完善人员编制、资产管理与预算管理相结合的机制提供良好的基础条件。

三、整合渠道，细化内容，切实提高公务支出的透明度

公开透明是国家治理的客观要求。切实落实公务支出治理的各项制度，真正发挥公务支出治理制度的积极效应，需要在目前预决算信息公开、“三公”信息公开积极推进的基础上，整合信息披露渠道，细化公务支出内容，切实提高公务支出的透明度。一是整合会议费等各项公务支出的信息公开披露渠道，在政府网站上设置专栏，对各部门的会议费、培训费等公务支出集中公开，减少公众查询预算信息的困难。阳光是最好的防腐剂。通过接受社会广泛监督，进一步压缩腐败的空间，促进会议费、培训费等公务支出使用规范化，提高财政资金的使用效益，提升政府公信力。二是细化公务支出公开内容。随着各项公务支出标准定额的建立完善，细化公开会议费等各项公务支出的预算非常有必要。政府部门应制定统一的公开格式，对会议费等公务支出的公开内容进行规范和细化，提供人均数据、占部门总支出的比重等可比较的数据，对会议费等公务支出使用情况、定额标准和管理制度执行情况、公务支出的产出、成果与绩效等进行详细说明和解释。

四、完善立法制度，实施法律监督

完善公务支出法规政策应从以下两个方面入手：

一是对现行法律法规没有涉及的内容，要加紧增设修订。例如：可增设挥霍浪费罪，把挥霍、浪费国家财产的行为定性为犯罪，根据不同犯罪程度定义相关属性，制定相应的惩罚标准，坚决从触犯成本上遏制公务支出过度化行为，使其不敢也不能过度的公务支出。在国外比如菲律宾就有挥霍国家财产罪，而且犯这种罪不可以保释，最高可以判处死刑。凡公务员玩忽职守而浪费公款，致使国家受到重大损失者，即构成浪费罪。我国挥霍浪费罪可定义为国家公职人员利用职务之便，挥霍和浪费国有财产，致使国家财产遭受重大损失的行为。

二是健全相关配套法律制度。美国、新加坡、瑞典、瑞士、英国、澳大利亚等国都建立了较完善的廉政法制体系，而我国的反腐败法律较为零散，并没有自成体系。要根治公务支出腐败，必须配以相关法律的支持，使其成为一个完整的体系，共同发挥作用。（1）加快促成《政府信息公开条例》向《政府信息公开法》转变，并使《政府信息公开条例》真正落到实处，不流于形式，使公务支出置于“阳光”之下。（2）完善公职人员财产申报制度，根除公务支出腐败的隐患。（3）加快行政道德的纪律化、法制化。制定《国家公务员道德行为法》，改变公务员道德只能靠社会舆论、公务员自身修养约束的局面，将公务员道德上升到法律层面，更有力地约束权力的行使。

五、完善公务支出绩效考核制度，强化责任意识

我国的《公务员考核规定（试行）》规定，对公务员考核的主要内容包括德、能、勤、绩、廉五个方面。通过对公务员这五个方面的考核，主管部门来判断与评价被考核人是否称职，判断素质的优劣，能力的大小。这五方面的考核结果涵盖了对公务员的思想品德、才识水平、工作能力和工作实绩所做出的评价，这同时也是管理机关发现、选拔优秀公务员和合理调整公务员队伍的重要依据。通过考核，多次不称职的公务人员，会面临降职甚至辞退的结果；考核结果优异的公务员优先获得提升资格，可以在工作中发挥更大的作用，有利于公务员素质提升；另外，考核结果相对较

差的公务人员，可以根据考核结果发现自身不足，加以提高，也有利于整个公务员队伍素质的提高。

财政支出绩效的评价是一种以结果为导向的评价体系，目前，我国的财政支出评价体系还在实践探索中，可考虑对于公务员的公务支出行为单独进行考核，进一步设计合理的评价指标体系，评估公务支出绩效，提高财政支出效率。随着预算绩效管理实践的推进，绩效理念日渐普及，逐渐嵌入预算管理的全过程。可考虑将包括公务支出在内的财政支出绩效评价与政府绩效考核体系相结合，逐渐形成公务支出讲求绩效的约束机制。

六、健全公务支出的监管机制，提高公众的监督意识

英国历史学家阿克顿曾提出“权力腐败论”，他认为权力趋向腐败，绝对权力导致绝对腐败。因此，治理腐败有两个方法：一是少给权力，没有权力了就不会出现以权谋私的现象；二是注重对权力的制约和监督，不受监督制约的权力必然走向腐败。少给权力在实际的政治生活中无法避免，各个国家机关部门的私利性导致部门的权力不断扩张。因此，按照阿克顿的权力腐败论，我们减少腐败的做法应该是对权力进行制约和监督，事实上，对权力的监督在各国的廉政建设中都是必不可少的一部分。建议进一步健全公务支出的监督机制，形成一个政府部门、民间团体、新闻媒体和民众监督的合力。

1. 加强对政府部门的监督

首先，强化人大的监督。搞好人大预算审查监督工作，一项重要任务就是设计相关的法律制度，使审查监督工作有法可依，有章可循。我国现行预算法、审计法等相关法律，对预算监督都有规定，但不能满足深化预算审查监督的需要，尤其是不能适应部门预算改革的新形势。因此，要根据国家相关法律的指导原则，制定适合本级政府或部门的预算监督决定、预算监督办法等。

其次，加强审计监督。在新时期公务支出的审计监督要突出重点，以揭露重大违法违规、严重损失浪费、国有资产流失和效益低下等问题为重

点，以促进提高财政资金使用效益和管理水平为主要目标，着力推进效益审计。一是落实管理效益审计。例如：对部门预算编制的科学性、真实性进行审查和评价，看有无编制虚假预算、扩大开支范围、搞“人情”预算的问题；二是对部门收入的合法性及其结构进行审查和评价，看其有无收入不纳入预算、截留挪用预算外收入、收入不合法，以及收入结构不合理等问题；三是对部门经费支出的合法性、效率性及其结构进行审查和评价，查看有无虚报冒领、挤占挪用、滞留、抵扣资金的情况，是否存在受部门利益驱使，将财政资金投向其他不相关领域；四是对内控机制和责任机制是否存在并且有效，财务信息是否真实可靠进行审查和评价。

最后，强化部门内部监督，落实责任制。要加强对公务人员的整体意识教育，把部门的整体利益与每一个公职人员的公务支出情况结合起来，一人腐败，殃及“池鱼”，形成利益的共同体，自觉主动地监督同级，使同级监督真正落到实处。实行领导干部责任制，由部门领导对所管理部门的公务支出制度改革负责。

2. 建立非政府部门的监督机制

广义的社会监督包括三个方面，群众监督、社会团体监督和舆论监督。在我国，群众监督虽然发展时间较长，但是基于我国的传统文化的影响，群众只对涉及自己切身利益的事情才会予以关注，而对损害社会利益、集体利益的腐败行为则只是在口头上表达一下不满而已，真正地去举报或者检举的往往都是自己利益受损较为严重的。舆论监督在我国的发展也并不理想，虽然伴随着互联网的出现和发展，每个人都可以透过网络表达自己的观点，但是单个个体对公务支出事件的看法仍然存在片面性，更不会形成舆论。

在法律上，非政府组织参与反腐败虽然在联合国反腐败公约中以法律条文的形式确立，但是在我国国内法上并没有把非政府组织明确列出于廉政体系当中。这就需要我们在法律上明确其身份，通过法律给予名分，以此提高社会对非政府组织的信任程度，让其在公务支出的监督中发挥更大的作用。

七、建立健全监督问责与惩戒机制

完善公务支出治理，不仅要优化各项公务支出治理制度，而且要强化制度执行。为此，要建立健全监督问责与惩戒机制，充分发挥执法机构、纪检监察机关、审计机关和财政、审计等部门的职能作用，加大对会议费、培训费、出国经费等公务支出的监督检查，及时发现和纠正存在的问题，并将这些情况纳入党风廉政建设责任制考核和领导干部作风状况评价体系，作为党政领导干部业绩评定、奖励惩处、选拔任用的重要依据。对违反公务支出规定的违法违纪行为，严肃查处，依法问责，及时刹住不正之风。公务支出的监督问责与惩戒机制具体可包括以下方面：

对各级政府及有关部门有下列行为之一的，责令改正，对负有直接责任的主管人员和其他直接责任人员追究行政责任：（1）未依照公务支出管理相关规定编制公务支出预算的；（2）未依照公务支出管理相关规定使用公务支出的；（3）未依照公务支出管理相关规定，对有关公务支出事项进行公开和说明的。

各级政府及有关部门、单位有下列行为之一的，责令改正，追回骗取、使用的资金，有违法所得的没收违法所得，对单位给予警告或者通报批评；对负有直接责任的主管人员和其他直接责任人员依法给予处分：（1）违反规定虚列会议费、培训费等公务支出，套取资金的；（2）以虚报、冒领等手段骗取预算资金的；（3）违反公务支出管理相关规定，改变预算支出用途，截留、占用、挪用公务支出的；（4）违反规定扩大开支范围、提高开支标准的；（5）其他违反公务支出管理规定的行为。违反相关规定，构成犯罪的，要依法追究刑事责任。